Allie Pleiter · Mutter kommt von mutig

D1724690

Allie Pleiter

Mutter kommt von mutig

Die Angst um die Kinder –
und wie man ihr beikommt

scm R.Brockhaus

Die amerikanische Originalausgabe erschien
unter dem Titel *Facing Every Mom's Fears* von Allie Pleiter
bei Zondervan, Grand Rapids, Michigan 49530
© 2004 by Alyse Steinko Pleiter

Deutsch von Silvia Lutz

Es wurde aus folgenden Bibelausgaben zitiert:
Die Bibel nach der Übersetzung Martin Luthers. Stuttgart: Deutsche
Bibelgesellschaft, 1999 (L).
Gute Nachricht Bibel. Stuttgart: Deutsche Bibelgesellschaft, 1997 (GN).
Hoffnung für alle. Gießen und Basel: Brunnen, 2002 (Hfa).

© R. Brockhaus Verlag Wuppertal 2005
Umschlag: Ursula Stephan, Wetzlar
Gesamtherstellung: Breklumer Druckerei Manfred Siegel KG
ISBN 3-417-24897-3
Bestell-Nr. 224 897

INHALT

Kapitel 1

Erziehung ist ein Hochseilakt

»Ich habe Angst, mein Kind könnte ersticken,
wenn ich beim Essen nicht aufpasse.«

»Ich habe Angst, ich erdrücke sie so mit meinen Sorgen,
dass sie sich nicht richtig entwickeln können.«

»Ich habe Angst, dass meine Söhne Frauen heiraten,
die ich nicht ausstehen kann.«

»Ich habe Angst, meine Kinder zur Schule gehen zu lassen.
Da draußen gibt es so viel Böses.
Ich will sie einfach vor allem beschützen.«

*H*och oben über der Manege

Wie alle Eltern hatte ich vorher keine Ahnung, worauf ich mich einließ. Wenn man wüsste, was uns als Mutter wirklich erwartet, brächten wir wahrscheinlich kaum den Mut auf, diesen Weg zu gehen. Wenn wir in der Werbung für Babyartikel die Wahrheit erführen oder wenn man uns eine Liste mit allen möglichen Neben-wirkungen vorlegte, nähmen wir schnellstens Reißaus. Genau aus diesem Grund hat Gott Babys wahrscheinlich so bezaubernd gemacht. So knuddelig, so liebenswert und schon auf den ersten Blick einfach hinreißend. Ein leuchtender Hoffnungsschimmer am Horizont. Die schöne Seite am Muttersein muss so wunderbar sein, weil die unangenehme Seite so belastend ist.

Die beschwerliche Seite am Muttersein sind die Ängste, die sich unweigerlich einstellen. Sobald ein Kind in unser Leben tritt, beginnt ein jahrzehntelanges Programm voller Sorgen, Unsicherheit, Bedauern und Angst. Meine beiden Kinder Mandy und Christopher haben mehr Freude, mehr Liebe und mehr Sorgen in mein Leben gebracht, als ich je für möglich gehalten hätte. Ich bin seit einem Dutzend Jahren Mutter. Mandy wird in dem Monat, in dem dieses Buch erscheint, zwölf. Christopher wird bald danach acht. Mit Dingen, von denen ich gedacht hatte, ich würde mich daran gewöhnen, habe ich mich nie abgefunden. Dinge, von denen ich geglaubt hatte, sie würden mich erschlagen, gehören nun zu meinem Alltag ganz einfach dazu. *Nichts* ist so gekommen, wie ich es erwartet hatte – weder das Schlimme noch das Gute. Aber ich bin eine andere Frau geworden, weil ich Mutter bin.

Ich habe mich auch durch dieses Buch verändert. Ich wollte ein Buch über Angst schreiben, weil ich glaube, dass Angst einen sehr großen Einfluss auf Kindererziehung hat. Nur wenige andere Faktoren beeinflussen unser Tun, unser Denken, unsere Fähigkeiten und unsere Handikaps tief greifender als Ängste.

Unsere heutige Zeit gibt viele Anlässe, Angst zu haben. Es scheint heute viel schwerer zu sein als früher, Kinder zu erziehen. Die Geschehnisse in der Welt und Ereignisse in meiner eigenen Familie haben Ängste ans Licht gebracht, von denen ich nicht die leiseste Ahnung gehabt habe.

Es spielt eine sehr große Rolle, wie wir mit unseren Ängsten umgehen. Hoffentlich ist dieses Buch für Sie ein nützlicher Begleiter auf Ihrem Weg zu mehr Mut. Jedes Kapitel konzentriert sich auf einen anderen Aspekt unserer Ängste als Frau und Mutter. Sie erfahren Dinge aus meinem Leben und aus dem vieler anderer Frauen, die mir ihre persönlichen Erfahrungen erzählt haben. Am Ende jedes Kapitels stelle ich einige Fragen, die Ihnen helfen sollen, sich Ihren Ängsten zu stellen, und gebe praktische Tipps, wie Sie Ihre Ängste bekämpfen können. Jedes Kapitel schließt mit einem Vers aus der Bibel, der Ihnen helfen soll, angesichts der Angst Ihr Vertrauen immer stärker auf Gott zu setzen.

Falls Ihnen die praktischen Tipps, die witzigen Begebenheiten, die Einsichten und psychologischen Erkenntnisse nicht weiterhelfen, hoffe ich, dass Ihnen wenigstens eines bewusst wird: *Sie sind nicht die einzige Frau, die Angst hat.* Als ich anfing, Reaktionen von Frauen zum Thema Angst zusammenzutragen, hielt ich ihre Antworten auf Karteikarten fest. Ich sammelte Karten über Karten und hatte schließlich einen riesengroßen Stoß Ängste von Frauen aus ganz Amerika – Frauen wie Sie und ich. Die Aussprüche am Anfang jedes Kapitels sind Zitate von Müttern, die mir ihre Ängste anvertraut haben.

Dass Ängste sich auf so viele Lebensbereiche auswirken, hat mich überrascht. Ich dachte, ich wüsste, was käme, aber weit gefehlt. Ich war nicht vorbereitet auf das aufwühlende Ausmaß an Schmerz, Schuldgefühlen und Sorgen, das ich zu hören bekam.

Ich wünschte, Sie könnten diese wertvollen Karten sehen, von denen jede die konkrete Angst einer Frau festhält. Ich habe sie alle auf meinem Esstisch ausgebreitet. Ich nehme eine Karte in die Hand. Sie stammt von der Frau, die so sicher ist, dass sie ihren Kindern nicht gerecht wird, und davon überzeugt ist, die einzige Frau auf dieser Welt zu sein, die sich so unfähig und verängstigt fühlt. Ich lege ihre Karte hinüber auf einen Stapel – der erstaunlich hoch ist – mit Karten von Frauen, die genau das gleiche Gefühl zum Ausdruck bringen. Ich möchte diese Frauen miteinander in Verbindung bringen, ihnen sagen, dass sie nicht allein sind. Und ich möchte Ihnen sagen, dass Sie mit Ihren Gefühlen nicht allein stehen.

Kommen Sie mit, begleiten Sie mich auf einem Weg, der zu den faszinierendsten meines Lebens gehört. Wir lassen uns Mut machen – von anderen Müttern, von Fachleuten, von der Bibel und von einem Vergleich, den Sie wahrscheinlich am wenigsten erwartet haben: einem Hochseil.

Mutiges Muttersein ist, wie ich herausgefunden habe, ein Hochseilakt. Eine zirkusreife Leistung, die äußerst viel Wagemut verlangt. Ein Akt, der zu beängstigend, zu riskant aussieht, als dass ihn Normalsterbliche wie wir bewältigen könnten.

Aber er ist zu schaffen. Aus vielen Gründen.

Wir entdecken Ängste, von denen wir nichts geahnt haben

Wenn Schokolade nur Mut wäre

Mein erster Gedanke war, dieses Buch *Schokolade – die beste Waffe gegen Angst* zu nennen. Ein solcher Titel hätte mir vielleicht einen Bestseller beschert. Außerdem hätte er mir und anderen schokoladensüchtigen Frauen auf der ganzen Welt eine Rechtfertigung für eine unserer Lieblingsreaktionen auf Probleme gegeben. So dumm der Titel mit der Schokolade auch klingen mag: Er ist doch nicht zu weit hergeholt, oder? Der schnurgerade Weg zu einer Tafel Schokolade ist eine verbreitete Taktik, wenn Angst oder Sorgen eine Frau befallen.

Aber wir sind natürlich keine Dummköpfe. Uns braucht niemand zu sagen, dass es keine gute Idee ist, Ängste mit Schokolade zu bekämpfen. Das wissen wir selbst. Doch wenn unsere Angst zuschlägt, sind unsere ersten Impulse oft unvernünftig.

Im täglichen Leben finden Mütter viele Gründe, Angst zu haben. Und dann reichen unsere Reaktionen von instinktiven Überlebensstrategien über vernünftige, durchdachte Methoden bis hin zu dummen, impulsiven Verhaltensweisen. Sie sind alle menschlich. Aber nicht alle sind nützlich. Schokolade ist dafür ein besonders gutes Beispiel, weil sie uns daran erinnert, dass zwar alle Ängste real sind, aber nicht alle Reaktionen darauf zu dem gewünschten Ergebnis führen.

Ich beherrsche es zum Beispiel meisterhaft, auf dem Spielplatz den Atem anzuhalten, weil ich felsenfest überzeugt bin, dass mein Sohn im nächsten Augenblick von der Kletterstange in die Tiefe stürzen wird. Aber mal ehrlich: Erhöht sich die Sicherheit meines Sohnes, wenn ich die Luft anhalte? Nein, aber ich kann trotzdem nichts dagegen tun. Wenn mein Sohn alt genug für die Skaterbahn ist, bin ich bestimmt reif fürs Krankenhaus.

Mütter und Angst werden eigentlich nicht automatisch in einem Atemzug genannt. Bis man selbst Mutter ist. Abgesehen von den zweitklassigen Spielfilmen oder Seifenopern im Fernsehen werden Mütter normalerweise nicht mit beängstigenden Dingen in Verbindung gebracht. Nach außen sind wir »Mama«. Eine Bastion des Trostes. Warme Plätzchen. Kakao. Kuscheln nach dem Baden. Ein gemütliches Heim. Und Mamas versichern immer: »Alles wird wieder gut.«

Das erwartet man doch von Müttern, oder? Wir sind Geschöpfe, die alle trösten, die lebenden Symbole bedingungsloser Liebe. Wir sind diejenigen, die für unsere Kinder da sind, wenn niemand mehr etwas mit ihnen zu tun haben möchte.

Diese Stereotypen kommen nicht von ungefähr. In vielerlei Hinsicht *sind* Mamas das alles. Elternliebe – besonders Mutterliebe – gehört zu den stärksten Mächten dieser Welt. Mutter Natur. Muttersprache. Die Mutter aller _____ (hier lässt sich jedes Substantiv einsetzen). Unsere Sprache ist voller Verweise auf mütterliche Stärken. Auch wenn es Tage gibt, an denen ich alles dafür gäbe, wenn das erste Wort aus dem Mund meiner Kinder in einer schwierigen Situation »Paaapa!« wäre, wissen Sie und ich genau, dass sie normalerweise »Maaaaama!« schreien. Selbst wenn Papa direkt neben ihnen steht. Weil ich eben die Mama bin, und es liegt in der natürlichen Ordnung des Universums, dass man von mir erwartet, alles wieder gutzumachen.

Mamas beschützen ihre Kinder. Das ist auch im Tierreich nicht anders. Was ist das gefährlichste Tier? Eine Mutter, die ihre Jungen beschützt. Man muss keinen Dokumentarfilm über Tiere in freier Wildbahn sehen, um Beweise dafür zu finden. Die Menschheit zeigt uns genügend Beispiele. Wollen Sie erleben, wie eine sanftmütige Mutter zur Bestie wird? Dann bedrohen Sie ihr Kind. Der

Drang, unsere Kinder zu beschützen, setzt alles andere außer Gefecht. Wir fangen an zu brüllen wie Löwinnen. Selbst Frauen, die sich als zahme Kätzchen beschreiben würden.

Der tief in uns verwurzelte Drang, unsere Kinder zu beschützen, nährt die überdimensionalen Ängste, die wir als Mütter ausstehen. Wir wissen instinktiv, wie kostbar und wertvoll unsere Kinder sind – manche mussten große Mühen und Anstrengungen durchstehen, um Eltern zu werden. Also tun wir alles, um unsere Kinder zu beschützen. Wir würden fast alles geben – einschließlich unseres eigenen Lebens –, damit ihnen nichts zustößt.

Wie viele sind schon mit der Babytrage gestolpert und haben sich selbst das Gesicht aufgeschlagen, aber unser kostbares Bündel hat den Boden nicht berührt. Wir stellen ihre Sicherheit über unsere eigene. Das einzige Problem ist, dass »Sicherheit« plötzlich sehr schwer zu bekommen ist. Was ist sicher? Das scheint sich mit jedem neuen Tag zu ändern.

Ab der Woche, in der ich erfuhr, dass ich schwanger war, fand ich hundert Gründe, um mir um meinen kleinen Embryo Sorgen zu machen. Ich machte mir Sorgen um die *Zellen*. Den Aufbau der Wirbelsäule. Die Gehirnfunktionen. Jeder Rat für Schwangere, den ich bekam (und es schien davon etliche Millionen zu geben), hatte eine schreckliche Nebenwirkung: *Was ist, wenn ich es nicht schaffe, das zu tun?* Was ist, wenn ich in diesen entscheidenden ersten Wochen nicht genug Proteine zu mir nehme? Was ist, wenn ich bei den Wehen falsch atme? Was ist, wenn ich sie zu lange Daumen lutschen lasse? Was ist *das* in der Windel? Wird dieser vierte Schokoladenkeks der Anfang einer lebenslangen Zuckerabhängigkeit sein? Spielzeugschwerter oder kein Kriegsspielzeug? Weißbrot oder Vollkornbrot? Piercing in den Ohren? Piercing irgendwo anders? Autoschlüssel! *Hilfe!*

Man hat das Gefühl, die ganze Welt habe es auf uns abgesehen. Aber das hat sie nicht. Oder doch? Es gibt Sicherheiten. Sogar haufenweise. Das letzte Mal, als ich es überprüfte, hatte Gott noch immer alles unter Kontrolle. Die Frage, die Mütter tagtäglich umtreibt, lautet also: Was ist sicher?

Die meisten Menschen fühlten sich, wenn sie Glück hatten, in ihrer Kindheit sicher. Selbst wenn wir uns nicht ständig beschützt fühlten, war wahrscheinlich ein allgemeines Gefühl von Geborgenheit vorhanden. Jetzt als Mütter fahnden wir nach dieser Geheimformel, wie wir es bewerkstelligen können, dass unsere Kinder dieses Gefühl auch erfahren. Wenn wir eine schlechte Kindheit hatten, suchen wir noch angestrengter nach dieser Geheimformel für Sicherheit. Wir wollen auf keinen Fall, dass unsere Kinder das Gleiche durchmachen müssen wie wir. Wir sind fest entschlossen, bessere Eltern als unsere Eltern zu sein.

Wir meinen, es stehe mehr auf dem Spiel, seit wir Eltern sind. Diese Annahme ist nicht vollkommen falsch. Jedoch vergessen wir dabei leicht, dass die Kraft, die uns bis jetzt durchs Leben gebracht hat, immer noch da ist. Es ist nur so, dass jetzt noch ein Mensch darauf angewiesen ist. Ein kleiner Jemand, der stark von unseren Entscheidungen, unserem Urteil und unseren Fähigkeiten abhängig ist.

Angst, Mutter zu sein? Wie sollte man die nicht haben? Es kommt nur darauf an, wie wir damit umgehen.

◆ Sich der Angst stellen

Sind Sie eine ängstliche Mutter? Wo würden Sie auf einer Skala von eins bis zehn Ihre Angst einstufen? Sind Sie glücklich mit der Lage? Wo befänden Sie sich gern? Was würde eine solche Veränderung in Ihrem Leben und dem Ihrer Kinder bewirken?

Sich gegen die Angst wappnen

Am besten wappnet man sich gegen Angst, indem man akzeptiert, dass Angst zum Leben dazugehört. Die Angst zu bekämpfen bedeutet nicht, dass wir Angst ganz ausschalten können. Es bedeutet vielmehr, dass wir uns nicht länger von Angst beherrschen lassen. Versuchen Sie nicht, die Angst ganz auszuschalten. Aber versuchen Sie, die Angst zu zügeln.

Wir haben Angst, dass uns der Mut fehlt

Angst – die Gabe, die niemand will

Angst wird nicht von allein weggehen. Schon gar nicht heutzutage; und ehrlich gesagt, auch sonst niemals. Aber in letzter Zeit fällt es uns viel schwerer, zu sagen: »Alles wird wieder gut« – das Mantra guter Mütter. Aber wir sind Mamas. Von uns wird erwartet, dass wir dieses »Alles-wird-wieder-gut« vertreten.

Erleben Sie auch, dass es nicht nur die großen, berechtigten Ängste sind, die uns Mütter fordern, sondern dass es auch einen unablässigen Ansturm kleiner und gar-nicht-so-kleiner Ängste gibt, die uns aus dem Gleichgewicht werfen? Drogenaufklärung. Ultraschalluntersuchungen. Feuerwerkskörper, Rapmusik, Förderunterricht. Abschlusszeugnisse. Studiengebühren.

Wir brauchen hier keine komplizierte Mathematik: Elternsein = Grund zum Fürchten. Aber wie sollen wir damit umgehen?

Verlieren Sie nicht den Mut. Vielleicht ist es ja gar nicht so schlimm, wie wir meinen. Angst hat einen Zweck. Angst kann,

15

wie der Bestsellerautor Gavin de Becker so eindrucksvoll formulierte, eine Gabe sein.[1] Angst ist ein von Gott sorgfältig durchdachter Instinkt. Ein Instinkt, der maßgeblich dazu beiträgt, uns am Leben zu erhalten. Angst erhöht das Bewusstsein und die Fähigkeit zu analysieren. Angst löst blitzschnell chemische Reaktionen aus, die unsere Kraft, unseren Mut und unsere Reaktionsfähigkeit erhöhen.

Angst bringt uns auch dazu, dass wir unsere Trägheit überwinden und an uns arbeiten. Nur wenige Dinge führen zu Erfolg wie Angst, Risiko und Anspannung. Gott hat viele Männer und Frauen in Situationen gebracht, die wie der sichere Untergang aussahen. Bei diesen Erfahrungen durften sie Gottes außergewöhnliche Macht und seinen Schutz erleben. Dadurch wurden sie zu furchtlosen, herausragenden Dienern Gottes. Emotional und geistlich kann Angst unser Vertrauen in unseren Gott, in unsere Fähigkeiten, in unsere Familie und unsere Belastbarkeit stärken.

Unter dem Strich heißt das: Ohne Angst gibt es keinen Mut. Wenn wir mutige Kinder haben wollen, müssen wir Mittel und Wege finden, mutige Eltern zu sein. Genauso wie gesunde Ernährung, Disziplin, Mathematik und Moral müssen wir unseren Kindern auch Mut mit auf den Weg ins Leben geben, damit sie sich gegen Angst wappnen können. Das ist weitaus besser, als so zu tun, als bräuchte man überhaupt keine Angst zu haben.

Wir sollten Angst haben, aber nicht zu viel. Unkontrollierte Angst kann furchtbare Folgen haben. Sie kann uns lähmen, unsere Freiheit einschränken und uns daran hindern, Risiken einzugehen und Herausforderungen anzunehmen. Sie kann uns verleiten, überzogen zu reagieren und unsinnige Entscheidungen zu treffen. Angst kann uns unvernünftig, ja sogar gefährlich machen.

Wo liegt also die goldene Mitte? Was ist gesunde Vorsicht, und wo beginnt übertriebene Besorgnis? Wann wird Vorsicht lähmend?

---

1 Gavin de Becker: Mut zur Angst, Frankfurt, 2001.

Es scheint ein Ding der Unmöglichkeit zu sein, ein Gleichgewicht zwischen den Vor- und Nachteilen der Angst zu finden.

Aus diesem Grund hat man als Mutter oft das Gefühl, man bewege sich auf einem Hochseil. Es ist wichtig, zu wissen, wie hoch wir über dem Boden sind. Wie tief können wir fallen? Wenn wir nach unten schauen, kann es passieren, dass wir vor Angst erstarren und nie auf die andere Seite kommen. Trotzdem ist es möglich – mit den richtigen Mitteln und dem richtigen Training sogar wahrscheinlich –, dass wir es schaffen. Und zwar immer wieder.

Der Vergleich zwischen einer Mutter und einem Hochseilakrobaten gibt mir Kraft. Dieses Bild führt mir vor Augen, dass es *möglich ist,* die Aufgabe zu bewältigen. Es ist Furcht einflößend, riskant, aber trotzdem möglich.

Um dieses Bild noch besser ergründen zu können, habe ich Trainingsstunden genommen, um zu lernen, tatsächlich über ein Drahtseil zu gehen. Ja, das habe ich wirklich getan. Ich muss natürlich zugeben, dass es nur einen halben Meter über dem Boden war. Aber es war trotzdem eine einmalige Erfahrung. Ich lernte interessante Menschen kennen, erlebte jede Menge Überraschungen und lernte viel für mein Leben. So ungefährlich mein Training auch aussah, war es trotzdem nicht leicht. Es dauerte viel länger, als ich erwartet hatte. Und es tat weh. Trotzdem war es unglaublich cool. Ich hatte das herrliche Gefühl, etwas geschafft zu haben, als ich den Weg über mein niedriges Drahtseil zurückgelegt hatte. Erstaunlich und begeisternd. Allie Pleiter, eine unscheinbare Hausfrau, geht über ein Drahtseil. Selbst meine Kinder waren beeindruckt (und *das* will etwas heißen!).

Außer meiner Würde stand nicht viel auf dem Spiel. Es machte Spaß und war interessant, aber es reichte natürlich noch lange nicht für einen Zirkusauftritt. Zirkusauftritte definieren sich – ganz ähnlich wie das Muttersein – dadurch, dass die Dimensionen immer größer werden. Eine einfache Schaukel wird zum Trapez, sobald man sie hoch genug hängt. Das überschaubare Risiko des niedrigen Drahtseils wird zum todes-mutigen Hochseilakt, sobald das Seil zehn bis fünfzehn Meter über dem Boden gespannt ist.

Selbst wenn der Alltag als Mutter normalerweise keine Frage auf Leben oder Tod ist, kommt man sich oft so vor. Deshalb erinnert das Muttersein an vielen Tagen stark an einen kleinen Zirkus. Was rede ich denn da? An einen *großen* Zirkus!

Deshalb ist es in meinen Augen ein Hochseilakt, mich meinen Ängsten als Mutter zu stellen. Ich zittere, aber ich werde es auf die andere Seite schaffen. Diese wagemutige Leistung möchte ich nun in ihre einzelnen Bestandteile aufteilen und herausfinden, was wir daraus lernen können. Jeder Schritt auf dem Hochseil hat eine Parallele im Leben einer Mutter.

Sich seinen Ängsten stellen

Was erscheint Ihnen als Mutter besonders riskant, aber trotzdem möglich? Warum? Wie würde sich Ihre Erziehung in diesem Bereich ändern, wenn Sie Ihre Angst zügeln könnten?

■ *Sich gegen die Angst wappnen*

Lassen Sie nicht zu, dass Sie sich mit irgendeiner Angst allein fühlen. Sprechen Sie mit guten Freundinnen und anderen Müttern darüber. Das Bewusstsein, dass Sie bei keiner Sorge allein sind, wird Ihnen helfen, Trost zu finden und den Mut aufzubringen, diese Angst zu bekämpfen.

● Vertrauensvers

Der Herr ist mein Licht, er befreit mich und hilft mir; darum habe ich keine Angst. Bei ihm bin ich sicher wie in einer Burg; darum zittere ich vor niemand.

Psalm 27,1 (GN)

Wir bekommen Angst, wenn wir die richtige Perspektive verlieren

Ständig quält uns das schlechte Gewissen

Wenn unseren Kindern etwas zustößt – egal wie –, haben wir das Gefühl, als hätten *wir* ihnen dies angetan. Ich habe mit mehreren Müttern gesprochen, die sich an ein »Verschulden« an ihren Kindern bis ins kleinste Detail erinnern können. Erst neulich erzählte mir meine Freundin Laura von einem solchen Erlebnis: Sie ging am Meer spazieren. Eine Szene wie auf einer Ansichtskarte: Mama und Kinder spazieren Hand in Hand den Strand entlang und suchen Muscheln. Was kann daran schlimm sein?

Laura beschrieb die Sache ganz anders. Sie erzählte, dass sie nicht genug Abstand zu den großen Wellen hielt, dass sie sich eine Sekunde umdrehte und zum Strand schaute und von einer Welle erfasst wurde, die sie nicht gesehen hatte. Die Strömung riss ihr ihren kleinen Sohn aus der Hand, und ungefähr eine Minute lang – die ihr in ihrer Erinnerung wie Stunden vorkommt – war er verschwunden. Sie entdeckte ihn dank seiner hellgrünen Badehose.

Lauras Sohn geht es gut. Ihre Kinder studieren alle und haben im Laufe der Jahre viele bedrohliche Situationen überlebt. Sie sind zufriedene, gesunde Männer und leiden an keiner irgendwie gearteten Wasserphobie. Niemand ist zu Schaden gekommen. Trotzdem kann sich Laura genaustens an dieses Erlebnis erinnern. Sie bekam eine Gänsehaut, als sie mir davon erzählte. Seit diesem Vorfall habe sie ständig Angst, unachtsam zu sein. Dass sie irgendetwas übersehen könne und dass deshalb etwas Tragisches passieren könnte.

Jede Mutter hat etwas Ähnliches erlebt oder wird es noch tun. Jede Mutter wird irgendwann feststellen müssen, dass sie ihre

Kinder bestenfalls unvollkommen beschützen kann. Mir ist dies passiert, als Amanda ein Baby war.

Ich war damals berufstätig, und mein Lieblingsaccessoire – genauer genommen eher mein Markenzeichen – war ein verchromter Aktenkoffer. Dieser Koffer war modern und ungemein cool. Ich liebte diesen Aktenkoffer. Andere erkannten mich daran. Er sah aus wie etwas, das James Bond gehören könnte und nicht einer Frau mit einer Wickeltasche über der anderen Schulter.

Eines Morgens machte ich uns beide fertig, steckte Amanda in ihren Schneeanzug und schnallte sie in ihren Babysitz, zog mir meine Jacke an und hängte mir das übliche Sammelsurium an Taschen über die Schultern (Brotzeittasche, Aktenkoffer, Wickeltasche, Einkaufstasche mit Ersatzkleidung und so weiter). Entsprechend beladen bückte ich mich vor, um Amanda in ihrem Babysitz vom Boden hochzuheben, damit wir das Haus verlassen konnten.

Wenn Sie schon einmal mit einem halben Dutzend Taschen wie ein Weihnachtsbaum behängt waren, können Sie sich diese Stellung bestimmt genau vorstellen. Man hievt die Taschen über die eine Schulter und balanciert sie auf dem Rücken, damit man sich vorbeugen kann. Sie ahnen sicher, was dann kam: Als ich mich vorbeugte, rutschte die Taschenansammlung von meinem Rücken und flog auf Amanda zu, allem voran der verchromte Aktenkoffer. Ein metallener Gegenstand raste unaufhaltsam auf meine geliebte Tochter zu. Heute erschüttert mich die Tatsache, dass sich gerade mein Lieblingsstück in jener Situation in ein zerstörerisches Gerät verwandelte, aber damals waren mir solche tief gehenden Gedanken verständlicherweise fern.

In jenem Augenblick erfüllte mich nur Panik. Als ich spürte, wie die Tasche von meinem Rücken rutschte, verlangsamte sich die Zeit. Alles geschah wie in einem Actionfilm in Zeitlupe als besonderer Effekt und zwang mich, jeden herzzerreißenden Sekundenbruchteil voll mitzubekommen. Ich sah, wie meine Hände vorschossen, um Amandas Körper zu schützen, merkte, wie alles, was ich trug, in allen Richtungen davonschlitterte, hörte meine Stimme vor Angst laut schreien. Ich sah bis ins kleinste verheerende Detail, wie der Metallkoffer trotz meiner Anstrengungen, ihn aufzuhalten, auf ihren Kopf zuraste. Ich schaffte es fast, ihn von seiner ursprünglichen Richtung abzulenken. Er schlug hauptsächlich auf ihrem Kindersitz gleich rechts neben ihrem Kopf auf. Aber er hatte auf ihrer Wange und auf meiner Hand beachtliche Spuren hinterlassen.

Jetzt können Sie mir natürlich sagen, dass es viel schlimmer hätte kommen können. Dass ich meine Tochter bewahrt habe und dass sie nicht ernsthaft verletzt wurde. Aber für mich bleibt diese Erinnerung immer *das erste Mal, als ich zuließ, dass meinem Kind etwas Schlimmes passierte.* Ich hatte versagt, ich hatte es nicht geschafft, sie zu beschützen. *Meine* Auswahl an Gepäck hatte *ihr* Schaden zugefügt. Ich glaube, ich habe damals zwanzig Minuten lang geweint. Auf jeden Fall länger, als Amanda wegen des Schlages auf ihre Wange jammerte. Dann prangte der blaue Fleck eine Woche lang in ihrem Gesicht, und ich hatte den Eindruck, jeder auf der Welt fragte, wie es dazu gekommen sei. Amanda hatte noch andere Unfälle, sie musste in der Notaufnahme genäht werden und hat einige ziemlich hässliche Aufschürfungen überlebt, aber mir bleibt dieser eine Vorfall viel deutlicher und aufwühlender in Erinnerung als irgendein anderer.

Ich nehme absichtlich diese beiden Situationen als Beispiele, weil sie so extrem sind. In beiden Fällen hat die Psyche der Mutter viel mehr gelitten als die Kinder. In Wirklichkeit habe ich meinem Kind keinen Schaden zugefügt. Ich habe den Aktenkoffer nicht absichtlich auf sie geschleudert. Laura ließ ihr Kleinkind nicht achtlos in die Wellen hineinspazieren, und sie hat es auch nicht aus Jux und Dollerei ins Meer geworfen.

Natürlich hätte man diese Vorfälle vermeiden können. Ich hatte sogar ganz deutlich das Gefühl, dass ich es hätte verhindern müssen. Mir fielen nicht nur sofort ein Dutzend Möglichkeiten ein, wie ich das Ganze hätte vermeiden können; ich malte mir aus, was alles *hätte passieren können.* Alles von einem gebrochenen Kinn bis zu ausgeschlagenen Augen – die möglichen Verletzungen wurden in meiner lebhaften Fantasie immer größer. Die ganze nächste Woche nahm ich noch nicht einmal eine Geldbörse in die Hand, wenn ich meine Tochter trug, geschweige denn die volle Ausrüstung, die Mütter von kleinen Kindern zum Überleben brauchen.

Haben Laura und ich unsere Erlebnisse, in denen wir »einen schlimmen Fehler begangen haben«, unangemessen stark aufgebauscht? Schwer zu sagen. Das richtige Maß fällt Müttern meistens nicht leicht. Unsere Perspektive verändert sich von Stunde zu Stunde. Einige Dinge, von denen wir denken, sie hätten nichts zu bedeuten, verwandeln sich in handfeste Krisen: »Mama, *wie konntest du nur* diesen Stock wegwerfen? Das war mein Harry-Potter-Mega-Zauberstab!« Aber genauso oft stellen sich Dinge, von denen wir denken, dass sie in eine Katastrophe münden, am Ende als ganz harmlos heraus: »Ich habe nicht aufgepasst und bin an der Bushaltestelle nicht ausgestiegen. Na und? Die Busfahrerin ist weitergefahren und hat mich am Ende der Route hier abgesetzt. Kein Problem.« Es interessiert keinen, dass wir an der Ecke standen und in unser Handy jammerten und sicher waren, dass unser kleiner Zweitklässler völlig verzweifelt mutterseelenallein in diesem großen Bus sitzt und Todesängste aussteht.

Mit der richtigen Perspektive kann man sich anscheinend am besten gegen Angst wappnen. Aber diese Einsicht ist keine große Hilfe, denn gerade Müttern fehlt oft die richtige Perspektive. Wie in aller Welt sollen wir wissen, worüber wir uns wirklich Sorgen machen müssen? Wo können wir uns Sorgen sparen? Und selbst wenn wir eine Antwort haben, verändert sie sich vielleicht im nächsten Augenblick. Ganz ehrlich, wer hat sich vor dem 11. September 2001 jemals Gedanken gemacht, ob er seine Post öffnen soll? Wir waren viel zu sehr damit beschäftigt, uns wegen Kindesentführern im Einkaufszentrum und Drogenhändlern auf dem Spielplatz den Kopf zu zerbrechen. Wegen Erstickungsgefahren und Rückrufaktionen von Spielsachen. Mit der Angst, entscheidende Augenblicke bei unseren Kindern zu verpassen. Zu kontrollieren, ob unsere Autositze richtig befestigt sind. Jetzt scheint die Angst ein unvermeidlicher Bestandteil unseres Lebens geworden zu sein. Die Welt nach dem 11. September gibt einem das Gefühl, es gebe darin so viele Dinge wie nie zuvor, vor denen wir Angst haben müssen. Die Anschläge auf New York und Washington D.C. haben uns eindrücklich gezeigt, zu welcher Zerstörung Hass fähig sein kann. 2003 befand sich Amerika im Krieg. Das hat jungen Männern und Frauen das Leben gekostet. Ganz zu schweigen von den vielen Opfern unter den Zivilisten, deren genaue Zahl wir nie erfahren werden. Die Welt hält den Atem an und wartet, ob SARS im kommenden Winter wieder zuschlägt. Wir überlegen, ob wir vielleicht das nächste Mal, wenn wir in ein Flugzeug steigen, Atemmasken aufsetzen sollen. Und die Vorräte, die wir für die Jahrtausendwende anlegen sollten, machten uns weniger Angst als die Isolierbänder und Plastikfolien, die wir 2003 wegen der Gefahr von terroristischen Anschlägen mit biologischen Waffen besorgen sollten.

Heutzutage scheint es einfach zu viel zu geben, das uns Angst einjagt.

Sie können beruhigt sein: Sie sind nicht überempfindlich. Sie machen nicht aus einer Mücke einen Elefanten. Wir leben wirklich in einer beängstigenden Zeit. Aber Franklin D. Roosevelt hatte Recht, als er sagte: »Wir brauchen vor nichts Angst haben außer vor der Angst.«[2] Unsere Eltern, Großeltern und Generationen von Eltern vor ihnen hatten mit Ängsten und Problemen zu kämpfen, von denen viele wesentlich größer waren als die Heraus-

2 Franklin D. Roosevelt: Rede bei der Amtseinführung, 4. März 1933.

forderungen, vor denen wir heute stehen. Was hat ihnen Kraft gegeben? Was haben sie daraus gelernt? Wie ist es ihnen gelungen, die richtige Perspektive zu behalten? Was möchte Gott uns beibringen, wenn wir uns unseren Ängsten stellen?

Es gibt keine leichten Antworten. Die Situation und die Lösung des Problems sehen bei jedem anders aus. Aber es gibt immer eine Lösung. Es ist an uns, sie zu finden. Ich bete dafür, dass Ihnen dieses Buch hilft, Ihre persönliche Lösung zu entdecken.

Sich der Angst stellen

Erinnern Sie sich an ein Erlebnis oder eine Situation, in der Sie Ihre Fähigkeiten als Mutter in Frage gestellt haben? Warum hat sich dieser eine Vorfall so stark in Ihr Gedächtnis eingegraben? Meinen Sie, Sie wären eine bessere oder eine schlechtere Mutter, wenn Sie diese Erinnerungen nicht hätten?

■ *Sich gegen die Angst wappnen*

Machen Sie sich bewusst, dass Eltern aller Generationen immer mit Angst kämpfen – viele Ängste früherer Generationen waren größer als unsere heute. Bitten Sie Gott, Ihnen die richtige Perspektive zu schenken und Sie an die Mütter denken zu lassen, die ihre Kinder im Krieg, in schweren Krankheiten oder großen Notzeiten erziehen mussten. Bitten Sie Gott, Ihnen zu zeigen: Man kann auch unter den schlimmsten Umständen eine gute Mutter sein.

● Vertrauensvers

Der Herr gibt auf dich Acht; er steht dir zur Seite und bietet dir Schutz vor drohenden Gefahren. Tagsüber wird dich die Sonnenglut nicht verbrennen, und in der Nacht wird der Mond dir nicht schaden. Der Herr schützt dich vor allem Unheil, er bewahrt dein Leben. Er gibt auf dich Acht, wenn du aus dem Haus gehst und wenn du wieder heimkehrst. Jetzt und für immer steht er dir bei.

Psalm 121,5-8 (Hfa)

Wie werde ich mutiger?

Niemand will auf Schritt und Tritt von Angst verfolgt werden. Wir alle suchen Trost, Seelenfrieden und die Bestätigung, dass wir es als Mutter richtig machen. Angst ist keine Tugend. Wenn Angst wirklich eine Gabe ist, dann möchte sie *niemand* haben.

Wie kommen wir also von der Angst zum Mut? Wie kommen wir kleinmütigen Mütter von einer Seite des Hochseils auf die andere?

Des Rätsels Lösung lautet: Übung. In diesem Sinne verhält es sich mit der Gabe der Angst nicht viel anders als mit Talent. Wir sind alle, so wie Gott uns von Natur aus geschaffen hat, mit Angst bedacht worden. Okay, einige halten vielleicht dagegen, dass Mütter auf diesem Gebiet *besonders* reich bedacht seien. Deshalb müssen wir uns vor Augen halten, dass der bloße Besitz einer Gabe oder eines Talents selten genügt, um vernünftig damit umzugehen. Es kommt auf die entsprechende Übung an.

Ich hätte nicht einfach in der Artistenschule sofort über ein Drahtseil spazieren können. Und wenn ich es mir noch so sehr wünsche und selbst wenn ich weiß, wie wichtig es ist, fehlen mir einfach die *Fertigkeiten.* Ich brauche Unterricht und Training.

Betrachten Sie dieses Buch als Ihr persönliches Mut-Trainingsprogramm. Furchtlosigkeit sollte sich niemand wünschen. Jeder sollte ein gewisses Maß an Angst haben. Im Gegenteil, jemand, der überhaupt keine Angst kennt – nicht nur auf dem Hochseil, sondern überall auf der Welt –, ist gefährlich! Es gibt die militärische Klassifizierung »NAFOD« – die Abkürzung für »No apparent fear of death« (keine erkennbare Todesangst). NAFODs sind extrem gefährliche Menschen – nahezu unbesiegbar und zu großer Zerstörung fähig, weil sie keine Angst kennen.

Nein, Angst ist nichts Schlimmes an sich. Man muss ihr nur mit Mut begegnen.

Den Weg von der Angst zum Mut werde ich mit einem Hochseilakt vergleichen. Jedes Element des Weges auf einem Hochseil kann uns etwas deutlich machen – der Draht, die ersten Schritte, die Balancierstange, die Höhe und so weiter. Wir werden jede einzelne Komponente genau betrachten, um so viel wie möglich davon für unser Leben als Mutter zu lernen.

Auf diesem Weg werden wir von Fachleuten trainiert. Zusätzlich zu den Trainingsstunden bei meinem Hochseillehrer fragte ich anerkannte Psychologen und Therapeuten nach ihren Erfahrungen zum Thema Angst. Dr. Todd Cartmell, Dr. E. Maurlea Babb und Dr. Paulette Toburen sowie die Therapeutin Jenny Gresko unterhielten sich mit mir ausführlich über die Berichte in diesem Buch und die Rolle, die Angst in unserem Leben spielt. Sie alle sind Eltern (und teilweise sogar Großeltern) und kennen die täglichen Herausforderungen, die an Eltern gestellt werden. Von ihnen bekommen wir praktische Tipps, vernünftige Strategien und eine professionelle Sichtweise. Fassen Sie Mut, meine Damen. Unseren großartigen Lehrern und Trainern können wir vertrauen.

Sind Sie bereit? Natürlich nicht. Wer ist das schon?

Das ist, schätze ich, Teil des Problems.

Meine Damen und Herren, liebe Kinder aller Altersklassen, bitte richten Sie Ihre Aufmerksamkeit nach oben!

Kapitel 2

Die Plattform

*»Ich habe Angst, dass ich es nicht schaffe. Ich habe Angst,
dass ich durchdrehe und den Verstand verliere
und nicht in der Lage bin, mich um meine Familie zu kümmern.
Oder dass mein Ärger und mein Frust meine Kinder nach unten
ziehen und ihnen allen Mut nehmen.«*

*»Ich habe Angst, meine Kinder werden mir gegenüber
die gleichen Gefühle haben
wie ich gegenüber meiner Mutter.«*

*»Ich habe Angst, ich werde mein negatives Selbstbild
auf meine Töchter übertragen.«*

*»Ich habe so große Angst, dass ich sterbe und niemand da ist,
der meinen Platz einnehmen kann.«*

*W*ie sind wir nur hierher gekommen?

Jeder Weg nimmt irgendwo seinen Anfang. Beim Hochseilakt is
die Startplattform der Ort, an dem Luftakrobaten sich innerlich
sammeln, die jeweiligen Gegebenheiten einschätzen und sich au
Temperatur, Beleuchtung, vorhandene Verletzungen, Lärm usw
einstellen. Hier oben machen sie ihren Verstand und Körper start
klar, bevor sie über das Seil gehen.

Als Eltern müssen wir das Gleiche tun. Auch wir müssen die
augenblickliche Lage einschätzen und uns darauf einstellen. We
wir jetzt sind. Auf die Vergangenheit, die wir mitbringen. Au
unseren Blickwinkel und unsere persönlichen Probleme.

In einer kritischen Situation ist es vernünftig, in Ruhe über die
anstehende Aufgabe nachzudenken und unsere Möglichkeiten
sachlich zu betrachten. Wo sind wir und was erwartet uns?
Welche Stärken bringen wir mit? Welche Schwächen müssen wi
einkalkulieren? Gibt es Dinge, die zu gefährlichen Ablenkungen
führen können, wie das grelle Licht und der Lärm im Zirkus?
Uns die Zeit zu nehmen, uns diesen unangenehmen Fragen zu
stellen – und sie zu beantworten –, führt uns zum gewünschten
Ausgang.

Ich weiß, was Sie jetzt denken. Sie fragen sich, ob es wirklich
sinnvoll ist, innezuhalten und sich umzuschauen. Auf den ersten
Blick klingt das wie eine todsichere Methode, unseren Puls noch
höher zu jagen. Man schaut doch nicht nach unten, nachdem
jeder uns geraten hat: »Sieh auf keinen Fall runter!« Ein Hoch
seilakt ist jedoch kein Spaziergang im Park. Er birgt Gefahren,
Unwägbarkeiten und jede Menge Fragen, die wir nicht
unterschätzen sollten und die unsere volle Aufmerksamkeit ver
langen. Da ist es klüger, eine Bestandsaufnahme über unseren
Zustand zu machen, als sich kopflos in eine Herausforderung zu

stürzen. Wir müssen die Situation durchdenken. Dafür ist die Plattform – so nervenaufreibend das auch sein mag – genau der richtige Ort.

Es ist viel klüger, eine Bestandsaufnahme über unsere Situation zu machen, als sich, ohne vorher zu überlegen, kopfüber in eine Herausforderung zu stürzen.

In den nächsten Kapiteln werden wir Ängste und Bedrohungen unter die Lupe nehmen, die damit zu tun haben, wie wir überhaupt auf dieses Drahtseil heraufgekommen sind. Wir untersuchen Angst, die an Situationen gebunden ist. Wir untersuchen Ängste, die ihren Ursprung in unserem psychischen Ballast, in unserer Persönlichkeitsstruktur oder in früheren Verletzungen haben. Warum? Weil wir mit einer Situation besser umgehen, wenn wir wissen, wer wir selbst sind.

Gewiss, es ist hoch. Aber die Aussicht ist einfach atemberaubend.

Unbekanntes macht uns Angst

Warum wir unser Baby wahrscheinlich nie fallen lassen

»Ich bin nicht sicher, ob ich als Mutter zurechtkomme!« Haben Sie das auch schon einmal gedacht? Entspannen Sie sich; jede Mutter auf der Welt wird diese Frage mit einem Nicken beantworten.

Ab dem ersten Tag, an dem ein Kind in unser Leben tritt, baut sich die Angst vor den schrecklichen Folgen unserer Fehler wie eine hohe Mauer vor uns auf. Wir stolpern in unsere Rolle als Mutter und hatten als Vorbereitungstraining höchstens einen Job als Babysitter oder, wenn wir Glück hatten, ein paar Nichten und Neffen. Die meisten begreifen jedoch ziemlich schnell, dass diese Vorbereitung nicht ausreicht. Eine Mutter hat keine Generalprobe vor der Premiere. Wir können andere Mütter beobachten und die wesentlichen Fertigkeiten erahnen, aber zum großen Teil heißt es beim 24-Stunden-Job als Mutter »Learning by Doing«. Ohne Trainer und Berater.

Alle Eltern erleiden das gleiche Trauma der Umstellung in den ersten Wochen zu Haus. Von einem Tag auf den anderen sind wir plötzlich Eltern. Auf einmal stehen wir auf der Hochseilplattform und starren gebannt auf den todesmutigen Akt, den wir ab jetzt vollbringen sollen. Wir haben es vorher schon bei anderen beobachtet. Uns vielleicht sogar danach gesehnt. Die Wehen dauern Stunden, eine Adoption oder künstliche Befruchtung kann sich über Jahre hinziehen, aber nichts davon bereitet uns darauf vor, *Eltern zu sein.* Eine lebenslange Verantwortung landet von einer Minute auf die andere in unseren Armen. Wenn wir unser neugeborenes Kind halten, wenn wir sein junges Leben unauflösbar mit unserem verknüpfen, fangen wir an, Eltern zu sein. Und die vor uns liegende Aufgabe erscheint uns einfach gigantisch.

Mein Mann und ich hatten Unmengen Elternratgeber gelesen, uns bestens vorbereitet und alles bis ins kleinste Detail geplant. Ich hatte Tabellen, Diagramme, Listen und Notizbücher. Ich war nicht einfach schwanger. Ich *managte* meine Schwangerschaft. Ich hatte jedes Detail genau ausgearbeitet.

Nichts davon zählte in der ersten Nacht, in der wir mit unserer Tochter Amanda aus dem Krankenhaus nach Hause kamen. Drei Wochen zu früh. Nach strapaziösen Wehen und einem unvorhergesehenen Kaiserschnitt.

Ich erinnere mich gut an meine Unsicherheit und Angst in jener ersten Nacht. *Ich bin jetzt Mutter. Meine Tochter ist zu Hause. Wir haben ein Baby. In unserem Haus!* Wir hatten uns monatelang darauf vorbereitet. Wir hatten die neueste Babyausstattung. Alles war farblich aufeinander abgestimmt. Wir hatten sie in ihren nagelneuen Autositz geschnallt und ganz vorsichtig das erste Mal nach Hause gefahren. Die sauberen Dosen mit Babypuder, Salben und Öltüchern standen in militärischer Ordnung glänzend auf unserer Wickelkommode. Das Nachtlicht und die schöne Bettwäsche kamen zum ersten Mal zum Einsatz. Unsere neugeborene Tochter schlief schon seit Stunden, und alles schien ganz normal zu laufen.

Dann versuchten wir, selbst einzuschlafen.

So verzweifelt ich mich auch danach sehnte, in meinem eigenen Bett zu schlafen, erschöpft und immer noch nicht ganz fit nach meinem Kaiserschnitt, konnte ich beim besten Willen kein Auge zumachen. Ich hatte solche Angst, ich könnte sie überhören, wenn sie weinte – trotz Babyfon, das so weit aufgedreht war, dass ich es fast blinken hören konnte. Voller Angst, ich würde nicht wissen, wie ich sie ohne diese netten, gelassenen Säuglingsschwestern aus dem Krankenhaus beruhigen sollte. Voller Angst, sie könnte womöglich überhaupt nicht mehr aufwachen, sondern an irgendeiner schrecklichen, unbekannten Krankheit im Schlaf sterben. Mir war beängstigend deutlich bewusst, dass ich sie nicht jeden Augenblick beschützen konnte. Gleichzeitig war mir jedoch klar, *dass* ihr jeden Augenblick etwas zustoßen könnte.

Wie wahrscheinlich die meisten Frauen seit Jahrhunderten malte ich mir zig Szenarien aus, in denen Mütter mit ihren Kindern fahrlässig umgehen. Allie Pleiter liefert die Titelgeschichte für die »Schlechteste Mutter des Monats«. Ich lag in meinem Bett und starrte mit großen Augen in die Dunkelheit, um jeden leisen Atemzug zu hören, und machte mir bei jedem Geräusch große Sorgen. Ich möchte wetten, dass jede Frau ähnliche Erfahrungen gemacht hat, egal, wann und wie ihre Kinder in ihr Leben traten.

Ich stand in jener Nacht Todesängste aus, weil ich mir einredete, wenn ich etwas falsch machte, ginge es um Leben und Tod. Ich lag damit nicht völlig falsch; in einem gewissen Maß stimmt das. Es gab schon Eltern, die beim Erwachen herzzerreißende, tragische Umstände vorfanden. Es *sind* schon Kinder unbemerkt mitten in der Nacht gestorben. Meine Befürchtungen waren nicht völlig aus der Luft gegriffen.

Jetzt, Jahre später, geht es immer noch um Leben und Tod. Das Risiko ist immer noch hoch. Aber ich habe keine Angst mehr, nachts einzuschlafen. Der Grund dafür liegt auf der Hand und ist trotzdem eine wichtige Wahrheit: Ich habe jetzt Erfahrung.

In jener ersten Nacht, in der ich Amanda mit nach Hause brachte, hätte mich niemand überzeugen können, dass ich sie nachts hören würde, weil mir das Entscheidende, nämlich die eigene Erfahrung, fehlte. Erst nachdem ich meine erste Nacht hinter mich gebracht hatte, konnte ich wissen, dass ich sie höre. Mitten in der Nacht geweckt zu werden, gehört zum normalen Alltag von Müttern. Man braucht dafür nichts Besonderes können. Wir alle tun es: unsere Füße unter unserer kuscheligen, warmen Decke hervorschieben, auf dem Nachtschränkchen nach unserer Brille tasten, uns in unseren Bademantel kämpfen und durch den dunklen Gang in den schummerigen Schein der Nachtlampe ins Kinderzimmer schlurfen. Seien wir ehrlich: Für Mütter mit einem Säugling ist Schlafmangel kein Symptom, es ist ein *Lebensstil*.

Ein paar Nächte genügten, und ich hatte gelernt, dass es bei Mandy, wenn sie nachts aufwachte, weitaus mehr um Stillen und Wickeln als um Leben und Tod ging. Nur die eigene Erfahrung konnte das alles sehr, sehr ... *stöhn* ... *gähn* ... alltäglich werden lassen. Ich fragte Dr. Todd Cartmell – Kinderpsychologe und Vater von zwei Kindern – nach seinen Erfahrungen zum Thema Eltern und Angst. Er erklärte, dass Kompetenz der einzige Weg zur richtigen Perspektive ist, durch die wir unsere Angst überwinden können. Wenn einem etwas vertraut ist, kann das in anderen Bereichen zu Unachtsamkeit führen, aber bei Eltern erzeugt es Sicherheit. Wir müssen, wie Dr. Cartmell es nennt, eine »persönliche Beweisdatenbank« anlegen, die uns sagt, dass alles gut werden wird – Beweise, die uns klarmachen, dass solche Nächte eine vertraute Sache sind und kein fremdes Terrain. Nach über zehn Jahren als Mutter ist es für mich einfach ein Teil meines Lebens geworden, mitten in der Nacht wegen irgendeiner Krise im Kinderzimmer aus dem Schlaf gerissen zu werden. Nach jener ersten Nacht benutzten wir das Babyfon kaum noch. Wir bekamen sehr schnell mit, dass Amanda eine Lunge hat – eine Lunge *mit Opernkapazitäten*. Wir konnten sie durch den ganzen Garten hören und erst recht über den Flur in unser Schlafzimmer. Aber das hätte ich vorher niemandem geglaubt; ich musste es *selbst erfahren*.

Es mag zuerst hilflos klingen, aber überlegen Sie einmal: Wenn ich weiß, dass nur eigene Erfahrung weiterhilft, kann ich mich darauf konzentrieren, ebendiese zu machen. Irgendwie tröstet es doch, zu wissen, dass die einzige Lösung darin besteht, es *einfach zu tun*. Mindestens einmal, wahrscheinlicher aber ein Dutzend Mal.

Auch bei einer anderen Angst kann nur eigene Erfahrung weiterhelfen. Jeder, der eine Glasvase tragen kann, kann auch einen Säugling halten. Trotzdem habe ich noch keine Mutter getroffen, die anfangs keine Angst hatte, sie könnte ihr Baby fallen lassen.

Diese ganzen Ermahnungen wie »Stütze den Kopf ab. Seine Halsmuskulatur ist noch nicht kräftig genug«, können so verunsichern. Man glaubt, man könne dem Baby den Hals brechen, wenn man nicht aufpasst. Babys sehen so unglaublich zerbrechlich aus, und wir haben so unglaublich viel Angst. Aber nach einem Monat ist es ein alter Hut. Man trägt das Kind, ohne darüber nachzudenken. Man hat Erfahrung.

Wir müssen uns sagen: »Ja, es ist beängstigend, aber so wird es nicht immer sein.« Diese Erkenntnis erlaubt uns, Angst zu haben, aber uns davon nicht unterkriegen zu lassen. Sie erinnert uns: Wir haben bis jetzt zwar noch keine Beweise in unserer Datenbank, aber sie *werden* noch kommen.

Oft können wir die Beweise allerdings nur schwer erkennen. Das ist schlimm, denn wenn wir sie nicht wahrnehmen, können wir unsere Angst auch nicht abbauen. In diesem Fall müssen wir gezielt Erfahrungen *suchen*. Dr. David D. Burns schlägt dafür ein nützliches Mittel vor: einen »täglichen Stimmungsmesser«.[3] Er rät, in stressigen Zeiten bei Dingen, die uns verkrampfen lassen (oder ein anderes belastendes Gefühl wie Traurigkeit oder Wut auslösen), täglich festzuhalten, wie stark dieses Gefühl ist. Dieser Stimmungsmesser funktioniert bei Angst besonders gut.

Nehmen wir als Beispiel das erste Mal, wenn wir diese ganzen seltsamen Dinge mit der Nabelschnur unseres Neugeborenen machen müssen. Wir sind fast sicher, dass dieser Stummel in unseren Händen abfällt und dass unser Kind daran verblutet. Schließlich war es früher seine Hauptversorgungsleitung. Unsere Angstrate liegt wahrscheinlich bei 90 Prozent. Das nächste Mal, wenn wir Puder und Baumwolltupfer in die Hand nehmen, wissen wir bereits, dass unser Kind diese kleine medizinische Maßnahme tatsächlich überleben kann, und unsere Angstrate fällt vielleicht auf 75 Prozent. Das Schwinden dieser Angst fällt uns

3 David D. Burns: Fühl dich gut. Angstfrei mit Depressionen umgehen, Edition Treves, 2002.

wahrscheinlich gar nicht auf. Aber ein täglicher Stimmungs-messer lenkt unseren Blick darauf, dass unsere Angst tatsächlich kleiner wird. Wenn Sie Ihre Fortschritte sehen, werden Sie ruhiger. Damit bekommen Sie handfeste Beweise. Die Chancen stehen gut, dass Ihre Angst mit jeder Nacht in Ihrer ersten Woche zu Hause kleiner wird. Oder in der ersten Kindergartenwoche Ihres Sohnes. Oder bei Marions erstem Ferienlager. Oder jedes Mal, wenn Sie Ihrem Kind ein neues Medikament geben. Jedes Mal, wenn Ihnen nichts anderes übrig bleibt, als »es einfach zu tun«.

Wenn man sich in einer Situation bewusst macht, dass sie uns nur noch nicht vertraut ist, hilft uns das. Es zeigt uns, dass wenigstens ein *Teil* dessen, was wir fürchten, nicht die Bedrohung durch die Situation selbst ist, sondern nur unsere fehlende Erfahrung. Zum Glück haben wir es oft selbst in der Hand, unsere Möglichkeiten zu verbessern. Wir bestimmen darüber, indem wir uns entscheiden, Erfahrungen zu sammeln, oder indem wir uns daran erinnern, dass wir bestimmt bald die nötigen Erfahrungen machen.

◆ Sich der Angst stellen

In welchem Bereich kennen Sie sich als Mutter noch nicht gut aus? Was macht Ihnen daran Angst? Wo ist der »Tu-es-einfach«-Weg zur Kompetenz? Machen Sie sich diesen Weg bewusst und be-obachten Sie, ob diese neue Aussicht Sie mutiger macht.

■ Sich gegen die Angst wappnen

Bewerten Sie täglich Ihre Stimmung, sobald Angst in Ihnen auf-kommt, weil Ihnen eine Situation noch unvertraut ist. Ermessen Sie Ihre Angst und beobachten Sie, wie Sie Ihre Angst mit jeder neuen Erfahrung besser bekämpfen können.

● Vertrauensvers

Und muss ich auch durchs finstere Tal – ich fürchte kein Unheil!
Du, Herr, bist ja bei mir; du schützt mich und du führst mich, das
macht mir Mut.

Psalm 23,4 (GN)

Emotionaler Ballast nährt unsere Ängste

Warum Sahnebonbons nicht tödlich sind

Als ich Frauen nach ihren Ängsten als Mütter befragte, hörte ich
oft: »Ich habe Angst, dass sie so werden wie ich.« Das ist ziemlich
schwerer Ballast, den wir mit uns herumschleppen. Kindererziehung ist eine beängstigende Aufgabe für ein schwaches
Selbstwertgefühl.

Die Familientherapeutin Dr. E. Maurlea Babb erklärte mir, dass
Menschen über tausend Botschaften am Tag empfangen – aus den
Medien, von anderen Menschen, über Gefühle und innere und äußere Faktoren. Aufgrund dieser tausend täglichen Botschaften –
von denen viele negativ sind, ob sie nun wahr sind oder nicht –
haben viele von uns Angst, dass sie ihren Kindern ein schlechtes
Vorbild sind.

Warum? Weil Frauen Geschöpfe sind, die viel vergleichen.
Frauen sind von Natur aus selbstkritisch. Wir sezieren ständig
unseren Charakter, unser Wesen, unsere Beziehungen. Wir analysieren alles. Die ganze Zeit. Dies entspringt vielleicht dem
Wunsch, uns weiterzuentwickeln, aber viel zu oft hinterlässt es
lediglich ein angeknacktes Selbstbewusstsein. Bitten Sie eine

Frau, Ihnen ihre Fehler zu nennen, und sie fragt wahrscheinlich zurück, wie viel Zeit Sie haben.

Jede Mutter windet sich bei der Vorstellung, dass ihre Kinder ihre schlechten Gewohnheiten übernehmen. Zucken Sie auch zusammen bei dem Satz: »Du bist genauso wie deine Mutter« (den wir oft zum unmöglichsten Zeitpunkt von unserem Mann oder Geschwistern an den Kopf geworfen bekommen)? Wahrscheinlich ist Ihnen nur zu bewusst, wie leicht negative Eigenarten auf die Kinder abfärben. Ich habe mehrere Schwächen, bei denen ich mich ziemlich hilflos fühle. Natürlich bin ich nicht wirklich ohnmächtig, aber ich *fühle* mich so.

Ein ausgezeichnetes Beispiel ist mein Gewicht. Wie bei vielen Frauen ist mein Gewicht schon den größten Teil meines Erwachsenenlebens ein Problem, seit jemand im Alter von ungefähr sechsundzwanzig Jahren diesen gemeinen Hormonschalter umlegte und alles anfing, in die Breite zu gehen und nach unten zu hängen. Meine Kinder sagten, ich hätte eine (und das ist ein wörtliches Zitat) »Mamafigur«. Weich und füllig. Kuschelig. Ich war anderer Meinung. In meinen Augen waren es dreißig Pfund Übergewicht und keine wandelnde Einladung zu kuscheln. Ja, ich hatte immer noch ein akzeptables Gewicht für meine Größe (zugegebenermaßen im oberen Grenzbereich). Ich war schlanker als viele Mütter in meinem Alter. Aber hab ich das gesehen? Nein, ich war viel zu sehr damit beschäftigt, auf die *anderen* Frauen zu schauen. Auf die Frau, die für ihr Alter großartig aussieht. Auf die Frau, die *immer noch eine Taille hat.* Auf die Frau, die einen Bikini anziehen kann, ohne sich zu schämen.

Warum? Ich glaube, ich habe den Grund erkannt. Meine Mutter hatte starkes Übergewicht und bekam deshalb Probleme mit der Gesundheit. Darum bringen mich diese dreißig Pfund in meinen Augen (im buchstäblichen Sinn) den Problemen näher, die meine Mutter hatte, und das macht mich *wahnsinnig*. Sobald ich auch nur eine Spur davon bei meinen Kindern entdecke (die übrigens ziemlich schlank sind), schaltet sich sofort der innere Angst- und Schuldgefühlemechanismus ein.

Man könnte jetzt annehmen, dass ich deshalb ein Ernährungsfanatiker wäre. Das wäre die logische Konsequenz. Aber nein, ich schlage den emotionalen Weg ein. Ich ziehe verrückte, absurde, größtenteils sinnlose Schlussfolgerungen. Ich bin bei meinen Ernährungsregeln vielleicht zu lasch. Warum? Weil ich überzeugt bin, dass die rigorose Strenge meiner Mutter (sie hatte immer nur sehr wenig Süßes im Haus, weil sie auch nicht mehr Willenskraft als ich anscheinend hatte) mich so zuckersüchtig gemacht hat, wie ich es heute bin. Ich erinnere mich sehr gut daran, dass ich bei anderen Kindern Süßigkeiten stibitzte, weil es bei uns keine gab.

Wenn ich meinen Kindern Sahnebonbons nicht *verbiete*, werden sie nicht nach Sahnebonbons *lechzen* und werden auch nicht sahnebonbonsüchtig, aber trotzdem essen sie *viel zu viele* Sahnebonbons. Verstehen Sie? Ich habe Angst um ihr Gewicht, nicht weil *sie* ein Problem damit hätten (glauben Sie mir, sie haben keines), sondern weil ich glaube, dass *ich* ein Problem hätte, das sie geerbt haben könnten. Ergibt das irgendeinen Sinn?

Ich begriff das alles erst, nachdem mir bewusst geworden war, dass ich im Grunde keine Angst vor schlechter Ernährung oder Fettleibigkeit hatte. Wovor ich wirklich Angst hatte, war das Gefühl der Hilflosigkeit – eine genetische Veranlagung, die mich gegenüber den Problemen, die meine Mutter gehabt hatte, ohnmächtig macht. Ich hatte ein Aha-Erlebnis, als ich meine Angst als das identifizieren konnte, was sie in Wirklichkeit war: eine Täuschung. Selbst wenn ich die Veranlagung zu einer »Mamafigur« habe und dazu auch noch eine gefährliche Neigung zu Herzbeschwerden, kann ich die meisten anderen großen Risikofaktoren kontrollieren. Ich bin nicht hilflos. Sobald ich das kapiert hatte, passierte etwas Erstaunliches. Den wahren Grund meiner Angst zu kennen gab mir neues Selbstvertrauen und den Antrieb, das Problem anzugehen. Ich wollte mir selbst beweisen, dass ich nicht hilflos bin. Ich schloss mich einer Gruppe an, um abzunehmen. Seitdem habe ich schon zwanzig Pfund abgenommen. So viel kann die Erkenntnis dessen bewirken, wovor man wirklich Angst hat.

Das ist nur ein Beispiel. In unserem Leben gibt es viele Ängste, viele Täuschungen. Deshalb müssen wir unserer Angst *ins Gesicht schauen*. Nehmen Sie sich Zeit, und versuchen Sie herauszufinden, wovor Sie Angst haben. Sprechen Sie darüber mit Menschen, denen Sie wichtig sind. Können Sie klar benennen, wovor Sie wirklich Angst haben? Sie werden es tief in Ihrem Inneren merken, wenn Sie Ihren wunden Punkt gefunden haben. Zu wissen, worum es wirklich geht, setzt Kräfte frei, die Sie sich zunutze machen können. Die Mühe lohnt sich.

Allerdings sind solche tiefen Wahrheiten nicht leicht hervorzulocken. Wenn Sie schon eine Weile auf der Suche sind und immer noch nichts herausgefunden haben oder wenn Sie nur eine vage, unbestimmte Angst fühlen, kann Ihnen eine Strategie helfen, den wahren Kern Ihrer Angst herauszufinden.

Dr. Burns empfiehlt eine ziemlich alberne, aber wirkungsvolle Übung: ein Strichmännchen zeichnen.[4] Sie haben richtig gelesen: Nehmen Sie ein Blatt Papier und zeichnen Sie eine kleine Strichmännchenmama. Malen Sie ihr ein Runzeln auf die Stirn. Ihre Frisur ist heute zum Fürchten. Sie hat Angst. Geben Sie ihr eine »Mamafigur«, wenn Ihnen das hilft (in meinem Fall würde ich mich bei einem Strich in der Landschaft nur noch schlechter fühlen). Fragen Sie sie, wovor sie wirklich Angst hat. Zeichnen Sie dann eine kleine Sprechblase neben ihr Gesicht und füllen Sie sie aus. Schreiben Sie hinein, was Ihnen spontan in den Sinn kommt. Lassen Sie sich von ihr sagen, wovor sie Angst hat. Ja, ich weiß, das klingt lächerlich, und selbst Dr. Burns versteht nicht, warum diese Übung so hilfreich ist, aber sie funktioniert tatsächlich. Zeichnen Sie mehrere Strichmännchen, stellen Sie immer wieder

---

4 Burns: Fühl dich gut.

dieselbe Frage. Sie werden staunen, was der Papiermama über die Lippen kommt. Ein Satz wird wie von allein aus Ihrem Bleistift fließen, und Sie wissen, was das eigentliche Problem ist. Erst dann können Sie eine wirkliche Lösung entwickeln.

Ich weiß, dass diese absurd klingende Übung funktioniert, denn mit ihrer Hilfe habe ich erkannt, was in Wirklichkeit hinter meinem Gewichtsproblem steht. Sie würden staunen, wie viel Kraft mir das gegeben hat. Zum ersten Mal seit Jahren wiege ich tatsächlich so viel, wie in meinem Pass steht!

◆ Sich der Angst stellen

Wo fühlen Sie sich als Mutter hilflos? Als Ehefrau? Als Frau? Nehmen Sie sich viel Zeit und finden Sie heraus, welcher emotionale Ballast hinter diesen Ängsten steckt.

▣ Sich gegen die Angst wappnen

Zeichnen Sie sich als albernes Strichmännchen und fragen Sie es, warum es Angst hat. Machen Sie das immer wieder, ohne Ihre Antworten gleich zu analysieren, bis Sie auf den wahren Grund Ihrer Angst stoßen. Falls dieser Grund nur eine Täuschung ist, kommen Sie ihm auf die Schliche. Lassen Sie sich durch diese Erkenntnis motivieren, eine Lösung zu finden.

● Vertrauensvers

Ihr werdet die Wahrheit erkennen. Und die Wahrheit wird euch befreien.

Johannes 8,32 (Hfa)

Wir fürchten, was wir zu fürchten gelernt haben

Warum wir so oft in Panik geraten

Das Leben wird schwierig, wenn uns bewusst wird, dass wir uns als Mütter nicht von unserer eigenen Kindheit und den Lebensanschauungen unserer Eltern lösen können. Wie wir – und die Menschen um uns herum – bestimmte Dinge betrachten, hat einen enormen Einfluss darauf, wovor wir Angst haben und wie groß diese Angst ist. Von meiner Besessenheit von Sahnebonbons haben wir gelernt, dass Angst oft komplizierte, kontraproduktive Gefühle bei uns auslöst. Diese Gefühle können sich auch sehr nachteilig auf unsere Familie auswirken.

Mir fällt dazu eine Freundin ein. Sie ist eine großartige Mutter, eine bewundernswerte Organisatorin, eine Frau, die fast alles, was das Leben ihr vor die Füße wirft, entschlossen und hartnäckig anpackt (und Sie dürfen mir glauben, das Leben hat ihr einiges zugemutet). Wenn jemand weiß, dass man Angst mit eigenen Erfahrungen bekämpfen kann, dann sie! Sie ist begabt, bestens organisiert und hat jede Menge starke Gründe zu sagen: »Ich weiß, was ich zu tun habe.« Sollte man meinen.

Diese starke, kompetente Frau rief mich einmal an, weil sie entsetzliche Angst vor einem einfachen medizinischen Eingriff hatte. Es war nicht einmal ein Eingriff, es war nur eine Untersuchung. Sie litt unter Schmerzen, und ein Arzt hatte eine relativ gewöhnliche Untersuchung angeordnet, um der Sache auf den Grund zu gehen.

Ich konnte das so sehen. Sie nicht. Als sie anrief, hatte sie sich so weit in ihre Angst hineingesteigert, dass sie glaubte, sie sei todkrank und ihre Kinder müssten bald mutterseelenallein zurechtkommen. Sie hatte eine Krankheit oder eine schwere Behinderung erst gar nicht erwogen. Nein, sie war geradewegs zu ihrem drohenden Todesurteil gekommen. Schmerzen = Krebs = Tod. Ende der Gleichung.

Ich weiß, dass keine von Ihnen »hrumpft« (Sie kennen »hrumpfen« – dieses Geräusch, das Männer von sich geben, wenn sie denken, wir benähmen uns albern?), weil *wir das alle schon durchgemacht haben*. Ich bin sicher, dass es auch Männer gibt, die aus einer Mücke einen Elefanten machen, aber nach meiner Erfahrung scheint das besonders ein weibliches Talent zu sein. Unsere Stärken auf der Beziehungsebene verleiten uns, überall Konsequenzen für unsere Beziehungen zu suchen. Wenn Frauen über ihre Angst zu sterben sprechen, geht es dabei selten um das Ende ihres eigenen Lebens. Nein, wir quälen uns mit der Sorge, dass wir *mutterlose Kinder* zurücklassen. Wir sehen sie schon auf der Couch eines Psychiaters, wo sie darüber klagen, dass sie Probleme haben, weil sie allein gelassen wurden, weil wir einfach gestorben sind, als sie in einem Alter waren, in dem sie uns gebraucht hätten.

Meine Freundin schleppte ziemlich schweren Ballast mit sich herum, der ihre Gedanken in diese Bahnen lenkte. Sie hatte ihren Vater durch Krebs verloren und ihr Leben war überschattet durch die Angst ihrer Mutter vor Krebs. Viele, die jetzt zwischen dreißig und vierzig sind, haben Eltern, für die Krebs immer noch ein Todesurteil ist. Heute ist das oft gar nicht mehr der Fall, aber unsere Eltern sehen es so. Meiner eigenen Mutter fiel es schwer, dieses Wort auch nur auszusprechen. Dreißig Jahre unheilvolles Denken lässt sich nur schwer abschütteln. Die Lebensgeschichte meiner Freundin und ihre Angst vor Krebs und die vielen Jahre, in denen sie sich die Sorgen ihrer Mutter angehört hatte, zogen sie nach unten. Sie hatte zugelassen, was ganz natürlich ist, dass ihr psychischer Ballast ihren Blick verzerrte.

Frauen können sich leicht unzählige verheerende Konsequenzen ausmalen, weil wir die Gabe haben, Zusammenhänge herzustellen.

Wir drücken unseren Angstknopf und schon explodieren wir in elf verschiedene Richtungen. Dabei spielt Logik keine Rolle. Jede Frau ist bei der einen oder anderen Sache vorbelastet wie meine Freundin mit dem Krebs; ein einziges winziges Problem, und in unseren Gefühlen bricht ein Tornado los.

Verstehen Sie mich jetzt bitte nicht falsch. Ich will auf keinen Fall unseren Eltern irgendeine Schuld in die Schuhe schieben, auch wenn sie uns vielleicht schweren Ballast aufgeladen haben und wir jetzt damit fertig werden müssen. Keine Eltern legen es darauf an, uns zu lebenslangen Patienten beim Psychiater zu machen. Die Mutter meiner Freundin hatte berechtigte Ängste. Sie hatte den Tod eines geliebten Menschen durch Krebs erleben müssen, und so etwas verzerrt bei *jedem* die Sicht. Aber sie hatte bestimmt nie die Absicht, ihre Tochter damit zu belasten.

Erziehung ist keine Kleinigkeit. Eltern sind nur Menschen, und da passieren eben Fehler. Man trifft unkluge Entscheidungen. Aber ich glaube, es ist viel besser, wir konzentrieren uns darauf, wie wir unseren Ballast loswerden können, als darüber zu jammern, dass wir ihn bis jetzt mit uns herumgeschleppt haben.

Es gibt nur eine Möglichkeit, diesen seelischen Ballast loszuwerden: Wir müssen erkennen, dass man mit Logik nicht weiterkommt. Inneren Alarmglocken fehlt jede Logik. Jeder Arzt oder Statistiker hätte meiner Freundin tröstliche Zahlen vorlegen können, die zeigen, dass sie sich nicht in einer lebensbedrohlichen Situation befand. Dazu kam, dass diese Freundin schon erhebliche Schwierigkeiten in ihrem Leben gemeistert hatte; und selbst im Falle einer schweren Krankheit hätte sie die Kraft und den Mut gehabt, sie zu bezwingen. Wie Sie sich vorstellen können, konnten aber alle diese Argumente meiner Freundin ihre Angst nicht nehmen.

Warum? Weil *Ängste, die eine unlogische Ursache haben, sich nicht mit Logik wegargumentieren lassen.* Durch logische Argumente werden diese Ängste weder kleiner noch albern. Im

Gegenteil, sie werden dadurch noch stärker. Ängste, die aus unserem seelischen Ballast herrühren, basieren nicht auf vernünftigen Argumenten. Ängste sind *Gefühle,* und deshalb ist ihnen nicht mit Logik beizukommen.

Nachdem ich ungefähr einen Tag lang versucht hatte, meiner Freundin ihre Angst auszureden, sah ich ein, dass das nicht klappen würde. Genauso wie bei meinem Dilemma mit den Sahnebonbons mussten wir der Sache auf den Grund gehen und herausfinden, was ihr so große Angst einjagte. Es war nicht die Untersuchung selbst; es war auch keiner der sechs oder sieben möglichen Befunde dieser Untersuchung; es war der Umstand, dass einer dieser möglichen Befunde *Krebs* lauten konnte – auch wenn die Wahrscheinlichkeit dafür nur bei ungefähr acht bis zehn Prozent lag. In ihrem Fall hätte auch schon ein Prozent genügt, um sie in Panik zu versetzen. Als ihr das klar wurde, konnte sie sich darum kümmern, dass sie so schnell wie möglich das Untersuchungsergebnis bekam, bei dem es um Krebs ging. Außerdem konnte sie alles versuchen, um sich während des Wochenendes, das sie auf die Untersuchung warten musste, abzulenken. Aber der wichtigste Schritt war, dass sie ihren Ärzten erklärte, dass Krebs bei ihr starke Emotionen auslöste, und wie bedeutsam es für sie war, dass dieser Punkt so schnell wie möglich geklärt wurde.

Sobald die Ärzte das begriffen, bemühten sie sich, ihr dieses wichtige Ergebnis sofort mitzuteilen. Wenige Minuten nach der Untersuchung konnte man ihr sagen, dass sie keinen Krebs hatte. Ihre Angst wurde spürbar kleiner, ihr Kopf wieder ein wenig klarer, und sie konnte eine kooperative, ruhige Patientin sein, als es darum ging, die tatsächlichen Gründe für ihre Schmerzen herauszufinden.

Meiner Freundin geht es jetzt wieder gut. Und vielleicht hat sie etwas aus dieser Erfahrung gelernt. Unsere persönliche Lebensgeschichte kann unseren Blick stark verzerren.

Wenn wir es mit einer Angst zu tun haben, die gemessen an der Sachlage überdimensional groß ist (was in neunzig Prozent unserer

Ängste der Fall sein kann), sollten wir uns Zeit nehmen, uns einmal in Ruhe umzuschauen. Ist es die Gesamtsituation, die uns Angst einjagt? Oder gibt es in unserem Kopf irgendwo einen Panikknopf?

Wenn Fakten die Angst nicht vertreiben können, ist diese Angst tief in uns verwurzelt. Manchmal können Sie, wenn Sie die Ursache dieser Angst ausgraben und den Verantwortlichen dafür ausmachen (beachten Sie, dass ich sagte »ausmachen« und nicht »anklagen«), das eigentliche Problem fest umreißen. Sie können erkennen, ob Umstände – ob zu Recht oder zu Unrecht – die Sichtweise dieses Menschen verzerrten. *Und Sie können beschließen, dass Sie diese Sichtweise nicht länger teilen.* Ich will damit nicht sagen, dass Sie sich plötzlich in eine Bastion der Ruhe verwandeln, aber Sie werden erkennen, welche Kraft in der Wahrheit liegt. Und diese Kraft wird Ihnen helfen, Mut zu schöpfen. Und Mut ist wirklich eine Macht.

 Sich der Angst stellen

An welche Ängste aus Ihrer Kindheit und Jugend erinnern Sie sich? Gab es in Ihrer Familie Probleme, durch die Sie einige Panikknöpfe geerbt haben? Welche Wahrheit steckt dahinter? Inwiefern könnte Ihnen dieses Wissen helfen, den Mut zu finden, den Sie brauchen?

◼ *Sich gegen die Angst wappnen*

Werfen Sie, sobald Sie Ihren Panikknopf aufgedeckt haben, die sinnlosen Argumente über Bord, mit denen Sie bis jetzt diese Angst bekämpfen wollten. Sie haben wahrscheinlich ohnehin nichts gebracht. Wie können Sie sich stattdessen ablenken? Was kann Ihnen in dieser Situation Zuversicht geben? Machen Sie einen »Ablenkungs- und Zuversichtsplan«. Er wird Ihnen viel besser helfen als haufenweise Fakten.

Selbst in dunklen Stunden leuchtet ihm ein Licht [...] Er fürchtet sich nicht vor schlechter Nachricht, denn sein Glaube ist stark – er vertraut dem Herrn. Er lässt sich nicht erschüttern und hat keine Angst; sein Herz hofft unverzagt auf den Herrn. Sein Herz ist getrost und hat keine Angst, denn er weiß, dass er über seine Feinde triumphieren wird.

Psalm 112,4.7-8 (Hfa)

---

*U*nsere Veranlagung bestimmt unsere Ängste

Warum nicht jeder Angst vor dem Fliegen hat

Etwas Neues ist nicht unbedingt Furcht einflößend. Unsere Kinder haben vielleicht eine völlig andere Toleranzgrenze gegenüber Unbekanntem als wir. Einige Kinder bekommen Angst, wenn etwas Neues in ihr Leben tritt; andere tun sich mit Veränderungen leicht. Meine Tochter ist von Neuem und Veränderungen nicht begeistert. Mein Sohn scheint genauso wie ich bei Abwechslung richtig aufzublühen.

Meine persönlichen Instinkte, Angst zu bekämpfen, funktionieren bei meiner Tochter kaum, weil wir unterschiedlich auf Veränderungen reagieren. Wenn ich das vergesse, kann ich ihr kaum helfen, ihre Angst zu überwinden.

Wenn wir unsere eigene angeborene Reaktion auf Neues annehmen – und herausfordern –, müssen wir aufpassen, dass wir dies nicht vorschnell auf unsere Kinder projizieren. Überwinden Sie Ihre Angst z.B. dadurch, dass Sie sich Hals über Kopf in die

Situation stürzen, um sie hinter sich zu bringen? Oder verschlimmert das alles für Sie nur noch mehr?

Dazu fallen mir Schwimmbecken ein. Menschen gehen auf zwei völlig verschiedene Arten in ein Schwimmbecken: die einen schnell und die anderen langsam Schritt für Schritt. Wenn ich der bedächtige Typ bin, werde ich dann meinen Sohn auffordern, vorsichtig ins Wasser zu gehen, und seinen Wunsch, mit Anlauf hineinzuspringen, unterdrücken? Bin ich nicht besser beraten, ihn auf seine Art ins Wasser springen zu lassen, vorausgesetzt, die nötigen Sicherheitsvorkehrungen sind getroffen?

Ich bin oft sehr riskiofreudig, aber ich hasse es einfach, beim Fliegen umsteigen zu müssen. Ich bezahle gern mehr für einen Non-Stop-Flug. Nicht weil ich etwa Angst vor dem Fliegen hätte; sondern weil ich panische Angst habe, meinen Anschlussflug zu verpassen.

Ich habe es fast geschafft, unseren letzten Familienurlaub zu verderben – oder zumindest für einen sehr schlechten Urlaubsanfang zu sorgen –, weil ich mir die ganze Zeit den Kopf zerbrach, ob wir unseren Anschlussflug erwischen. Wir hatten so viele Flugmeilen für die ganze Familie gesammelt, dass wir alle kostenlos nach *San Francisco* fliegen konnten, und ich verpestete allen die Stimmung, weil ich mich wegen der Anschlussflüge aufregte.

Ich fragte jeden Menschen in Uniform, was wir tun sollten, falls wir unseren Anschluss verpassten. Ich verursachte Warteschlangen und brachte Flugbegleiter zur Verzweiflung. Ich verbrachte einen rundum angenehmen – und, habe ich erwähnt?, *kostenlosen* – Flug damit, mir Sorgen um etwas zu machen, das ich ohnehin nicht in der Hand hatte. Wir hatten Ferien. Wir mussten keine Termine einhalten. Die Welt ginge nicht unter, wenn wir ein paar Stunden später in San Francisco ankämen.

Mein Mann Jeff wurde ziemlich sauer, weil ich mich in dieses winzige Detail so verbissen hatte. In diesen Stunden hatte *jeder* unter meiner Angst zu leiden.

Es lohnt sich wahrscheinlich, mir mal Gedanken über die emotionalen Gründe für meine Hysterie wegen Anschlussflügen zu machen. Aber geht es mir nicht besser, wenn ich einfach akzeptiere, dass ich bei einem Direktflug viel ruhiger bin? Geht es mir und meiner Familie nicht besser damit, wenn ich diesen Stressfaktor einfach *ausschalte*? Wenn wir für unsere Familienurlaube nur Direktflüge buchen? Es ist nichts Schlimmes daran. Das bedeutet nicht, dass ich meinen Charaktermängeln nachgäbe. Es bedeutet einfach, Stressfaktoren auszuschalten, die ich in der Hand habe, damit ich mir meine Kraft für Situationen aufheben kann, die ich nicht bestimmen kann.

Das Leben ist voller Risiken. Einige Risiken – und die Angst, die sie auslösen – können nicht ausgeräumt werden. Aber manche Risiken und die damit verbundenen Ängste lassen sich aus der Welt schaffen. Zu erkennen, welche Macht Angst haben kann, ist nicht feige, sondern vernünftig. Im Kampf gegen die Angst sollte man sich seine Schlachtfelder mit Bedacht wählen – wie im übrigen Leben auch.

◆ *Sich der Angst stellen*

Wie hoch schätzen Sie Ihre Risikofreude ein? Wie wohl fühlen Sie sich in neuen oder risikoreichen Situationen? Wie ist das mit Ihrem Mann? Mit Ihren Kindern? Wo kommen Ihnen diese Eltern-Kind-Konstellationen zugute? Wo machen sie die Sache nur noch schlimmer?

 Sich gegen die Angst wappnen

Gibt es in Ihrem Leben eine kleine Unsicherheit, die Sie unter Stress setzt? Muss es dieses Risiko geben? Finden Sie diese kleinen Stresssituationen, diese kleinen Ängste heraus, die wir oft als albern abtun, und überlegen Sie, ob Sie sie nicht aus der Welt schaffen können. Sparen Sie sich Ihre Kraft für die Ängste auf, bei denen es *sich lohnt*, sie zu bekämpfen.

● Vertrauensvers

Und nun spricht der Herr, der dich geschaffen hat, Jakob, und der dich gemacht hat, Israel: Fürchte dich nicht, denn ich habe dich erlöst; ich habe dich bei deinem Namen gerufen; du bist mein!«

Jesaja 43,1 (L)

Auf der Plattform bleiben

Auf der Plattform können wir erkennen, *wovor* und *warum* wir Angst haben. Wenn wir zu mehr Mut kommen möchten, müssen wir eine Weile hier oben bleiben. Wir müssen uns umschauen, die Aussicht auf uns wirken lassen und erkennen, was uns hier oben wirklich erwartet, wovor wir wirklich Angst haben. Das dauert eine gewisse Zeit und erfordert eine große Portion Mut. Und wir müssen uns bewusst machen, wie hoch wir wirklich sind. Wie atemberaubend (im schlimmsten Sinn des Wortes) das Leben als Mutter wirklich ist. Wie viel Ballast wir mit auf diese Plattform gebracht haben.

Wenn Sie vor etwas Angst haben, klettern Sie auf Ihre persönliche Plattform hinauf und schauen Sie sich eingehend um. Sorgen Sie dafür, dass Sie lang genug oben bleiben, um zu erkennen, was Sie sehen müssen.

Warum sollen wir uns diese Mühe machen? Weil diese Plattform hoch oben über der Manege keine gemütliche Veranda ist. Wir können nicht so tun, als hätten wir gar keine Angst. Wir müssen wissen, wovor wir wirklich Angst haben. Es gibt hier oben nicht viel Platz für überflüssigen Ballast. Angst kann einerseits zu sinnvollen Vorsichtsmaßnahmen und Vorbereitungen führen, aber Dr. Babb erinnert daran, dass Angst andererseits auch Ableugnen und Passivität begünstigt. Das sind die fatalen Nebeneffekte der Angst, die die Sache oft viel schlimmer machen – ob uns das bewusst ist oder nicht.

Nein, die Plattform ist nötig, weil wir uns lang und ausgiebig umsehen müssen. Gavin de Becker erklärt, dass der Angstinstinkt das Überleben eines Menschen sichert. Eine Gabe, die uns Gott meiner Meinung nach als Hilfsmittel mitgegeben hat. Aber ihr eigentlicher Zweck ist uns verloren gegangen und wir versuchen oft, ihre Existenz zu leugnen, weil wir Angst als etwas Schlechtes und Negatives sehen. Wir meinen, starke Menschen hätten keine Angst. Für Gavin de Becker ist Leugnen eine Spare-jetzt-zahle-später-Strategie, ein Vertrag, der nur aus Kleingedrucktem bestehe, denn die leugnende Person kenne zu einem gewissen Grad die Wahrheit, und das löse eine ständige unterschwellige Angst aus. Millionen von Menschen leiden unter dieser Angst. Das Leugnen hindere sie, Maßnahmen zu ergreifen, die die Risiken (und die Sorgen) verringern könnten.[5]

Wir sind viel besser beraten, wenn wir uns die Zeit nehmen, um uns auf der Plattform vorzubereiten und der Situation ins Auge zu schauen – auch wenn dadurch unser Blutdruck steigt –, als dem Leugnen nachzugeben, das uns vielleicht weismacht, alles wäre vollkommen sicher. Dagegen lautet die Wahrheit: Es ist nichts vollkommen sicher. Und die Wahrheit ist hier oben unser bester Freund.

An einer Wahrheit sollten Sie vor allen anderen festhalten. Eine Wahrheit, die auf alle besprochenen Fragen ein anderes Licht wirft. Es ist die Wahrheit, dass wir nicht allein auf der Plattform stehen. Gott ist bei uns. Er steht neben uns und will uns Mut machen. Er steht auch unter uns und hat seine allmächtigen Arme ausgebreitet,

---

5 De Becker: Mut zur Angst.

um uns zu halten. Und er steht auf der anderen Seite und fordert uns auf loszugehen, und er erinnert uns an alles, wofür es sich zu kämpfen lohnt.

Sind Sie bereit loszugehen? Natürlich nicht. Wer ist das schon? Das ist wahrscheinlich Teil des Problems.

Kapitel 3

Das Drahtseil

*»Ich habe Angst, die Kinder woanders schlafen zu lassen.
Ich habe Angst, ihnen könnte etwas passieren,
wenn ich nicht die ganze Zeit bei ihnen bin.«*

*»Ich mache mir so große Sorgen, was die Kinder wohl tun,
wenn sie nicht bei mir sind.«*

*»Ich habe Angst, Brücken zu überqueren, denn wenn wir abstürzen,
könnte ich nicht alle vier Kinder retten.«*

*»Ich habe Angst, dass ich nicht damit fertig werden würde,
wenn einem meiner Kinder etwas wirklich Schlimmes
passieren sollte.«*

Wie sollen wir nur von hier nach da kommen?

Jetzt, da wir uns ausgiebig umgeschaut haben, ist es Zeit, die Plattform zu verlassen. Zeit, unseren Weg zu mehr Mut anzutreten. In unserem Bild vom Hochseil lässt sich unser Ringen nach mehr Mut mit dem Gehen auf dem Drahtseil vergleichen. Der todesmutige Weg von dem Ort, an dem wir *sind*, zu dem Ort, *zu dem wir kommen wollen*. Von der Startplattform zur Zielplattform. Über das Drahtseil. Für jeden Hochseilakrobaten besteht der erste Schritt darin, die Zehen über die Kante zu strecken und das Seil zu suchen.

Wo ist dieses Seil? Oder vielleicht passender für unsere Situation: Worauf stehen wir? Was wird uns über diesen gefährlichen Abgrund bringen? Was ist dieser Draht, und wie soll er uns oben halten?

Was macht dieses Drahtseil zu der Brücke, die wir brauchen? Spannung. Ein Drahtseil, das auf dem Boden lose zusammengerollt ist, würde uns hier oben genauso wenig helfen wie ein Paar hochhackige Schuhe. Das Drahtseil muss straff gespannt sein, wenn es uns oben halten soll. Nur durch Spannung kann das Drahtseil seine Funktion erfüllen ... und uns von da, wo wir sind, dorthin bringen, wo wir sein wollen. Wir müssen uns also *mit der Spannung anfreunden*. Wir müssen erkennen, dass Spannung zum Muttersein dazugehört.

Die Familientherapeutin Jenny Gresko – Mutter eines Sohnes in der Mittelstufe – ermutigt ihre Klienten, sich bewusst zu machen, dass Erziehung voll »unversöhnlicher Spannungen« steckt, wie sie es nennt – gegensätzliche Kräfte, die nie miteinander im Einklang stehen. Aber das Ziehen dieser Kräfte von zwei Seiten bildet einen Weg, der uns ermöglicht, mit einer Situation richtig umzugehen.

Angst stellt sich ein, wenn wir annehmen, Spannung bedeute Gefahr. Das stimmt nicht. Natürlich würden wir alle gern vor Spannungen davonlaufen, weil sie immer unbequem sind, aber Spannung ist hier eindeutig nicht unser Widersacher. Wenn wir versuchen, unsere Angst als Mütter zu meistern, müssen wir begreifen: *Spannung zu empfinden ist kein Zeichen für eine schlechte Mutter, sondern für eine aktive Mutter.*

Unser Weg als Eltern – unser Hochseil – wird nicht immer angenehm sein. Auf einem Drahtseil zu gehen tut weh. Sehr weh sogar. Unsere Füße sind nicht dafür geschaffen, unser gesamtes Körpergewicht auf einem Quadratzentimeter unserer Fußsohle zu tragen. Das ist an sich noch keine großartige Erkenntnis, aber ich habe von dieser Tatsache etwas Wichtiges für mich als Mutter gelernt. Mein Trainer forderte mich vor meiner ersten Stunde auf, zwei Paar dicke Socken mitzubringen, weil es wehtut. Ich hatte das Gehen auf dem Drahtseil vorher nicht mit Schmerzen in Verbindung gebracht – ich dachte, es ginge dabei nur darum, das Gleichgewicht zu halten. Doch dann war ich wirklich froh, dass ich mich vorher schon auf Schmerzen einstellen konnte. Denn sonst hätte ich wahrscheinlich meine ganze erste Stunde damit verbracht, mich an die Schmerzen zu gewöhnen, und hätte nichts gelernt.

Diese Erfahrung können wir auf unser Elternsein übertragen. Wir können entweder überrascht und abgelenkt sein, weil eine Spannung besteht, und fast nichts lernen, oder aber wir rechnen damit, dass die Spannung unausweichlich zum Leben einer Mutter gehört.

Betrachten wir nun diese unglaubliche Brücke, über die wir gehen wollen. Warum können wir darauf vertrauen, dass sie uns dorthin bringt, wohin wir gehen müssen?

Wir haben Angst, unsere Kinder ein Risiko eingehen zu lassen

Mandy und die »Nicht gut«-»sehr schlecht«-»nun ja, vielleicht«-»also gut«-Übernachtungsparty

Wenn wir über Angst reden wollen, müssen wir über Übernachtungspartys reden. Diese ersten Nächte fort von Zuhause sind für unsere Kinder mit einigen Risiken verbunden. Sie wollen mit ihren Freunden Spaß haben, aber die Nacht auswärts zu verbringen macht ihnen gleichzeitig Angst. Diese gegensätzlichen Kräfte, Wunsch nach Freundschaft und Unsicherheit, die gewohnte Umgebung zu verlassen, erzeugen in ihren kleinen Köpfen eine unübersehbare Spannung.

Als Eltern ist uns das Risiko noch stärker bewusst. Natürlich gehört das Übernachten bei Freunden zu den elementaren Erlebnissen der Kindheit. Aber es bedeutet auch, dass wir die Kontrolle über unsere Kinder aus der Hand geben und sie jemand anderem anvertrauen. Über Nacht. In der Dunkelheit. Ohne uns.

Obwohl Mandy bereits elf ist, bin ich immer noch angespannt, wenn meine Tochter das erste Mal bei einer neuen Freundin schläft. Besonders wenn ich die Familie nicht gut genug kenne. Kann man sie überhaupt gut genug kennen?

Letztes Jahr war Mandy zu einer Übernachtungsparty eingeladen, von der ich nicht restlos begeistert war. Eine Party, die eine Schar Fünftklässlerinnen aus einem einzigen Grund organisiert hatten: um sich zu treffen und miteinander Spaß zu haben. Der Stoff, aus dem soziales Lernen und der Beginn dauerhafter Freundschaften entstehen können, die Mandy helfen können, die felsigen Klippen der Unterstufe heil zu umfahren. Ich freute mich, dass meine Tochter, die eher scheu und zurückhaltend ist, eingeladen worden war.

Aber die Party fand im Haus einer Familie statt, die ich nicht gut kannte. Wenn mein Kind zu einer mir unbekannten Familie zum Spielen geht, ist das keine waghalsige Sache, aber eine Übernachtungsparty ist schon von einem anderen Kaliber. Ich malte mir aus, dass in den frühen Morgenstunden Probleme auftauchen könnten – zwischen den Mädchen oder gesundheitlicher Art. Aber Mandy hatte mir diesen Termin schon lange vorher angekündigt (bei einer Zehnjährigen ein höchst ungewöhnliches Verhalten!). Sie hatte mehrmals wiederholt, wie gern sie dorthin gehen wolle.

Sollte ich sie gehen lassen? Sollte ich ihr diese Gelegenheit geben, ihre sozialen Fähigkeiten auszubauen? Sollte ich sie die Nacht in einer Umgebung verbringen lassen, von der ich nicht wusste, ob sie vollkommen in Ordnung oder vollkommen furchtbar wäre? Sollte ich sie zu Hause behalten? Ich zögerte, mich bei den betreffenden Eltern genauer zu erkundigen (obwohl ich das vielleicht hätte tun sollen). Äußerste Anspannung. Keine der beiden Möglichkeiten machte mich ruhig. Die widerstreitenden Gedanken drückten mich nieder. In meiner Fantasie malte ich mir furchtbare Szenarien aus. Drogen. Alkohol. Missbrauch. Brutale Fernsehsendungen mitten in der Nacht.

Als der fragliche Abend endlich kam, war ich ein einziges Nervenbündel. Ich hatte Angst um mein Kind. Ich hatte Angst, dass ich nicht genug wusste, um eine gescheite Entscheidung zu treffen. Ich befürchtete, dass mein übertriebener Beschützerinstinkt und meine durch Horrormeldungen in den Medien geschürte Angst um meine Tochter sie um eine wertvolle Erfahrung bringen würden. Die widersprüchlichen Wünsche in meinem eigenen Kopf – der Kampf zwischen Schutz und Förderung – erzeugten diese Anspannung. Mir gefiel keine der Möglichkeiten, zwischen denen ich wählen konnte.

Aber ich *konnte* mich entscheiden, wie ich reagieren wollte. Was ich brauchte, war Vertrauen. Ich musste mehr über diese Leute wissen. Das würde mir helfen, meiner Tochter, meinem Urteilsvermögen und dieser Familie zu vertrauen.

Leichter gesagt als getan! Ich stand kurz davor, die ganze Sache abzublasen, als ich begriff, dass ich nur auf zwei Dinge wirklich Einfluss hatte: auf meine Tochter und auf mich. Während eine leise Stimme mir zuflüsterte: »Lass sie nicht gehen«, hielt eine andere leise Stimme dagegen: »Es ist wichtig, sie gehen zu lassen, aber ihr zur Vorsicht zu raten.«

Mandy ist ein Geschöpf, das Gott geschaffen hat und liebt. Ich rief mir in Erinnerung, dass Gott sie beschützt, auch wenn ich es nicht kann. Ich erinnerte mich an die vielen Male, in denen Mandy ein ausgezeichnetes Urteilsvermögen bewiesen hatte. Sie war zehn Jahre alt, und sie war für ihr Alter sehr vernünftig. Sie ist von Natur aus vorsichtig und kritisch. Darauf konnte ich vertrauen.

Außerdem konnte ich Mandy richtig vorbereiten. Also setzten wir uns hin und führten ein langes Gespräch. Wir sprachen darüber, was bei einer Übernachtungsparty schief laufen könnte – alles, von streitenden Freundinnen bis zu rauchenden älteren Brüdern und Übelkeit. Wir vereinbarten einen bestimmten Zeitpunkt, zu dem ich unter einem Vorwand anrufen würde (ich glaube, ich wollte sie fragen, ob sie ihre Allergietabletten eingepackt hatte), nur um nachzufragen, wie es ihr gehe. Dann überlegten wir gemeinsam einen Grund, aus dem sie zu Hause anrufen könnte, falls sie sich nicht wohl fühlte. Wir beschlossen, dass sie der Mutter ihrer Freundin sagen könnte, sie hätte Bauchschmerzen und ich müsste sie unter allen Umständen abholen. Damit hätte sie, falls etwas Bedenkliches vorkommen sollte, das sie der Mutter nur schlecht sagen konnte – wie einen unpassenden Film, ein unangenehmes Verhalten oder ein Haustier, das ihr Angst einjagte –, einen leichten Ausweg. Und ich versprach, zu kommen und sie abzuholen, *egal, wie spät es ist.*

Ich kann nicht behaupten, dass ich ruhig gewesen wäre, als ich sie bei ihrer Freundin absetzte. Ich war nervös. Obwohl ich eine

Familie angerufen hatte, die diese Leute besser kannte als ich (sie ließen ihre Tochter auch hingehen; das half mir ein wenig), betete ich unablässig, als ich allein zum Auto zurückging. Mir wurde jedoch klar, dass ich darauf vertrauen musste, dass das Drahtseil, das meine Tochter und ich gespannt hatten, stark genug war. Ich musste ihrer Urteilskraft vertrauen. Ich musste den Gebeten vertrauen, in denen ich Gott gebeten hatte, ihr Weisheit zu schenken und sie zu beschützen. Ich musste vertrauen, dass Gott in jeder Situation eingreifen kann, egal, was passierte. Ich musste vertrauen, dass es immer wieder beängstigende, aber gleichzeitig wertvolle Zeiten gibt, in denen ich einfach nicht alles wissen kann, um beruhigt zu sein.

In dieser Situation musste ich – genauso wie alle Mütter von Zehn-, Elf- und Zwölfjährigen es jeden Tag tun müssen – darauf vertrauen, dass die Anforderungen, mit denen mein Kind jetzt konfrontiert wird, *ihre* Herausforderungen sind. Nicht *meine* Herausforderungen. Irgendwo hinter dieser ganzen Vorsicht lag unterschwellig das instinktive Wissen, dass *Mandy* diese Situation bewältigen musste, dass *Mandy* dieses Drahtseil überqueren musste. Ich bin natürlich fest davon überzeugt, dass es Situationen gibt, in denen unser Mama-Warnsystem reagiert und wir unsere Kinder aus einer Situation herausholen müssen, egal, wie sehr sie protestieren. Aber ich denke, alle Mütter wissen instinktiv, welche Situationen das sind. Und dies war eindeutig nicht der Fall.

Ich glaube, Erziehung ist der ständige Prozess, sich klug zu entscheiden, an welchen Punkten wir unsere Kinder loslassen müssen. Ich glaube, die gute Angst kommt mit der Erkenntnis, dass wir in immer weiter reichenden Situationen loslassen müssen, damit unsere Kinder, wenn sie mit den wirklich kritischen Fragen konfrontiert werden, schon etwas Erfahrung mitbringen. Statt also unserer Angst nachzugeben, müssen wir lernen, mit Bangen und Zittern auf Gottes Verheißung zu vertrauen, dass er unsere Kinder beschützt, und unseren Kindern zu vertrauen. Wir müssen selbst einen festen Standpunkt einüben und uns bewusst machen, dass man in gefährlichen Situationen am meisten lernt.

Jetzt aber zurück zu der Übernachtungsparty ...

Es war gewiss nicht die größte Übernachtungsparty aller Zeiten, aber es war ein denkwürdiger Abend. Jedoch nicht aus den Gründen, die Sie vielleicht erwarten. Es war ein wichtiger Meilenstein.

Mandy rief nach ungefähr drei Stunden an und wollte nach Hause. Wir lernten in dieser Nacht mehrere Dinge. Ganz praktisch lernten wir, dass Mandy es einfach nicht ertragen kann, in einem Haus zu sein, in dem viel geraucht wird – etwas, an das ich überhaupt nicht gedacht hatte. Etwas, das Mandy übrigens eher erkannte als ich. Aber es gab noch andere Faktoren für ihre verständige Entscheidung. Einige Dinge in jenem Haus weckten in ihr einfach ein starkes Unbehagen. Sie war so vernünftig und hörte auf ihre innere Stimme, die sagte: »Das ist keine gute Situation.« Das ist in meinen Augen eine lebenswichtige Fähigkeit, die sie brauchen wird, wenn sie mit wirklich kritischen Dingen zu tun hat. Eine Fertigkeit, die sie nur in Spannungssituationen lernen kann. Ein Vertrauen, das wir beide erst entwickeln mussten.

Als Mutter lernte ich: Wenn wir Mandy das richtige Rüstzeug an die Hand geben, trifft sie vernünftige Entscheidungen. Mein Vertrauen wuchs an diesem Abend. Mein Vertrauen wuchs, dass Gott sie beschützt und ihr hilft, kluge Entscheidungen zu fällen.

Mandy lernte, dass *ich ihr vertraue*. Sie wuchs an der Spannung in jener Situation und an ihrer eigenen Fähigkeit, kluge Entscheidungen zu treffen. Wir beide sammelten Erfahrungen, die wir in »unsere persönliche Beweisdatenbank« aufnehmen konnten. Dadurch bekamen wir eine andere Sicht der Dinge und unsere Angst wurde kleiner.

Die einfache, harte Wahrheit lautet: Wir hätten das alles wahrscheinlich auf keine andere Weise gelernt. Wir brauchten die Spannung, um dieses Vertrauen zu bekommen. Das Vertrauen, das bei der nächsten spannungsgeladenen Situation das beste Gegenmittel sein kann. Bei der es höchstwahrscheinlich um wichtigere Dinge geht als eine Übernachtungsparty.

Bemerkenswerterweise setzt sich das chinesische Schriftzeichen für Krise aus den Wörtern für *Gefahr* und *Chance* zusammen. Hmmm. Da kommt man ins Nachdenken, dass man eher die Gefahrenaspekte sieht als die günstige Gelegenheit.

Das nächste Mal, wenn Ihr Kind vor einem Wagnis steht, sollten Sie überlegen, wie Sie mit ihm ein Drahtseil über den unüberwindlich erscheinenden Abgrund spannen können. Vergessen Sie nie, dass es sich oft lohnt, sich auf das Drahtseil zu wagen. Versuchen Sie nicht vorschnell, riskante Situationen zu vermeiden. Sonst entgeht Ihnen vielleicht eine wichtige Gelegenheit, Vertrauen aufzubauen.

– Vertrauen zu sich selbst.

– Vertrauen zu Ihrem Kind.

– Vertrauen zu Gott, der Sie beide liebt.

◆ Sich der Angst stellen

Wo spüren Sie als Mutter die Spannung zwischen Gefahr und Möglichkeit zu Weiterentwicklung? Was tun Sie in solchen Situationen? Sind Sie zufrieden mit Ihrer Handlungsweise? Oder gibt es Dinge, die Sie gern ändern würden?

Sich gegen die Angst wappnen

Finden Sie heraus, welche widerstreitenden Kräfte Ihre Spannung erzeugen, und schrecken Sie nicht voreilig vor einer bedrohlichen Situation zurück. Kann diese Spannung eine Drahtbrücke für Sie darstellen? Führen Sie Gespräche; machen Sie Pläne (und Ausweichpläne), die Ihnen helfen zu vertrauen. Dann schrecken Sie weniger vor unangenehmen, aber wichtigen Gelegenheiten zur Weiterentwicklung zurück.

● Vertrauensvers

Erschreckt nicht, ihr Menschen, die ihr an den Herrn glaubt und auf die Worte seines Boten hört! Erschreckt nicht in dunklen Tagen! Verlasst euch auf den Herrn, auch wenn ihr nirgends einen Hoffnungsschimmer seht, denn er hält euch fest!

Jesaja 50,10 (Hfa)

---

*W*ir haben Angst, wenn wir glauben, in der Falle zu sitzen

Manchmal gibt es nur einen einzigen Weg über die Brücke: über die Brücke

Es ist leicht, Ruhe zu bewahren, wenn wir eine machbare Lösung sehen. Bei der Kindererziehung sehen wir jedoch nicht jeden Tag umsetzbare Mittel und Wege. Oft genug befinden wir uns in der spannungsgeladenen Situation, dass wir aus zwei Übeln das geringere aussuchen müssen, dass wir Entscheidungen treffen müssen, ohne ausreichende Informationen zu haben, und dass wir einfach nicht wissen, was das Beste ist. Wir sind überfragt. Wenn nicht klar ist, wofür wir uns entscheiden sollen, beginnt unser Puls zu rasen.

Dann gibt es aber auch die Situationen, in denen uns gar keine Wahl bleibt. Und dann stellt sich die Angst todsicher ein.

Als wir in diesem Jahr meinen Bruder in Washington besuchten, konnten wir eine technische Glanzleistung bewundern: die William Preston Lane Jr. Memorial Bridge. Die Einheimischen nennen sie einfach Bay Bridge. Zugegeben, es ist nicht die Golden-Gate-Brücke, aber es ist ein faszinierendes, langes, graziöses, schaukelndes Bauwerk, das 6,5 Kilometer über eine atemberaubende Landschaft führt. Wir machten einen Umweg und bezahlten einen stattlichen Preis, nur um über diese Brücke fahren zu dürfen. Ich war nicht weniger aufgeregt als die Kinder. Als die Brücke vor unseren Augen auftauchte, sahen wir auf den ersten Blick, dass sie die Kosten und Mühen wert war.

Als wir die kleine Anhöhe hinauffuhren, staute sich der Verkehr. Mein Bruder Joe vermutete, dass vor uns vielleicht jemand festsäße. Ich war überrascht, als ich begriff, dass Joe damit nicht ein Auto meinte, das eine Panne hatte. Er meinte *eine Person*, die nicht weiterfahren wollte. Ein Mensch, der von der Höhe und Breite der Brücke so überwältigt war – und von der großen Wasserfläche, über die sie führte –, dass er vor Angst wie gelähmt war. Die Brücke jagte ihm so viel Angst ein, dass er nicht darüber fahren konnte, auch wenn Hunderte von Autos das taten und dabei noch um das Verkehrshindernis herumfahren mussten.

Während wir noch über dieses Phänomen sprachen, sahen wir sie. Ich erkannte sie auf den ersten Blick. Eine junge Mutter in einem kleinen Auto, die sich auf die Lippen biss und ihr Lenkrad so verkrampft umklammerte, dass ihre Knöchel weiß hervortraten. Sie wusste, dass sie über diese Brücke fahren musste, war aber wie erstarrt und zitterte am ganzen Leib. Ich bekam Mitleid mit ihr – und ihrer ganz menschlichen Angst, die jetzt durch die vielen hundert gaffenden Autofahrer, die sich an ihrem Auto vorbei manövrieren mussten, noch verstärkt wurde.

Warum hatte sie so viel Angst? Warum war für sie diese Brücke so Furcht einflößend?

Zum einen sieht sie *eng* aus. Auf der westlichen Seite gibt es eine Betonbrüstung, aber auf der östlichen Seite schaut man praktisch aus dem Fenster durch ein paar viel zu schmal aussehende Gitter auf die Bucht hinaus. Als ich versuchte, mit den Augen dieser Mutter die Brücke zu sehen, kroch auch mir eine gewisse Angst den Rücken hoch.

Sobald man das Mauthäuschen auf dieser Brücke passiert hat, gibt es kein Zurück mehr. Umkehren ist einfach unmöglich. Stehen bleiben hat, wie wir alle merkten, unangenehme Konsequenzen. Es gibt nur einen Weg über die Brücke: *über* die Brücke.

Als Eltern können wir hieraus lernen, dass *die Sicht alles ist.* In einer Situation, in der der einzige Weg über die Brücke eben über die Brücke führt, ist es wichtig, uns an das zu erinnern, was Dr. Cartmell über Angst sagt: Angst hat etwas mit unserer Sichtweise zu tun. *Eng* ist eine Sichtweise. Was mir eng erscheint, sieht für eine Maus breit aus. In meinen Augen war diese Brücke nicht eng, sondern breit genug. Deshalb hatte ich keine Angst. In den Augen dieser Mutter war sie jedoch eng. Folglich hatte sie Angst.

Während wir uns Zentimeter für Zentimeter durch den Verkehrsstau auf der Brücke vorwärts bewegten, fragte ich meinen Bruder, was in solchen Fällen unternommen wird. Ich glaubte allen Ernstes, er würde mir erklären, dass die Frau aussteigt und dass jemand kommt, der ihr Auto auf die Seite schleppt. Doch dann begriff ich, *dass es keinen Standstreifen gibt,* auf den man ein Auto schleppen könnte. Es gibt keine Möglichkeit umzukehren. Man kann nicht einfach aussteigen.

Mein Bruder erklärte mir, dass die Brückenverwaltung einen Arbeiter losschickt, der *einen über die Brücke fährt.* Man kann das sogar im Vorhinein veranlassen, soweit ich das verstanden habe.

Diese Lösung ist nicht nur nahe liegend, sondern auch ein gutes Bild, das sich auf unsere Situation als Mutter übertragen lässt. Wie die meisten tiefsinnigen Wahrheiten ist sie ebenso einfach wie überzeugend: Wenn wir selbst nicht fahren können, müssen wir auf den Beifahrersitz rutschen und jemand anderem das Lenkrad überlassen.

Was uns Angst einjagt, empfindet jemand anderes vielleicht überhaupt nicht als beängstigend. Der Ehepartner, eine Freundin oder sogar unser eigenes Kind. Es ist vernünftig, uns zunutze zu machen, dass andere weniger Angst haben als wir.

Warum? Weil etwas, das mir wie eine Falle erscheint, in Wirklichkeit eine Chance sein kann. Ich werde diese Gelegenheit jedoch nicht erkennen, wenn ich nicht jemanden habe, der mir helfen kann, meine Sicht zu ändern.

Wie wahr dies ist, lernte ich bei einer gewaltigen beruflichen Herausforderung. Ein Projekt sollte zwei scheinbar widersprüchlichen Zielen gerecht werden. Als ich einer Freundin am Telefon vorjammerte, dass ich diese Sache nicht durchziehen konnte, sagte meine Freundin etwas sehr Wichtiges, das mir Kraft gab: »Allie, es ist eng, aber es ist *breit genug*.«

»Man lässt mir aber nur zwei Zentimeter Spielraum!«, klagte ich.

»Dann nimm diese zwei Zentimeter und *lebe* darin«, entgegnete sie.

Plötzlich erkannte ich, dass meine Aufgabe bei jenem konkreten Projekt darin bestand, sich in diesen zwei Zentimetern zu bewegen. Aus diesen zwei Zentimetern jeden Millimeter voll auszuschöpfen. Mich in alle Richtungen auszustrecken. Mich auf diesem winzigen Raum, der mir gegeben war, *zu entfalten*. Allmählich veränderte ich meine Sicht: Ich saß nicht mehr in der Falle, sondern war höchst konzentriert. Langsam begriff ich, dass ich durch dieses Projekt lernen sollte, dass es bei den Gaben, die ich in das Projekt einbrachte, ganz und gar darum ging, in diesen zwei Zentimetern zu leben. Gott hatte mir *wegen* dieser zwei Zentimeter diese Aufgabe gegeben.

Meine Freundin wurde zu meinem Chauffeur, der mich über meine »Brücke« fuhr. Sie kam in jener Situation an meine Seite und übernahm für mich das »Fahren«. Sie verwandelte die Situation in etwas, mit dem ich umgehen konnte. Sie ließ mich die Chance erkennen, die sich hinter dem Bedrohlichen verbarg.

Vielleicht stehen Sie als Mutter vor einer Herausforderung, die Ihnen wie jene zwei Zentimeter vorkommt. Vielleicht haben Sie ein

Kind mit besonderen Bedürfnissen, oder Ihre Familie muss umziehen und woanders neue Wurzeln schlagen. Vielleicht kämpfen Sie mit schwerer Rebellion bei einem Kind, gegen die Sie massiv vorgehen müssen. Vielleicht müssen Sie wieder halbtags arbeiten gehen, obwohl Sie viel lieber zu Hause blieben. Blicken wir den Tatsachen ins Auge: Mütter stoßen immer wieder auf Engpässe, die nur zwei Zentimeter breit sind.

Wenn Sie Angst haben, dass man Ihnen keine Wahl lässt, und Sie befürchten, was alles vielleicht passieren könnte, will ich Ihnen Mut machen und sagen: Diese »zwei Zentimeter« gehören zu den Dingen in meiner Berufslaufbahn, auf die ich am meisten stolz bin. Sie gehörten gleichzeitig zum Schwersten, was ich je getan habe. Ich lernte sehr viel dabei, als ich aus diesen zwei Zentimetern alles herausholte, was ging. Es war eng – qualvoll eng –, *aber es war breit genug.*

Kommt es Ihnen vor, als wären Sie auf »zwei Zentimeter« Raum beschränkt? Was können Sie tun?

Vergessen Sie nicht: Was für Sie *eng* ist, ist für jemand anderen oft *breit genug.* Es kommt mal wieder auf den Blickwinkel an. Lassen Sie sich von jemandem helfen. Meine Drahtseillehrer gehen ruhig und leichtfüßig über das Drahtseil, als ob nichts dabei wäre. Deshalb können sie mir helfen. Ein Brückenarbeiter konnte jene Mutter und ihre Familie ruhig und sicher über die Brücke bringen. Meine Freundin war die perfekte Hilfe für jenes spezielle berufliche Dilemma. Ich rief sie an, weil sie die Einzige war, mit der ich über dieses Problem sprechen konnte.

Das heißt: Ich wusste auch, wen ich *nicht* anrufen durfte. Mütter, wenn Sie vor Angst zittern, dann überlegen Sie es sich genau, wen Sie anrufen. Sie wissen bestimmt, worauf ich hinauswill. Manchmal sollten wir in einer angespannten Situation unsere beste Freundin eben *nicht* anrufen. Jeder hat solche und solche Freunde: Freunde, die Ruhe und einen klaren Kopf bewahren, wenn alles schief geht, und Freunde, die innerhalb von zehn Sekunden einen Sturm im Wasserglas auslösen können. Das heißt nicht, dass eine von ihnen eine bessere Freundin wäre als die andere. Das bedeutet einfach, dass wir erkennen müssen, wer der vernünftigste Verbündete ist, den wir uns ins Auto holen sollten, damit wir sicher über die Brücke kommen. Auf der Bay Bridge brauchte diese verängstigte Mama jemanden, der die Situation kannte, der keine Angst hatte und der genug Erfahrung hatte. In jenem Fall war der Brückenarbeiter – jemand, dessen Berufsalltag sich auf oder in der Nähe der Brücke abspielt – der richtige Helfer in der Not.

Nicht jede Freundin ist der perfekte Retter in der Not, und das ist auch ganz richtig so. Jene Freunde, die leicht in Panik geraten, haben andere Gaben. Sie haben oft die Seele eines Dichters – diese Freunde brauchen Sie, wenn Sie traurig sind oder feiern wollen. Aber wenn die Angst Sie in die Ecke drängt, brauchen Sie einen Freund mit der Seele eines Kriegers.

Aus diesem Grund sollte jede Mutter ein paar Freundinnen mit älteren Kindern haben. Müttergruppen wie *Hearts at Home* in Amerika können im Leben einer Mutter so viel Gutes bewirken. Wir müssen Zeit mit Müttern verbringen, die durch ihren Erfahrungsschatz eine wertvolle Sicht gewonnen haben. Frauen, die mit Bestimmtheit sagen können, dass Ihre fünfjährige Tochter nicht daran stirbt, wenn sie eine Fünf-Cent-Münze verschluckt hat. Mütter, die sich an die schlaflose, angsterfüllte Nacht erinnern, als ihre eigene siebenjährige Tochter bei ihrer ersten Übernachtungsparty war – und die Ihnen raten können, einfach zu überlegen, was Sie Schönes tun wollen, wenn Sie sie am nächsten Tag abholen. Frauen, die Ihnen sagen können, dass sie, auch wenn sie selbst überzeugt waren, dass es passieren würde, *niemals* ihr Neugeborenes fallen ließen.

Ihr Schöpfer kennt Ihre Grenzen und Ihre tiefsten Bedürfnisse. Gott weiß, wer Ihnen in einer brenzligen Situation am besten helfen kann. Fragen Sie ihn.

Bitten Sie ihn um Freunde und Ratgeber. Bevor Sie zum Telefon greifen, sollten Sie ein kurzes SOS zum Himmel funken und Gott fragen, wen Sie anrufen sollen.

Auch wenn manchmal kein drastischer SOS-Ruf nötig ist, hilft es in vielen Situationen als Mutter, wenn wir auf den Beifahrersitz rutschen und jemand anderem das Lenkrad überlassen. Scheuen Sie sich nicht zuzugeben, dass es Zeiten gibt, in denen jemand anders Ihre Aufgabe übernehmen soll. Wenn Mandy zum Zahnarzt muss, geht mein Mann mit ihr hin. Warum? Weil Jeff keine Angst vor dem Zahnarzt hat und ich schon. Was würde es bringen, wenn ich in einer bereits angespannten Situation sie auch noch mit meiner Angst anstecke, wo sie doch einen vollkommen ruhigen Papa an ihrer Seite haben kann?

Wenn die Angst Sie packt, weil Sie sich in einer Sackgasse befinden, wenden Sie sich an Ihren himmlischen Vater. Und danach sollten Sie auf jeden Fall mit einer Freundin sprechen. Suchen Sie sich Beistand, der Ihnen die Augen dafür öffnet, dass die Angst vielleicht nur von Ihrer falschen Sichtweise herrührt. Lassen Sie sich von Ihrem Freund »über die Brücke fahren«. Vielleicht entdecken Sie genauso wie ich, dass die Falle, in der Sie zu sitzen glauben, in Wirklichkeit eine verborgene Chance ist. Oft lohnt es sich wirklich, auf die andere Seite zu kommen.

◆ *Sich der Angst stellen*

Wo haben Sie als Mutter nur zwei Zentimeter Spielraum? Betrachten Sie sie genau und stellen Sie fest, wo diese zwei Zentimeter dank Ihrer Gaben und Fähigkeiten ausreichend sind.

Sich gegen die Angst wappnen

Besorgen Sie sich mehrere »Fahrer«. Gehen Sie Ihre Freunde durch und suchen Sie sich zwei oder drei heraus, die am besten als Helfer in der Not einspringen können. Erkennen Sie, welche weniger geeignet sind, und machen Sie sich bewusst, dass diese Freunde andere Gaben in Ihre Freundschaft einbringen. Sorgen Sie dafür, dass Sie eine Antwort auf die Frage geben können: »Wen würdest du anrufen?«

● Vertrauensvers
Meinen Frieden gebe ich euch; einen Frieden, den euch niemand auf der Welt geben kann. Seid deshalb ohne Sorge und Furcht.

Johannes 14,27b (Hfa)

Wir haben Angst, dass wir versagen

Vielleicht fallen Sie ja gar nicht auf die Nase!

»Was ist, wenn?«

»Wenn nur ...«

Das sind die fatalsten Worte in unserer Sprache.

Gleichzeitig gehören sie zum festen Repertoire jeder Mutter. Zum Repertoire jeder Frau. Wir alle werden mit Herausforderungen konfrontiert, die so Furcht einflößend sind, dass wir weiche Knie bekommen.

Hat Ihr Kind erst sehr spät angefangen zu laufen? Nicht, weil es nicht konnte, sondern weil es nicht wollte, solange es nicht ganz sicher war, dass es laufen könnte ohne hinzufallen?

Ich hatte ein solches Kind. Und ich war selbst ein solches Kind. In vielerlei Hinsicht bin ich immer noch so.

»Ich werde das nicht tun, wenn ich dabei auf die Nase fallen kann.« Eine solche Einstellung hat wirklich fatale Folgen. Das lässt mich Gott immer wieder neu erkennen. Dieses Buch bildet dabei keine Ausnahme, denn es hat mich gewaltig aus meiner Bequemlichkeit herausgeholt, sobald ich mit dem Schreiben anfing. Wenn Sie wüssten, wie viel Schokolade, Kaffee, Schweiß und Tränen nötig waren, um es zu Papier zu bringen!

Als ich dieses Buch ungefähr zur Hälfte fertig hatte, sollte der Abgabetermin deutlich nach vorne verlegt werden. Alle hielten das für eine gute Idee, aber die endgültige Entscheidung lag bei mir. Ich wusste, dass das mein Leben für eine Weile auf den Kopf stellen würde. Gott hatte mir bereits gezeigt, wie dringend nötig ein solches Buch in unserer angstgeplagten Zeit ist. Trotzdem war ich absolut nicht überzeugt, ob ich das schaffen könnte.

Unsere ganze Familie überlegte sich diesen Vorschlag ein Wochenende lang, denn der Entschluss, dieses Buch schneller zu schreiben, würde sich auf alle auswirken. Ausgerechnet meine Tochter half mir bei meiner Entscheidung. Wir waren im Auto unterwegs und unterhielten uns darüber. Plötzlich fragte sie mich, ob ich wirklich, wirklich denke, dass Gott wolle, dass ich dieses Buch so schnell schreibe.

»Ja«, antwortete ich, »das glaube ich wirklich. Aber ich mache mir Sorgen um all das andere, das klappen muss, damit es so weit kommen kann.« Das umsichtige, vernünftige, realistische Denken einer Mutter. *Ich will mich nicht überfordern. Mir Grenzen zu setzen ist gut. Grenzen sind vernünftig.*

Mandy starrte mich an. »Aber wenn Gott will, dass du das tust, kannst du dann nicht darauf vertrauen, dass er dafür sorgt, dass alles andere auch klappt?«

Schluck.

Falls Sie noch nie die erstaunliche Erfahrung gemacht haben, dass Gott durch Ihre Kinder zu Ihnen spricht, können Sie mir glauben: Sie kommt noch. Mandy konnte sehen, was mir entgangen war. Nicht die Arbeitslast ließ meinen Puls schneller schlagen, sondern weil ich nicht genug darauf vertraute, dass Gott mir helfen würde, es zu schaffen, obwohl ich sicher war, dass es sein Wille war. Ich war wirklich sicher. Ich hatte nur Angst.

Ein elfjähriges Mädchen, das einen klareren Blick hatte als seine vierzigjährige Mutter, traf den Nagel auf den Kopf und konnte den eigentlichen Grund für meine Angst sehen. Ist es nicht großartig, Mutter zu sein?

In unserem Leben als Mutter – wie in unserem gesamten Leben – holt uns Gott oft aus unserer Behaglichkeit heraus, und verlangt von uns Dinge, bei denen wir leicht auf die Nase fallen können. Hinauf auf das Hochseil. Dinge, die uns umwerfen könnten, wenn er nicht eingreift und sich als Gott erweist.

Aber darum geht es doch, oder? *Gott greift ein.* Manchmal haben wir Angst, weil wir seine Souveränität vergessen. Die Bibel – besonders Psalm 139 – steckt voll wunderbarer, tröstlicher Aussagen, dass Gott uns genau kennt. Er hat uns erschaffen. Er kennt uns besser als wir uns selbst. Er kennt unsere Stärken, unser Versagen und unsere Bedürfnisse, noch vor uns selbst. Er kennt unsere Zukunft – er weiß, was aus uns werden wird – und er will nur das Beste für uns. Aber, und daran knacken wir manchmal gewaltig, obwohl es vielleicht die vertrauensfördernde Maßnahme schlechthin ist: Er weiß, dass »das Beste« nicht immer »bequem« oder »leicht« ist.

In der bekannten Zusage des Propheten Jesaja fordert Gott uns auf: »Fürchte dich nicht, denn ich habe dich erlöst; ich habe dich bei deinem Namen gerufen; du bist mein. Wenn du durch Wasser gehst, will ich bei dir sein, dass dich die Ströme nicht ersäufen sollen; und wenn du ins Feuer gehst, sollst du nicht brennen, und die Flamme soll dich nicht versengen« (Jes 43,1-2). Hier ist nicht von einem angenehmen, sicheren Weg die Rede. Feuer, Wasser, Brennen, Versengen – das ist Material für Katastrophenfilme fernab von jedweder Behaglichkeit.

Unser Dasein als Mutter ist voll Feuer und tobender Wasser. Unsere Kinder haben vielleicht eine Persönlichkeit oder gar eine

Behinderung, mit der wir uns überfordert fühlen. Ehepartner sterben. Kinder können verheerende Entscheidungen treffen. Krankheiten. Wir müssen vielleicht weit von unserer Verwandtschaft wegziehen. So ist das Leben.

Allzu oft haben wir erschlagende Beweise, wie leicht wir versagen können. Wir dürfen nicht vergessen, was Gott dann tun kann. Gott stillte den Sturm und ließ Petrus über das Wasser gehen, er weckte Lazarus von den Toten auf und machte Tausende von Menschen mit einem einzigen Brotkorb satt. Lernen Sie, sich darauf zu verlassen, dass die mächtige Kraft Gottes uns über diese Furcht erregenden Brücken führen wird. Unser Vertrauen zu ihm wird zum sichersten Drahtseil, das wir überhaupt haben können.

Vertrauen Sie, und Sie werden erleben, wie Ihr Mut wächst. Ich bin fest davon überzeugt, dass wir Gott um »Führung mit dem Holzhammer«, wie ich es nenne, bitten dürfen. Keine Zweideutigkeiten, sondern klare, unmissverständliche Anweisungen. Ich hätte gern einen brennenden Dornbusch, aus dem die Stimme von Charleton Heston spricht. Nun kann ich nicht behaupten, dass Mr. Heston irgendwo in meinem Garten mit einem brennenden Strauch erschienen wäre, aber Gott hat schon oft meine Bitte, mir seinen Weg klar und deutlich zu zeigen, erhört. Wie Sie gelesen haben, benutzt er sogar meine Tochter als Sprachrohr. Ich will damit nicht sagen, dass Gottes Führung einfach wäre. Aber sie ist eindrücklich und unmissverständlich.

Je näher der knapp bemessene Abgabetermin für dieses Buch rückte, umso mehr stärkte Gott meinen Glauben und mein Vertrauen. Tag für Tag. Jeden Morgen zählte ich ihm auf, was ich für diesen Tag alles brauchte. Alles von »Sorge bitte dafür, dass meine Kinder nicht krank werden« bis »Gib mir Zeit für Sport«. Oder: »Kann bitte jemand heute Nachmittag Christopher zum Spielen einladen?« bis »Ich weiß nicht, wie ich diesen Absatz formulieren soll« und »Schicke mir dieses Zitat oder eine Idee für dieses Kapitel«. Ich schrieb meine Bitten wie eine To-do-Liste auf. Hinter jede Bitte malte ich ein Kästchen, in dem ich die einzelnen Dinge abhaken konnte. Jeden Morgen ging ich, bevor ich die Liste für den neuen Tag machte, zum Vortag zurück und hakte alles ab, was Gott mir geschenkt hatte. Ich kann bezeugen, dass nur sehr wenige Kästchen ohne Haken blieben. Große Dinge, kleine Dinge. Mein Vertrauen, dass Gott meine Gebete erhört, wächst immer mehr.

Als ich darauf vertraute, dass Gott sich um meine Bedürfnisse kümmern würde, wuchs mein Glauben. Er wächst immer noch. Natürlich gerate ich trotzdem manchmal in Panik. Und rutsche in alte Verhaltensweisen zurück. Aber ich weiß täglich, und auch jetzt in dieser Sekunde, dass Gott mein Vertrauen wachsen lässt, mit dem ich meine Angst bekämpfen kann.

Gott sei Dank ist die Bibel – besonders das Buch der Psalmen – eine Schatztruhe voller Verse, die uns daran erinnern.

»Gott ist unsere Zuflucht und Stärke, ein bewährter Helfer in Zeiten der Not. Darum fürchten wir uns nicht, selbst wenn die Erde erbebt, wenn die Berge wanken und in den Tiefen des Meeres versinken, wenn die Wogen tosen und schäumen und die Berge erschüttert werden« (Ps 46,2-4; Hfa).

»Denn der Herr ist deine Zuversicht, der Höchste ist deine Zuflucht. Es wird dir kein Übel begegnen, und keine Plage wird sich deinem Hause nahen. Denn er hat seinen Engeln befohlen, dass sie dich behüten auf allen deinen Wegen« (Ps 91,9-11; L).

Es gibt Zeiten, in denen ich meine Angst und Frustration überhaupt nicht in den Griff bekomme, so dass mir nichts anderes übrig bleibt, als Gott alles verzweifelt vor die Füße zu werfen. Ich meine wirklich *werfen*. Ich schreie und stampfe mit den Füßen. Ich weine und jammere. Ich habe schon meine Manuskripte durch das Zimmer geschleudert. Ich habe »Das ist Gottes Problem« über Papiere, auf Badezimmerspiegel und über Erziehungsbücher, Berichte und Briefe von Lehrern geschrieben. Selbst auf Hosen hätte ich es geschrieben, wenn man darauf schreiben könnte – mein Sohn hatte eine ziemlich große Abneigung gegen das Töpfchen.

Manche Leute benutzen Briefkästen an Gott oder Gebetsschalen. Sie schreiben ihre Probleme auf einen Zettel und stecken ihn hinein. Das ist für sie das Zeichen, dass sie dieses Problem offiziell aus der Hand gegeben haben. Ich muss erst lernen, ein Problem wirklich loszulassen. Gott hat auf diesem Gebiet noch einige Arbeit mit mir. Aber ich kann Ihnen sagen, dass Gott auch solche Gebete erhört hat, obwohl ich es nicht schaffe, etwas ganz und gar an ihn abzugeben. Denn es *ist* Gottes Problem. Er ist ein Gott, dem wir vertrauen können, und er sieht die Dinge ganz anders als wir. Egal, wovor Sie Angst haben – alles, ob Arbeit, überfällige Rechnungen oder Tod: Gott ist größer.

Als Mutter hat man unzählige Gelegenheiten, eindrucksvoll auf die Nase zu fallen. Aber es gibt auch unzählige Gelegenheiten, beachtlich zu reifen. Im Autoradio hörte ich heute Morgen einen Pastor sagen, Angst sei die Erwartung, dass uns schlechte Dinge passieren, aber Glaube sei die Erwartung, dass uns gute Dinge passieren.

Vertrauen – und wirklich nur Vertrauen – macht den entscheidenden Unterschied aus.

 Sich der Angst stellen

Wo müssen Sie mehr Glauben wagen, um Mut zu finden? Wo müssen Sie einen besseren Blick für Gottes Souveränität in Ihrem Leben bekommen? Wie können Sie Möglichkeiten finden, Gottes Souveränität besser zu erkennen?

Sich gegen die Angst wappnen

Nehmen Sie sich noch heute Zeit und bitten Sie Gott, klar und unmissverständlich mit Ihnen zu sprechen und Ihnen die Hilfe zu schicken, die Sie brauchen. Schreiben Sie Ihre Bitte auf. Benutzen Sie vielleicht sogar einen Briefkasten für Gott. Sagen Sie laut zu sich selbst, während Sie Ihre Bitte entweder in Ihr Tagebuch oder in Ihren Briefkasten für Gott legen: »Das ist jetzt *Gottes* Problem!«

Und achten Sie darauf, dass Sie auch schriftlich festhalten, wenn Ihre Bitte erhört wird.

● Vertrauensvers

Fürchte dich nicht, denn ich habe dich erlöst; ich habe dich bei deinem Namen gerufen; du bist mein. Wenn du durch Wasser gehst, will ich bei dir sein, dass dich die Ströme nicht ersäufen sollen; und wenn du ins Feuer gehst, sollst du nicht brennen, und die Flamme soll dich nicht versengen.

Jesaja 43,1-2 (L)

Sicherungsseile sind kein Zufall

Es ist schwer – unheimlich schwer –, sich zurückzunehmen und zuzulassen, dass unsere Kinder Risiken eingehen. Auch wenn Risiken oft die beste Möglichkeit zur Weiterentwicklung sind, ist es alles andere als gemütlich. Wir müssen lernen, die Spannung als etwas Positives zu sehen. Dann begreifen wir leichter: Risiko ist die beste Gelegenheit zu wachsen.

Noch etwas Wichtiges müssen wir auf dem Hochseil lernen: Niemand schafft es beim ersten Versuch. Ich hatte schon mehrere Stunden hinter mir, ehe ich es drei Meter weit schaffte. Ich bin oft hinuntergefallen. Aber tief in mir wusste ich, dass ich es schaffen konnte. Als Mutter fühlt man sich oft genauso. So oft hat man das Gefühl, alles müsste doch viel leichter sein. Vieles sollte weniger anstrengend sein. Wir fragen uns, ob wir es überhaupt je schaffen. Hier kommen Vertrauen und Mut ins Spiel. Gott selbst hat uns diese Kinder anvertraut. Er kennt unsere Stärken und Schwächen besser als wir selbst. Wenn er meint, dass wir es schaffen, dann dürfen wir es auch glauben.

Die Luftakrobaten, mit denen ich gesprochen habe, haben gleichzeitig Vertrauen und Misstrauen zu ihrem Drahtseil. Die Verankerung des Seils wird viele Male kontrolliert und noch einmal überprüft. Aber nicht von irgendjemand. Wenn der Zirkus in eine Stadt kommt, werden Aushilfskräfte für zahlreiche Arbeiten kurzfristig angeheuert. Wichtige Dinge jedoch werden nur von einer streng ausgewählten Gruppe von Technikern erledigt – oder in vielen Fällen von den Artisten selbst. Das ist sinnvoll. Wer da oben sein Leben aufs Spiel setzt, muss dem Menschen, der das Seil gespannt hat, trauen können.

Wenn wir Mütter das Seil spannen, ist es nicht anders. Die gute Nachricht lautet: *Unser* Seil hat kein Geringerer gespannt als Gott. Es ist Gottes Entscheidung, dass ich die Mutter meiner Kinder bin. Die spezielle Kombination aus Mandy und Mama – so schwer oder wunderbar sie auch sein kann – ist ausschließlich für uns beide entworfen. Gott wählte Mandy und Christopher als meine Kinder aus.

An manchen Tagen haben wir das Gefühl, es nie von einer Plattform auf die andere zu schaffen. Nie erleben zu können, wie unsere Kinder die nötigen Dinge beherrschen und erwachsen werden. Der Weg erscheint uns zu schwer; uns bieten sich zu viele angenehme Ausweichmöglichkeiten; der Weg übersteigt einfach unsere Fähigkeiten. Wenn solche Gefühle in Ihnen aufkommen, versuchen Sie, sich vorzustellen, was Sie beim Anblick eines Hochseils fühlen würden. Es sieht natürlich beängstigend und unmöglich aus, aber Menschen gehen über Hochseile. Es ist möglich. Ich kann Ihnen Fotos zeigen, die das beweisen.

Der allmächtige Gott hat absichtlich Sie und Ihre Kinder in einer Familie zusammengestellt.

Der Gott, der nie einen Fehler macht.

Niemals.

Kapitel 4

Die Höhe

*»Ich habe Angst, dass meine Kinder später glauben,
dass ich an ihnen versagt habe, und dass sie nicht stolz darauf sind,
dass ich ihre Mutter bin.«*

*»Meine größte Angst ist es, dass ich meine Kinder
nicht bewahren kann,
dass jemand ihnen etwas antut, und ich kann es nicht verhindern.«*

*»Ich habe Angst, dass ich nie wieder das Gefühl haben werde,
alles im Griff zu haben.«*

*»Ich habe immer Angst, dass ich etwas versäume –
eine wichtige Fähigkeit, ein Schulfach oder einen Charakterzug,
den ich meinem Kind nicht beibringe –
und dass es wegen meines Fehlers einen Schaden bekommt,
den man nicht wieder gutmachen kann.
Ich habe irgendwie das Gefühl, als gäbe es für das Leben
einen Lehrplan,
und ich habe kein Exemplar davon bekommen.«*

Wir sind zu hoch ... oder?

Egal, wie sehr wir der Tragkraft unseres Seils vertrauen, es lässt sich nicht leugnen, dass ein Hochseil seinem Namen alle Ehre macht: Es ist hoch. Sehr hoch sogar. Die Standardhöhe für ein Hochseil beträgt dreizehn Meter (vier Stockwerke). Es ist eine Tatsache – und gleichzeitig Teil der Attraktion: *Ein Hochseilakt ist gefährlich.* Jeder, der über dieses Seil geht, kann abstürzen. Auch wenn man ein Fangnetz unter sich hat, kann etwas passieren. Jeder Luftakrobat wird Ihnen bestätigen, dass Menschen sich dabei schwer verletzt haben, und welche sind sogar umgekommen.

Ich weiß zwar von keinen Todesfällen, aber die Erziehung von Kindern mutet oft genauso todesmutig an. Der mögliche Sturz in den Abgrund erscheint einer Mutter auch sehr, sehr lang. Wir bewegen uns als Mutter in einer gefährlichen Höhe. Man hat das Gefühl, als könne ein einziger Ausrutscher dazu führen, dass unsere Kinder in Therapie landen, verletzt werden oder gar sterben.

Dieses Gefühl ist nicht völlig aus der Luft gegriffen – es steckt ein Funke Wahrheit darin. Wir wissen, dass unser Einfluss zum Guten oder zum Schlechten dienen kann. Auch wenn wir es persönlich nicht erlebt haben, die Zeitungen und das Fernsehen sind voll von Leuten, die auf die schiefe Bahn geraten sind und die Schuld für ihren Weg ins Verderben schlechten Eltern – oder fehlenden Eltern – geben.

Der Druck ist da. Sind wir Eltern, die ihre Kinder zu glücklichen, erfolgreichen Erwachsenen erziehen? Oder verderben wir die Sache und legen den Grundstein für lebenslange Therapien und auffälliges Fehlverhalten bei unseren Kindern?

Jeder möchte dies nur zu gerne wissen. Wir kaufen stapelweise Babybücher, weil wir die Bestätigung suchen, dass wir alles richtig machen. Oder wir hoffen, dass sie uns helfen werden, einen Fehler zu erkennen und zu korrigieren, bevor die Konsequenzen gravierend werden. Ich lebe in der ständigen Angst, einen kleinen Kommentar oder eine spontane Bemerkung zu verpassen, die mir verraten können, wenn mit meinen Kindern etwas nicht stimmt. Ich mache mir Sorgen, dass ich dieses erste lebenswichtige Symptom übersehe, das mich vor Krebs oder Diabetes oder Depressionen oder noch Schlimmerem warnen will. Ich habe Angst, meine Kinder könnten emotional oder körperlich gefährdet sein und ich merke es nicht. Je älter sie werden, umso stärker wird diese Angst, weil sie in ihren Teenagerjahren nicht gerade auskunftsfreudig sind und man als Mutter vielleicht mal einen kleinen Gesprächsfetzen mitbekommt.

In der Erziehung kann jeden Augenblick alles Mögliche falsch laufen. Jeder Fehltritt könnte unseren Untergang besiegeln. Wir liegen nicht völlig daneben, wenn wir uns einreden, dass *alles* zählt, dass jede verpasste gesunde Ernährung, jede verpasste Minute in der Beziehung zu unseren Kindern, jeder verpasste Augenblick, in dem wir ihnen etwas beibringen könnten, unwiederbringlich ist.

Das Leben *ist* Furcht einflößend. Es führt kein Weg daran vorbei: Muttersein birgt hohe Risiken in sich. Wie sollen wir also damit umgehen? Als Erstes müssen wir uns daran erinnern, dass die Höhe zwei Dinge mit sich bringt. Ja, sie erhöht die Gefahr, aber man darf nicht vergessen, dass sie auch *die Aussicht verbessert*.

Die Weitsicht und Umsicht in der Höhe haben ihren Preis: die Gefahr. Meine Trainer auf dem Hochseil haben mir eingeschärft, wie wichtig es ist, die Gefahr zu respektieren. Das ist *nicht* das Gleiche, wie die Gefahr zu meiden. Bei genauerer Betrachtung ist es selten die Gefahr, die gefährlich ist. Viel gefährlicher ist es, wenn man der Gefahr als solcher nicht Rechnung trägt.

Im nächsten Kapitel wollen wir die Gefahren, die das Muttersein mit sich bringt, erkennen und ernst nehmen. Die Gefahren sind da. Wer so tut, als gäbe es sie nicht, täuscht sich selbst und leugnet

Tatsachen. Wenn wir die Gefahr anerkennen, können wir einen vernünftigen Weg zu unserem Ziel finden. Wir werden uns ansehen, warum Hochseile die allerbeste Ausrüstung nötig machen, und warum es oft das Klügste überhaupt ist, unsere Sorge abzuschütteln und in Bewegung zu kommen. Wir werden auf die Kraft der Erinnerung zurückgreifen. Das kann uns Mut machen und uns versichern, dass die Höhe nicht so fremd ist, wie es auf den ersten Blick aussieht.

Freunde, wir sind hier oben. Wäre es nicht eine Schande, die schöne Aussicht zu verpassen?

---

*W*ir haben Angst, dass unseren Kindern etwas zustößt

Die Kinder fressenden Klauen des Klettergerüsts

Kinder zu haben ist wie eine ganz persönliche Vorladung in die Notaufnahme. Wenn man ein Kind bekommt, öffnet man gleichzeitig allen möglichen Gefahren Tür und Tor.

Gefahr und Gefahr sind jedoch zweierlei. Es gibt ungeheuer viele Familien auf der Welt, die jeden Tag mit echten Gefahren umgehen müssen. Kinder wachsen inmitten von Minenfeldern auf. In vielen Ländern herrschen Bürgerkriege und seit Jahrzehnten bringen sich Familienmitglieder gegenseitig um. Babys werden inmitten ethnischer Säuberungen geboren. Es gibt Dürren und Seuchen. Das ist echte Gefahr.

Mein Kopf begreift, was wirkliche Gefahr ist. Mein Herz jedoch sieht Gefahren gern an Stellen, an denen es sie in Wirklichkeit gar nicht gibt. Orte, die viel näher liegen. Zum Beispiel das Klettergerüst auf dem Spielplatz. Das ist eigentlich seltsam, denn ich kann mich nicht erinnern, dass ich mich jemals auf dem Spielplatz verletzt hätte. Trotzdem machen mich Spielplätze nervös. Diese ganzen Geräte sehen für mich alle wie eine Vorladung in die Notaufnahme aus. Auch wenn in den zwölf Jahren, die ich nun Mutter bin, meine Ängste nie (wenigstens bis jetzt nie) eingetreten sind.

Eine andere Mutter sagte – zweifellos als Reaktion auf meine nervliche Verfassung – einmal etwas Erstaunliches zu mir. Unsere Kinder spielten miteinander, und sie unterhielt sich in aller Ruhe, während ich immer wieder aufs Neue bei irgendeinem wagemutigen Auftritt meines Kindes keuchend die Luft anhielt. Sie schaute mich mit hochgezogenen Augenbrauen an – Sie wissen schon, dieser »Jetzt-reg-dich-nicht-so-auf«-Blick – und sagte: »Lassen Sie die Kinder doch so hoch hinaufklettern, wie sie wollen.«

Zu meiner Verteidigung muss ich anmerken, dass mein Sohn damals gerade erst drei war. Drei. Fast noch in den Windeln. Zugegeben, wir waren auf einem Spielplatz für Kleinkinder, aber drei Jahre ist trotzdem noch sehr, sehr klein.

In dem Augenblick, in dem sie das sagte, rutschte eine ihrer Töchter einen Meter tief von irgendeinem Spielgerät und fing sich g-e-r-a-d-e noch rechtzeitig auf, bevor ihr Kopf auf den Balken darunter knallte. Diese Mich-bringt-nichts-aus-der-Ruhe-Mutter zuckte nicht einmal zusammen. Dafür reichte mein Schrecken für uns beide zusammen.

»Sie wäre beinahe hinuntergefallen!«, keuchte ich.

»Ja«, sagte sie, als wäre dies das Selbstverständlichste der Welt.

»Haben Sie denn keine Angst, dass sie sich wehtut?«

»Sie *wird* sich noch oft wehtun.«

Ich schaute sie verständnislos an. Wie Über-Mama höchstpersönlich fragte ich: »Und wenn sie sich den Arm bricht oder so etwas?«

Diese Mutter schaute mich einfach an und sagte ruhig: »Dann bricht sie sich eben den Arm.« *Dann bricht sie sich eben den Arm?* Mamas sagen so etwas doch nicht, oder?

Ich konnte nicht fassen, wie gelassen sie diese ganze Sache abtat. Aber sie erkannte – viel deutlicher als ich –, dass das Leben keine Sicherheiten zu bieten hat. Kinder verletzen sich, und das ist kein Weltuntergang. Sie wusste: Wenn man viel Spaß hat, wird man früher oder später Pech haben und sich wehtun. Man geht zum Arzt. Man wird wieder gesund und hat wieder viel Spaß. Sie sah die Risiken und hatte Frieden damit geschlossen. Ich offensichtlich nicht.

Erst Stunden später wurde mir klar, wie wahr das war, was Mich-bringt-nichts-aus-der-Ruhe-Mama gesagt hatte. Was ist denn das Schlimmste, was einem auf dem Kinderspielplatz passieren kann? Gebrochene Knochen, Platzwunden usw. sind das furchtbarste Szenario, das sich hier abspielen kann. Mit einem gewissen Erstaunen machte ich im Geiste Inventur und zählte nach, wie oft ich mir schon etwas gebrochen hatte. Beide Beine (nicht gleichzeitig), einen Arm, zwei Zehen und einen Daumen.

Geht es mir gut?

Ja.

Zähle ich gebrochene Arme zu den Dingen in meinem Leben, die mir geschadet haben?

Nein.

Kenne ich Kinder, die sich auf dem Spielplatz den Arm gebrochen haben?

Ja. Ich habe sogar eine Freundin, die sich als Kind auf dem Spielplatz schlimm am Kopf verletzt hat (und selbst *sie* ist neben dem Klettergerüst ruhiger als ich).

Geht es ihnen gut?

Ja.

Die Antwort verblüffte mich. Ja, es geht ihnen gut. Realistisch betrachtet war die Gefahr auf dem Spielplatz gering. Benahm ich mich so, als wäre hier eine große Gefahr? Worauf Sie wetten können! So sehr, dass es schon auf meine Kinder abfärbte.

Die Therapeutin Jenny Gresko erinnert sich an eine alljährliche Schlittenfahrt, die sie öfter in die Notaufnahme brachte. Sie stellte klar: »Verletzt zu werden ist heutzutage etwas Furchtbares geworden. So ist es aber nicht immer gewesen. Wegen eines gebrochenen oder verstauchten Knochens in die Notaufnahme zu kommen, gehörte früher zur Kindheit einfach dazu. *Wir* haben daraus ein Drama gemacht.«

Wann haben wir die Kindheit so Furcht einflößend gemacht? War es die Gesellschaft, oder liegt es nur an uns? Ich glaube, die Kindererziehung wurde zu einem Gruselkabinett, als wir uns nicht mehr vor dem fürchteten, wovor wir uns fürchten sollten, und anfingen, vor *allem* Angst zu haben. Wenn wir uns einreden, dass alles wichtig ist, dann kann uns auch alles schaden.

Denken Sie an Ihre ersten Tage als Mutter zurück. Erinnern Sie sich an die erste Fieberattacke Ihres Babys? In solchen Situationen haben frisch gebackene Eltern das Gefühl, es ginge um Leben und Tod. Wenn Sie ähnliche Erfahrungen gemacht haben wie ich, dann war es gegen halb vier Uhr morgens, und alle Lichter im Haus waren an, weil Sie und Ihr Mann hellwach waren und in einem Ratgeber für Kinderkrankheiten und jedem anderen Buch, das Sie zwischen die Finger bekommen konnten, blätterten und sich fragten, ob Sie Ihren Arzt anrufen oder zur Notaufnahme fahren sollten. Ihr durch Schlafmangel angegriffener Verstand malte sich alle möglichen lebensbedrohlichen Viren, Bakterien und tödlichen Krankheiten aus, die Ihr Kind im nächsten Augenblick dahinraffen könnten. Jede Episode von *Emergency Room,* die Sie gesehen haben, jede medizinische Horrorgeschichte, die Sie gehört haben, alles von Fleisch fressenden Bakterien bis zu lebenslangen Behinderungen schoss Ihnen durch den Kopf, während Sie mit dem Sicherheitsverschluss der Paracetamolflasche kämpften. Sie starrten Ihren Mann an und fragten: »Was sollen wir nur tun?« Sie hatten das Gefühl, als sei das winzige, neue Leben Ihres Kindes in Gefahr, und die gesamte Last liege auf Ihren Schultern.

Wahr ist allerdings, dass bis auf sehr wenige Ausnahmen Ihr fieberndes Kind *nicht* in Gefahr ist. In jenen ersten paar Stunden waren die einfachen Dinge, von denen Sie bereits wussten, dass Sie sie tun sollten, genau die Dinge, die angezeigt waren. Flüssigkeit, Paracetamol, kalte Umschläge, beruhigende Worte. Trotzdem fühlten Sie sich in jenen Nächten der Verzweiflung nahe.

Wir sind überzeugt, das kleine Leben unserer Kinder hinge davon ab, dass wir jedes winzige Symptom erkennen. Wie leicht wird ein einfacher Husten in unserem Kopf gleich zu einer Bronchitis oder Lungenentzündung. Plötzlich sezieren wir fast unser Baby und untersuchen jeden Millimeter seines Körpers. Wie schnell wird aus einem Pickel gleich Windpocken?

Fügt man jetzt noch etwas von der allgemein herrschenden Angst hinzu, braucht man sich nicht mehr zu wundern, warum es so nervenzerreißend geworden ist, Mutter zu sein. Ich habe das *Gefühl,* Muttersein ist heute viel schwerer, als es noch vor zwanzig Jahren war. Im Sommer 2002 steckte in jedem Mückenstich in Chicago die Furcht vor dem Westnil-Virus. 2001 stellte jeder Brief ohne Absender eine mögliche Bedrohung dar. Wir haben das Gefühl, als lebe diese Generation mit mehr Angst als die vorhergehende. Heckenschützen, nationale Sicherheitswarnungen, Länder, die mit Nuklearwaffen leichtsinnig umgehen – genügend Stoff, um uns täglich in Alarmbereitschaft zu versetzen. Egal, wie viele Fakten ich dagegenhalte: Mein Hirn lässt sich trotzdem nicht überzeugen, dass wir nicht die am stärksten bedrohte Generation in der Geschichte sind.

Wir sind nicht stärker bedroht. Sagen Sie laut: »Wir sind nicht stärker bedroht als andere.« Mehr Angst ist nicht gleichbedeutend mit mehr *Gefahr.* Die tatsächlichen Gefahren für unsere unmittelbare Familie sind zum größten Teil *eingebildet.*

Familien, die einen Krieg erlebt haben oder die in einem Land in der so genannten Dritten Welt leben, wissen, was wirkliche Gefahr ist.

Es ist wichtig, dass wir vor den Dingen Angst haben, *vor denen wir uns fürchten sollten.* Wir sollten uns Zeit nehmen und die *wahren* Gefahren, die unsere Kinder bedrohen, erkennen, statt unnötig Energie darauf zu verwenden, wie wir auf etwas reagieren würden, das uns nur gefährlich *vorkommt.* Das Risiko, dass Ihr Kind bei einem Flugzeugabsturz stirbt, ist eins zu drei Millionen. Aber wenn Ihr Kind anfängt zu rauchen, ist das Risiko, dass es an einer Krankheit sterben wird, die durch Nikotin verursacht wird, eins zu zwei. Welche Gefahr sollten Sie also stärker beachten?

Wir konzentrieren uns auf die großen, vagen Gefahren, weil das leichter ist. Gavin de Becker meint, dass wir eher Risiken, die außerhalb unserer Kontrolle sind (wie Flugzeugabstürze, Unfälle in Atomkraftwerken), unsere volle Aufmerksamkeit schenken und dabei die Risiken übersehen, für die wir verantwortlich sind (wie Rauchen, ungesunde Ernährung), obwohl die Gefahr, dass wir durch eine der letzteren zu Schaden kommen, viel größer sei.[6] Wenn wir uns mit den wirklichen Gefahren beschäftigen, müssen wir uns unweigerlich eingestehen, dass wir manche Dinge einfach nicht in der Hand haben.

Worauf *sollten* wir also unsere Aufmerksamkeit richten? Soweit ich das sehen kann, gibt es für unsere Kinder drei besonders gefährliche Risikobereiche: 1. Entführung und/oder Gewalt in irgendeiner Form, 2. Missbrauch – durch sie (Alkohol, Drogen usw.) oder an ihnen (körperlich oder emotional) – und 3. »Korruption«, wie ich es nenne (Freunde, die einen schlechten Einfluss auf sie ausüben, Entscheidungen, die sie auf einen falschen Weg führen, usw.). Jede dieser Gefahren kann ein Leben

---

6 De Becker: Mut zur Angst.

zerstören. Diese Aufzählung wird Ihren Puls allein schon beim Lesen schneller schlagen lassen. Diese Dinge sind der Albtraum aller Eltern, nicht wahr?

Schauen wir uns noch einmal diese drei großen Gefahren an. Sie äußern sich zwar körperlich, aber ihren bleibenden Schaden richten sie an der Seele an. Darin liegt die *wahre* Gefahr, der unsere Kinder ausgesetzt sind. Es ist weniger eine körperliche Bedrohung, sondern vielmehr eine geistliche Gefahr. Wir Mütter denken so schnell an Gefahren körperlicher Natur, aber die seelischen Gefahren sollten uns viel mehr interessieren.

Erst wenn wir die wahren Gefahren beim Namen nennen, können wir diffuse Ängste abbauen und dann vernünftiger handeln.

Demnach gilt es anscheinend, jeden Tag neu die richtige Perspektive zu bekommen und uns ständig daran zu erinnern, worüber wir uns wirklich sorgen sollten. Die Ermahnung der Bibel (Lk 12,4-5), dass wir uns mehr darum sorgen sollen, was der Seele schaden kann, als um das, was dem Körper schaden kann, versuche ich umzusetzen. Das hilft mir beim täglichen Kampf gegen meinen sehr menschlichen Impuls, mich um Dinge zu sorgen, die meine Angst gar nicht verdienen. Tag für Tag bete ich dafür, dass ich lerne, mich mehr auf die seelischen Verletzungen zu konzentrieren als auf Knochenbrüche.

Natürlich ist es unangenehm, meine Angst nicht vom Flugzeugabsturz in den Nachrichten bestimmen zu lassen, sondern vom schwierigen sozialen Geflecht in der Unterstufe, in der es so wichtig ist, beliebt zu sein. Es ist schwer, mir mehr Sorgen darum zu machen, ob mein Kind in der Bibel liest, als darum, ob es die für sein Alter empfohlene Literatur liest. Der Flugzeugabsturz und der Lesewettbewerb kommen viel seltener vor und haben weniger mit meiner eigenen Person zu tun.

Ich habe jedoch herausgefunden, dass es gut ist, mich den wahren Gefährdungen für meine Kinder zu stellen. Dadurch bekomme ich die Perspektive, die ich brauche, um die kleinen Sachen nicht zu verschwitzen. Und das hilft mir zu erkennen, dass ein gebrochener Arm einem Kind vielleicht die wichtige Lehre erteilt: »Ich kann ernsthaft verletzt werden und trotzdem geht davon die Welt nicht unter.«

Eine leichte Übung, um unser Denken in neue Bahnen zu lenken, besteht darin, sich das »Szenario, das schlimmstenfalls passieren kann«, vorzustellen. Meine lebhafte Fantasie kommt mir dabei sehr zugute, aber ich schätze, fast jede Mutter kann ihre Vorstellungskraft bis zum Äußersten treiben. Nehmen Sie das, wovor Sie Angst haben, und stellen Sie sich den Super-GAU vor. Nehmen Sie zum Beispiel dieses Klettergerüst und stellen Sie sich den gebrochenen Arm vor. Es ist ein wirklich schlimmer Bruch. Machen Sie weiter, lassen Sie ihn ein paar Finger verlieren. Schauen Sie sich die Sache ganz genau an. Kann Ihr Sohn immer noch Erfolg haben als Erwachsener? Kann er sich immer noch verlieben und heiraten und Ihnen wunderbare Enkelkinder schenken? Könnte es sein, dass er durch den Spott, den er ertragen muss, weil er eine Behinderung hat, zu einem Menschen mit Rückgrat wird und mehr Mitgefühl für andere entwickelt? Kann er immer noch Gott lieben und ihm dienen? Ist er immer noch zu den Dingen fähig, die Sie ihm am meisten in seinem Leben wünschen? Kennen Sie jemanden, der noch mehr durchgemacht hat und dadurch gereift ist?

Die Antwort auf diese Fragen lautet höchstwahrscheinlich »Ja«. Wenn Sie sich zwingen, Ihre Fantasie auf diesen extremen Weg zu schicken, werden Sie feststellen, dass es immer weniger Sinn macht, sich wegen Skateboards und dem Nitratgehalt von Hot Dogs aufzuregen. Die Frage, ob sich Christopher erkältet, wenn er ohne Jacke draußen spielt, ist für mich jetzt weniger nervenaufreibend. Ich werde gaaanz langsam zu einer Mich-bringt-nichts-aus-der-Ruhe-Mama.

Ich will mich wirklich nicht mehr von allem aus der Ruhe bringen lassen. Und Sie?

◆ Sich der Angst stellen

Welche Gefahren für Ihre Kinder machen Ihnen die meisten Sorgen? Liegen diese Dinge in Ihrer Hand? Welche der drei großen Gefahren, die ich aufgezählt habe, malen Sie sich mit dem größten Unbehagen aus? Warum?

◼ Sich gegen die Angst wappnen

Spielen Sie für Ihre ärgste Befürchtung das Szenario, das schlimmstenfalls passieren könnte, durch. Hinterlässt es bei Ihrem Kind wirklich einen bleibenden Schaden? Welche Bedeutung hat es für die Dinge, die Sie sich für Ihr Kind am meisten wünschen? Lenken Sie Ihr Denken durch die Antworten auf diese Fragen in eine neue Richtung. Tun Sie das, wenn nötig, schriftlich, denn manchmal können wir es schwarz auf weiß leichter erkennen, wie unrealistisch übertriebenes Denken ist.

● Vertrauensvers

Ich sage aber euch, meinen Freunden: Fürchtet euch nicht vor denen, die den Leib töten und danach nichts mehr tun können. Ich will euch aber zeigen, vor wem ihr euch fürchten sollt: Fürchtet euch vor dem, der, nachdem er getötet hat, auch Macht hat, in die Hölle zu werfen. Ja, ich sage euch, vor dem fürchtet euch. Verkauft man nicht fünf Sperlinge für zwei Groschen? Dennoch ist vor Gott nicht einer von ihnen vergessen.

Lukas 12,4-6 (L)

Wir haben Angst, wenn wir etwas nicht unter Kontrolle haben

Warum der blaue Power Ranger uns etwas voraushat

Jeder Luftakrobat wird Ihnen sagen, dass man den Gefahren in der Höhe am besten gut gerüstet entgegentritt. Training und Ausrüstung ermöglichen den Hochseilartisten, diese scheinbar unmöglichen Leistungen zu vollbringen. Echte Gefahren bekämpft man mit einer guten Ausrüstung.

Bei unseren Kindern ist das nicht anders. Ich lernte diese Lektion an unerwarteter Stelle. Vor zwei Jahren überlegte ich, mit welchem Sport mein Sohn seine Kondition verbessern könnte. Damals herrschten die Power Rangers in unserem Haus (und nein, ich war davon nicht begeistert, aber jede Mutter eines fünfjährigen Jungen wird Ihnen bestätigen, dass sich einige Kämpfe einfach nicht lohnen). Christopher entschied sich für Karate, vor allem, als er erfuhr, dass der Karatelehrer den blauen Power Ranger kannte, *wirklich kannte*. Wow!

Sensei Steve, wie er genannt wurde, ist zu einem Drittel Karatelehrer und zu zwei Dritteln Komiker. Christopher liebt ihn und hat jede Menge Spaß beim Training. Steve übt mit den Kindern einige sehr wichtige Selbstverteidigungen ein. Je mehr ich zuschaute, umso mehr wurde mir bewusst, dass es hier nicht nur um körperliche Fitness ging, sondern auch darum, Christopher Fähigkeiten und Strategien zu vermitteln, die ihn in einer bedrohlichen Situation schützen würden.

Ich hatte mir durch einen Kung-Fu-Film mit Jackie Chan ein bestimmtes Bild von Karate gemacht. Als Steve den Kindern beibrachte, was sie tun sollten, falls ein Fremder sie packt, war ich schnell hellwach. Natürlich besprachen wir wie alle guten Eltern mit den Kindern, dass sie nicht mit Fremden mitgehen durften, aber hatte ich meinen Kindern das richtige Rüstzeug dafür mitgegeben? Jedenfalls nicht so effektiv wie Steve. Er brachte meinem Sohn bei, dass er »Halt! Geh weg!« schreien sollte, wenn jemand sich ihm näherte. Er brachte ihm bei, die Hände in einer Verteidigungshaltung vor sich zu heben, die jedem klarmacht, dass Christopher mit diesem Menschen nichts zu tun haben will. Und er brachte ihm bei zu rufen: »Das ist nicht meine Mama!« oder »Das ist nicht mein Papa!«, falls jemand in der Öffentlichkeit versuchen sollte, ihn fortzuzerren.

Wie oft haben wir schon gesehen, wie ein schreiendes Kind aus einem Supermarkt geschleift wurde, und uns nichts dabei gedacht, weil wir davon ausgingen, dass hier Kinder einen Machtkampf mit ihren Eltern probten? Aber was geben Mütter in Amerika als ihre größte Angst an? Dass ihr Kind von einem öffentlichen Ort wie einem Spielplatz oder einem Supermarkt entführt wird.

Ich plädiere nicht dafür, dass jetzt alle zum nächsten Karate- oder Judoklub gehen und ihre Kinder anmelden. Ich denke, die Lösung wird bei jedem Kind anders aussehen. Aber das Karatestudio brachte mich dazu, darüber nachzudenken, welche Sorgen berechtigt sind und welche einfach überflüssig. Es ist sinnvoller, wenn ich mich frage: »Weiß er, was er zu tun hat, wenn es passiert?«, als zu grübeln: »Wird es passieren?« Es gibt eine Redensart, die uns plastisch vor Augen führt, wie nötig diese Veränderung in unserem Denken ist: »Sich um Probleme Sorgen zu machen ist, als schaue man durch ein Mikroskop auf Bakterien. Dadurch verschwinden sie nicht. Sie sehen nur größer aus.« Uns um die wahren Gefahren zu sorgen, ohne unserem Kind beizubringen, richtig damit umzugehen, ist, als starre man diese Bakterien an, ohne die Antibiotikaflasche zu holen.

Wenn ich versuche, *mein Kind auf eine Welt vorzubereiten,* in der es Gefahren gibt, kümmere ich mich um den Teil, den ich bei einem Problem, das größtenteils *außerhalb* meiner Kontrolle liegt, kontrollieren *kann*. Diese Vorbereitung geschieht nicht nur mental und körperlich; sie geschieht auch psychisch und geistlich. Korruption und Missbrauch haben stark mit Beziehungen zu tun. Dinge, die als kleine Probleme beginnen und dann zu riesigen Dramen eskalieren können. Hier geht es bei der Vorsorge in Wirklichkeit um die Beziehung zwischen unseren Kindern und uns.

Hochseile werden mit Hilfsseilen, den so genannten *Cavalettis,* hochgehalten – verstärkte Seile, die das Seil straff halten und verhindern, dass es unter Druck zu schaukeln beginnt. Philippe Petit, der 1974 die Welt in Staunen versetzte, als er über ein Hochseil zwischen den zwei Türmen des World Trade Centers in New York City ging, erklärte:»Ihr Zweck ist es, die Vibrationen auf dem Seil zu vermindern. Sie schaffen einen Bereich der Ausgeglichenheit. Sie vermindern die Leere, indem sie einen dreidimensionalen Raum schaffen. Sie schaffen ein zusätzliches Ziel für unsere visuelle Fokussierung, und sie geben dem Hochseilartisten das Gefühl, dass er sich im Notfall an ihnen festhalten kann. Deshalb stellen die Punkte, an denen Cavalettiseile mit dem Hochseil zusammentreffen, immer einen sicheren Ort dar. Wer Hochseile anbringt, spannt auch seine Cavalettis mit Bedacht.«[7]

Eltern müssen genauso umsichtig sein. Die Beziehung zu ihren Kindern sind ihre Cavalettis. Wir bringen die Seile an, die ihnen hoffentlich helfen, bei Druck nicht ins Wanken zu kommen. Wir halten ihnen eine Perspektive vor Augen, die ihnen Halt geben kann. Unsere Kinder werden früher oder später Druck erleben. Darüber müssen wir uns im Klaren sein.

Hoffentlich müssen meine Kinder nur dem Druck durch Gleichaltrige – der allerdings nicht zu unterschätzen ist – standhalten. Bei der Horrorvorstellung, dass meine Tochter Opfer eines Missbrauchs werden könnte, finde ich es sinnvoller, mir Sorgen um die Tragkraft unserer Beziehung zu machen, als mich mit der Furcht

---

7 Philippe Petit: To Reach the Clouds: My High Wire Walk Between the Twin Towers, New York, 2002.

verrückt zu machen, dass sie missbraucht werden könnte. Natürlich tue ich, was ich kann, aber trotzdem kann ich sie nicht ständig und überall beschützen. Daran kann ich verzweifeln oder aber ich kann mich auf Sinnvolleres konzentrieren. Die Stärke unserer Beziehung wird darüber entscheiden, ob sie zu mir kommt, wenn sie Probleme mit einem anderen Menschen hat. Die Art unserer Beziehung bestimmt, ob der Schaden eines Missbrauchs dadurch, dass sie nicht darüber sprechen kann, größer ist als ihr Vertrauen zu mir. Wenn wir ihr Selbstvertrauen und ihren gesunden Menschenverstand gefördert haben, wird sie nicht versuchen, Leere mit Drogen oder schädlichen Beziehungen zu füllen.

Die Wahrheit in der schwindelnden Höhe lautet: Ich kann Amanda nicht die ganze Zeit beschützen. Und je älter sie wird desto weniger. Wenn ich meine Energie damit aufbrauche, mir wegen jedes Kontakts (von denen einige sicher ein schlechter Umgang sind) Sorgen zu machen steigere ich mich in eine Hysterie hinein.

Ich kann ihr Umfeld nicht bestimmen. Aber ihr Sicherheitssystem liegt in meiner Hand. Also kümmere ich mich um die Dinge, die ich beeinflussen *kann*. Zum Beispiel wie viel Zeit wir allein miteinander haben, um einfach nur zu reden. Wie fühlt sie sich und was hält sie von ihrem Äußeren, und wie kann ich ihr helfen, richtig damit umzugehen? Fühlt sie sich in unserer Familie respektiert? Zeige ich ihr, dass ich ihr vertraue und dass sie mir vertrauen kann? Zeige ich ein aktives Interesse an dem, was ihr Spaß macht? Mache ich mir die Mühe, mich hinzusetzen und mir ihre CDs anzuhören und herauszufinden, warum ihr diese Art von Musik gefällt?

Nehmen wir ein anderes Beispiel: Viele Mütter – ich eingeschlossen – haben Angst, dass ihre Kinder falsche Freunde haben. Ob das im Kindergarten oder an der Universität ist, spielt dabei keine große Rolle. Wir hören immer wieder, wie stark Gruppenzwang ist und wie leicht er unsere kleinen Engel nach unten ziehen kann.

Auch dies ist ein Problem, das größtenteils außerhalb meiner Kontrolle liegt. Aber etwas kann ich tun. Ich kann mit Eltern älterer Kinder sprechen und mir in schwierigen Situationen Rat und Trost holen. Mit ihrer Hilfe kann ich herausfinden, worüber ich mir wirklich Sorgen machen muss und was wahrscheinlich schnell von selbst wieder vergeht. Ich kann mir Leute suchen, die meine Kinder und ihre Stärken kennen, und ihnen gut zuhören.

Und obwohl Christopher jetzt in der zweiten Klasse ist, kann ich mich in sein soziales Umfeld einbringen. Ich kann mir Zeit nehmen, seine Freunde kennen zu lernen, um zu sehen, wie er daran reift. Ich kann dafür sorgen, dass ich ein offenes Ohr habe, wenn er mir von Schlägereien und anderen brenzligen Situationen erzählt. Ich kann mir von ihm zeigen lassen, wie er lernt, mit zwischenmenschlichen Konflikten zurechtzukommen. Ich kann mit ihm darüber reden, bei welchen Freunden er sich wohl fühlt und warum. Wie er mit Leuten umgehen soll, bei denen er sich unwohl fühlt. Ihm – seinem Alter entsprechend – helfen, Beziehungen zu beurteilen und vernünftig auszuwählen.

Sie denken, Ihr Vierjähriger wäre dafür zu jung? Fragen Sie mal ein Vorschulkind, wer der Anführer in der Gruppe ist – er wird es Ihnen sofort sagen und Ihnen zehn Gründe nennen, warum das so ist.

Ich kann Amanda und Christopher nicht Tag und Nacht vor allen beschützen, die ihnen vielleicht Schaden zufügen wollen, aber Gott kann es. Und ich kann meine Kinder immer wieder seiner Fürsorge anbefehlen. Ich kann immer mehr vertrauen lernen, dass ihnen kein Schaden zugefügt wird, den Gott nicht zum Guten in ihrem Leben wenden kann.

Gott können wir vertrauen, aber das Leben ist und bleibt trotzdem gefährlich. Wir können vertrauen, aber wir haben keine Garantie. Unsere Kinder werden Leid erfahren, was wir als Eltern unfair und grausam empfinden. Aber egal, wie tief sie fallen, egal, was ihnen zustößt, sie stehen immer noch unter dem Schutz des allmächtigen Gottes. Viele, die im Leben gut vorankommen, haben einen hohen Preis dafür bezahlt.

Denken Sie nur an biblische Helden und was sie aushalten mussten. Hiob mit seiner ausgelöschten Familie und dazu noch jede Menge furchtbare Krankheiten. Josef, der von seinen eigenen Brüdern gefangen und verkauft wurde. Mose und sein todesmutiger Treck durch die Wüste, nachdem er vierzig Jahre lang vom Vizepharao zu einem stinkenden Schafhirten degradiert worden war. Können Sie sich *vorstellen*, was deren Mütter durchmachten? Wir vergessen, dass Moses Mutter ihren Sohn im Fluss aussetzte, ohne den Luxus zu genießen, das zweite Buch Mose zu kennen. Sie hatte keine Ahnung, ob die Sache gut ausgehen würde. Ich möchte wetten, dass sie sehr über das Unglück ihres Sohnes weinte, nachdem er Ägypten verlassen hatte. Sie machte sich bestimmt furchtbare Sorgen, dass er überhaupt keine Zukunftschancen hatte. Vielleicht hielt sie ihn sogar für tot. Aber Gott hatte andere Pläne.

Können Sie glauben, dass Gott andere Pläne für Sie hat? Für Ihr Kind? Egal, was passiert?

Er hat sie.

 ## Sich der Angst stellen

Welche Gefahr für Ihr Kind fürchten Sie am meisten? Haben Sie versucht herauszufinden, wie Sie diese Angst bekämpfen können? Je mehr Sie dieser Angst ins Auge schauen und je besser Sie Ihr Kind darauf vorbereiten, umso weniger werden Sie davor Angst haben. Atmen Sie tief ein und decken Sie auf, was Ihr Kind wirklich bedroht. Finden Sie heraus, wie Sie am besten dagegen angehen können, und werden Sie aktiv.

Sich gegen die Angst wappnen

Wenn Sie Angst vor einer konkreten körperlichen Gefahr für Ihre Kinder haben, suchen Sie jemanden, der diese Erfahrung gemacht hat. Gibt es jemanden, der Krebs, Missbrauch oder den Tod eine geliebten Angehörigen überstanden hat? Wenn Sie mit diesem Menschen reden, wenn Sie lernen, wie diese Erfahrung ihn zu dem geformt hat, der er heute ist, wird Ihnen das helfen. Schreiben Sie auf, wovor Sie Angst haben, und schreiben Sie drei Dinge auf, die Sie dagegen unternehmen können. Können Sie Fahrstunden nehmen, um Ihre Angst vor Autounfällen abzubauen? Sich selbst und Ihre Kinder in einem Selbstverteidigungskurs anmelden? Ihren Kindern beibringen, im Umgang mit Fremden vorsichtig zu sein? Bei solchen Aufgaben setzen Sie Ihre Energie weitaus besser ein, als sich Angst oder Sorgen um etwas zu machen, das zum größten Teil außerhalb Ihrer Kontrolle liegt.

⚫ Vertrauensvers

Denn der Geist Gottes, den ihr empfangen habt, führt euch nicht in eine neue Sklaverei, in der ihr wieder Angst haben müsstet. Er macht euch vielmehr zu Gottes Kindern. Jetzt können wir zu Gott kommen und zu ihm sagen: »Vater, lieber Vater!«

Römer 8,15 (Hfa)

Wir haben Angst, dass wir es nicht schaffen

So etwas hast du schon einmal geschafft – weißt du noch?

Als Mütter werden wir scheinbar ständig von neuen, nervenaufreibenden Situationen überrascht. Egal, ob wir unser erstes Neugeborenes auf den Armen halten oder zum ersten Mal die Autoschlüssel aus der Hand geben, das Leben führt uns ständig in Umstände, in denen uns die Angst befällt, wir wären hoffnungslos überfordert. In solchen Momenten ist es wichtig, uns zu erinnern, dass wir schon mal ähnliche Anforderungen bewältigt haben. Das kann unser Selbstvertrauen stärken, mit Dingen fertig zu werden, die noch auf uns zukommen. Wenn Sie eine Entbindung überstanden haben, haben Sie bestimmt später bei Schmerzen gedacht: »Etwas Schlimmeres als eine Geburt kann nicht mehr kommen.«

In unserem ersten Geburtsvorbereitungskurs führte unsere Krankengymnastin eine interessante Übung durch: Sie legte eine Zahlenreihe von eins bis zehn auf den Boden. »Eins« bedeutete keine Schmerzmittel, egal, was kommt. »Zehn« bedeutete eine so schmerzfreie Geburt wie möglich. Sie forderte die Frauen auf, ihre Entbindung einzuschätzen und sich auf die entsprechende Zahl zu stellen. Ich stellte mich auf die »Fünf«. Ziemlich unverbindlich von mir, ich weiß, aber ich hatte die Vermutung, dass ich bei den wirklich schlimmen Wehen ein wenig Hilfe nötig hätte.

Dann forderte unsere Krankengymnastin die zukünftigen Väter auf, sich auf eine Zahl zu stellen. Jeff steuerte geradewegs auf die »Eins« zu.

Ich war entgeistert. Okay, vielleicht auch ein kleines bisschen geschmeichelt, weil er mich für so tapfer hielt, aber in erster Linie war ich besorgt. Sein unerschütterliches Vertrauen weckte in mir die Befürchtung, ich würde ein lockeres: »Komm schon, Schatz, du schaffst das schon!« hören, wenn ich in den heftigsten Wehen um ein Schmerzmittel flehte.

Bevor Sie jetzt meinen Mann für völlig unsensibel halten, will ich Ihnen den Grund für seine Entscheidung verraten. Außerdem sollten Sie wissen, dass er *vollkommen Recht* hatte.

Jeff hatte etwas bedacht, das ich vergessen hatte: Länger anhaltende Schmerzen waren mir nicht fremd. Den größten Teil meines Lebens leide ich schon an schrecklicher Migräne. Zu einem Anfall gehören zehn bis zwölf Stunden starke Schmerzen, Übelkeit und Orientierungslosigkeit. Dagegen hatte ich bis vor zehn Jahren keine wirksamen Medikamente. Jeff erklärte, dass er die Wehen nicht vie anders sehe als starke Migräneanfälle. Am Ende käme sogar eine wunderbare Belohnung dabei heraus. Das Einzige, was ich für meine Migräne bekam, waren fünf Pfund Flüssigkeitsverlust, weil ich mich so stark übergeben hatte (diese fünf Pfund hatte ich natürlich schnell wieder auf der Waage). Wenn ich Migräneschub für Migräneschub ertragen konnte, standen die Chancen nicht schlecht, dass ich diese einmaligen Wehen auch durchhalten würde.

Soll ich Ihnen etwas sagen? Ich habe sie durchgehalten. Bevor wir uns für einen Kaiserschnitt entscheiden mussten, überstand ich dreizehn Stunden Wehen, davon vier Stunden Presswehen mit sehr wenigen Schmerzmitteln. Ich glaube, ich schaffte das zum Teil auch deshalb, weil Jeff mein Durchhaltevermögen bei der Migräne gelobt hatte. Seine Einschätzung hat mich daran erinnert, dass ich durchaus Schmerzen aushalten kann. Er spannte für mich dieses Sicherungsseil, das mir Mut machte. Das machte die Leistung nicht kleiner, es machte die Höhe, auf der ich mich befand, auch nicht niedriger. Aber es gab mir das beruhigende Gefühl, dass ich schon einmal fast so hoch oben gewesen war.

Das erinnert mich an den Befehl, den Josua den Israeliten gab, als sie den Jordan durchquerten. Er forderte sie auf, sich zu bücken und Steine aus dem trockenen Flussbett aufzuheben (Jos 4,4-9). Der Jordan war damals wahrscheinlich kein kleiner, gemütlich dahinplätschernder Bach; andernfalls hätten die Leute nicht solche Angst gehabt. Es ist von einer Flut die Rede, und ich stelle ihn mir als einen tosenden Fluss vor – eine Art Flussüberquerung, wie wir sie aus Spielfilmen von Pionieren im Wilden Westen kennen. Verängstigtes Vieh und knarrende Siedlerwagen müssen durch die reißende Strömung gebracht werden usw.

Mitten in einem Fluss, der sich auf übernatürliche Weise geteilt hat, an einer Stelle stehen bleiben, an der das Wasser einen normalerweise mitreißen würde, es aber aus unerfindlichen Gründen doch nicht tut, ein Erinnerungsstück aufheben? War er *verrückt?*

Ganz und gar nicht. Josua begriff: Der Gefahr ins Auge zu schauen und jede Lehre, die man daraus ziehen kann, zu nutzen ist der erste Schritt zu mehr Mut. Wenn wir uns später in Krisensituationen daran erinnern – einen Altar aus den Steinen bauen, die wir in Lebensgefahr gesammelt haben –, lernen wir, Gott immer mehr zu vertrauen. Der Altar erinnerte die Israeliten, dass sie Gottes Fürsorge vertrauen konnten, mit der er sie ins verheißene Land bringen würde.

Zu wissen, dass Sie *das* durchgestanden haben (was immer *das* für Sie gewesen sein mag), vergrößert Ihr Vertrauen darauf, auch das durchzustehen, was als Nächstes auf Sie zukommt. Es fängt mit so kleinen Dingen an wie laufen und Fahrrad fahren. Dann geht es weiter mit allein von der Schule nach Hause gehen, das erste Mal allein verreisen, Krankheiten ertragen, den Arbeitsplatz verlieren, Kinder gebären, den Tod eines Elternteils oder Ehepartners verarbeiten. Die Liste ist so lang wie das Leben.

Ein Tagebuch kann Ihr ganz persönlicher Altar aus Jordansteinen sein. Wenn ich Angst habe, schnappe ich mir Stift und Papier und schreibe alles auf. Ich halte fest, warum ich Angst habe und welches Unglück sicher eintreten wird. Alle schrecklichen Einzelheiten. Aber das ist nur die halbe Strecke. Noch wichtiger ist es, aufzuschreiben, wie diese beklemmenden Situationen ausgegangen sind. Dass es nicht halb so schlimm kam, wie ich gedacht hatte, und dass es nicht halb so viel Grund für die Angst gab, wie ich mir ausgemalt hatte. Das Tagebuch mit meinen Herausforderungen und ihrem Ausgang kann für mich eine ebenso gute Erinnerung sein wie Jeffs Nummer eins. Wenn ich zum Zahnarzt muss, erinnert es mich, dass ich den Zahnarztstuhl überstehen werde. Die Verletzungen meines Kindes im Kindergarten können mich daran erinnern, dass ich mit meinem Kleinen auch eine Mandelentzündung aushalten werde. Meine Fünftklässlerin bei ihrer ersten Sechs in Mathe zu trösten – bei der ich überrascht feststellte, dass ich wahrscheinlich mehr weinte als sie – lässt mich wissen, dass ich ihr eines Tages helfen kann, ein gebrochenes Herz zu überleben.

Unsere Kinder brauchen Misserfolge, Herausforderungen und Schmerzen, um reifen zu können. Wenn Sie das nur schwer akzeptieren können, denken Sie an Ihre eigene Kindheit zurück. Jeder kann sich normalerweise an das überbehütete Kind in der Straße erinnern. Das blasse, dünne Kind, dessen Mutter es nie hinausließ, das mindestens ein Dutzend angebliche Allergien hatte, das nie in ein Zeltlager fuhr oder ein Skateboard bekam. Das Kind, das noch im April Schal und Handschuhe anziehen musste. Vielleicht waren Sie sogar selbst dieses Kind. In einer solchen Erziehung steckt sehr viel Angst. Wer seine Kinder so aufzieht, begreift nicht, dass es zu den besten Dingen im Leben gehört, Risiken einzugehen, auf die Nase zu fallen und sich sogar zu verletzen.

Als wir jünger waren, machten wir uns über diese übervorsichtige Mutter lustig. Aber jetzt entdecken wir in unserem eigenen Bemühen, unsere Kinder zu beschützen, kleine Teile (oder riesige Brocken) von ihr in uns selbst. Wir wollen nicht, dass unsere Kinder etwas Schlimmes durchmachen müssen. Es tut weh, das mit anzusehen. Wir haben Angst, dass sie sich nie davon erholen werden.

Aber *wie sollen sie lernen, sich davon zu erholen, wenn sie keine Gelegenheit dafür bekommen?* Wir müssen darauf vertrauen, dass Gott es ernst meinte, als er versprach, uns nicht mehr Lasten aufzuerlegen, als wir tragen können. Meine Tochter lernte wertvolle Dinge, als sie sich mühsam von dieser schlechten Note wieder nach oben arbeitete. Ich kann jetzt erkennen, dass sie vielleicht aus jenem Schulhalbjahr mehr gelernt hat als bei den ganzen Einsen und Zweien, die sie normalerweise mit nach Hause bringt. Sie können mir glauben, dass dieser kleine Vorfall ausgiebig in meinem Tagebuch bejammert wird.

Der Prophet Esra verbrachte den größten Teil seiner Zeit damit, Israel daran zu erinnern, wie Gott sein auserwähltes Volk in der Vergangenheit beschützt hatte. Man sollte meinen, dass ein Volk, das durch ein einmaliges Plagenszenario und die wunderbare Teilung eines Meeres gerettet worden war, bei der Aussicht, seinen Tempel in feindlichem Gebiet wieder aufzubauen, nicht viel Angst zeigen würde. Natürlich waren die Einheimischen über ihre neuen israelitischen Nachbarn nicht gerade erfreut, aber sie konnten darauf vertrauen, dass Gott sein Volk beschützen würde. Ihren Mut schöpften sie daraus, dass Esra sie ständig an Gottes Taten in der Vergangenheit erinnerte. Die Geschichten, wie sie in der Vergangenheit befreit worden waren, halfen den Israeliten, Mut für die Gegenwart zu finden.

Ihr Tagebuch, Ihre Freunde, Ihre Familie, Ihr Gott können bei Ihnen das Gleiche bewirken. Sie waren schon einmal in einer ähnlichen Situation, Sie haben das schon einmal geschafft. Erinnern Sie sich?

◆ *Sich der Angst stellen*

Was sind Ihre Jordansteine? Wie sehen Ihre Erlebnisse aus, in denen Sie etwas trotz widriger Umstände durchgestanden haben? Wie können Sie diese nutzen, um heute neuen Mut zu schöpfen?

■ *Sich gegen die Angst wappnen*

Halten Sie schriftlich die Zeiten fest, in denen Sie eine Angst ausgestanden und schließlich überwunden haben. Wenn Sie diese Erlebnisse in ruhigen Zeiten aufschreiben, können Sie sich an sie erinnern, wenn Sie Angst haben und schwach sind. Wenn Sie schon dabei sind, dann machen Sie so etwas auch für jedes Ihrer Kinder, um auch ihnen Mut zu machen.

● Vertrauensvers

Der Herr geht selbst vor dir her. Er steht dir zur Seite und verlässt dich nicht. Immer hält er zu dir. Hab keine Angst, und lass dich von niemandem einschüchtern!

5. Mose 31,8 (Hfa)

*V*on ganz oben ist der Sturz nach unten sehr tief

In Wirklichkeit fürchten wir nicht die Höhe. Sie ist an sich noch nichts Schlimmes. Wenn Sie mich überzeugen könnten, dass meine Kinder auf keinen Fall abstürzen, würde es mich nicht stören, egal, in welcher Höhe sie vielleicht spielen. Diese Sicherheit hat mir geholfen, meine Kleinen in den Spielröhren bei McDonald's ein bis zwei Meter über meinem Kopf spielen zu lassen.

Höhe bedeutet nicht automatisch Gefahr. Herausforderungen, Verletzungen und Rückschläge im Leben bedeuten nicht automatisch Gefahren. Aber wir Mütter verwenden so viel Energie darauf, vor genau diesen Dingen Angst zu haben. Wir haben Angst vor etwas, das in Wirklichkeit nicht gefährlich ist, und haben dadurch weniger Zeit, Energie und Konzentration, um mit den wirklichen Gefahren fertig zu werden.

Wenn es Dinge gibt, die meinen Sohn wirklich das Leben kosten oder seiner Seele schaden können, warum mache ich mir dann so große Sorgen um einen gebrochenen Arm? Die Wahrheit lautet: Es ist *einfacher*, mir um einen gebrochenen Arm Sorgen zu machen. So etwas lässt sich wieder heil machen. Für viele ist ein gebrochener Arm eine gewöhnliche Erfahrung. Man kennt das. Man kriegt das in den Griff. Viel beängstigender ist es, darüber nachzudenken, was im Leben unseres Kindes der »große Absturz« sein könnte. Denn bei Missbrauch, Suchtproblemen oder Korruption können wir nicht einfach dafür sorgen, dass »alles wieder gut wird«. Das versetzt uns in Angst und Schrecken. Wir erweisen uns selbst jedoch einen schlechten Dienst, wenn wir uns wegen Kleinigkeiten aufregen und die großen Gefahren ausblenden.

Durch unsere Liebe zu unseren Kindern haben wir ein gutes Gespür für die wirklichen Bedrohungen. Als Mutter können wir einzigartige Beziehungen knüpfen, die die Herausforderungen eines ganzen Lebens aushalten. Gott hat uns bereits die beste Waffe gegen Angst gegeben, die es gibt: Liebe. Lenken Sie die Energie der Angst um in das Ziel, gute Beziehungen zu Ihren Kindern aufzubauen und zu festigen, Ihre Kinder noch mehr und noch stärker zu lieben. Kann es jemanden geben, der unsere Kinder noch mehr liebt als ihre Mutter? Wenn es auf die Liebe ankommt, sind wir bestens qualifiziert.

Liebe *ist* das Ausschlaggebende, weil Liebe in ihren sämtlichen Ausdrucksformen der größte Feind der Angst ist. Johannes drückt es in seinem Brief besser aus, als ich es je könnte: »Die vollkommene Liebe vertreibt die Angst.«

Gewiss, Mütter sind nicht perfekt. Aber wir haben das Monopol für Liebe.

Kapitel 5

Die Balancierstange

»Ich weiß, es klingt lächerlich; aber jedes Mal, wenn einer meiner Jungen etwas Dummes anstellt, mache ich mir sofort Sorgen, dass er vielleicht geistig behindert sein könnte.«

»Wenn meine Kinder auch nur eine oder zwei Minuten zu spät nach Hause kommen, habe ich Angst, dass ihnen etwas passiert sein könnte.«

»Ich habe Angst vor Krankheitserregern in Hotelbetten. Ist das nicht verrückt?«

Alles kommt auf das Gleichgewicht an

Natürlich ist die Balance von entscheidender Bedeutung auf dem Hochseil. Man benötigt einen guten Gleichgewichtssinn, um damit umgehen zu können, dass man nie im Gleichgewicht ist. Das ist ganz ähnlich wie das Stehen – man braucht gar nicht erst zu versuchen, auf einem Bein zu stehen, solange man dies noch nicht auf zwei Beinen kann. Auf dem Seil ist man gezwungen, sich ständig den Gegenkräften der Schwerkraft anzupassen, die auf beiden Seiten dieses schmalen Seils an einem ziehen. Es gibt keinen ruhigen, stabilen Gleichgewichtspunkt. Man richtet sich ständig auf die Mitte aus und versucht, die entgegengesetzten Kräfte orchesterartig möglichst harmonisch zusammenzuführen.

Nicht viel anders muss auch eine Mutter ständig um Ausgleich ringen. Keine Regel, keine Richtlinie, keine Strategie hält lange – Erziehung ist ein ständiger Prozess der Neuausrichtung. Neue Zeiten, neue Faktoren, neue Herausforderungen und neue Bedrohungen tauchen täglich auf. Genauso wie auf dem Drahtseil erreicht man eine mutige Erziehung durch die bestmögliche Vereinigung der gegensätzlichen Kräfte – Schutz und Vorbereitung. Diese zwei Begriffe erzeugen in jeder Mutter eine große Spannung. Wenn ich meine Kinder Risiken eingehen lasse, können sie sich weiterentwickeln. Auf der anderen Seite kann ihnen dabei aber auch etwas zustoßen. Das bedeutet Hochspannung.

Gegenkräfte schaffen jedoch ein Gleichgewicht. Denken Sie nur an antike Waagen mit zwei Waagschalen, die auf den zwei Seiten eines Balkens hängen. Eine Waage, wie Justitia sie in der Hand hält. Gleich schwere Gewichte auf beiden Seiten führen zu einem Gleichgewicht. Es kommt nur darauf an, das Gewicht auf beiden Seiten gleich groß zu halten.

Luftakrobaten treiben das Ganze noch einen Schritt weiter und wollen wissen, was ihr persönlicher Schwerpunkt ist. Je niedriger unser Schwerpunkt ist, umso weniger stark zieht die Schwerkraft uns auf die eine oder andere Seite, und umso geringer ist die Wahrscheinlichkeit, dass man abstürzt. Denken wir an einen Turm aus Bauklötzen. Je höher wir ihn bauen, umso leichter wird er umfallen. Das Gleichgewicht der Luftakrobaten hat nichts mit der Höhe über dem Boden zu tun. Die Stange, die sie benutzen, um oben zu bleiben, funktioniert einen halben Meter über der Erde genauso wie vier Stockwerke hoch über der Erde. Das liegt daran, dass unser Schwerpunkt *in unserem Inneren* liegt und nicht von unserer Situation abhängig ist. Er ist innen, nicht außen.

In unserem Leben als Mütter üben die äußeren Kräfte, die mit im Spiel sind, genauso viel Einfluss aus wie die Schwerkraft. An einigen Tagen haben wir das Gefühl, dass die Gefahren für unsere Kinder, die scheinbar geringe Wahrscheinlichkeit, dass wir unsere Kinder zu glücklichen, gesunden Erwachsenen erziehen können, und die Sorge, dass wir nie alles schaffen werden, genauso unüberwindlich sind wie die Schwerkraft. Um dagegen anzukämpfen, braucht eine Mutter ihren eigenen Schwerpunkt, ihren eigenen festen Mittelpunkt, um das nötige Gleichgewicht zu finden.

Jeder Mensch hat einen Schwerpunkt; nur sind viele, die nicht gerade regelmäßig Akrobatik betreiben, in seinem Einsatz ungeübt. Auch Mütter haben einen Schwerpunkt, ein emotionales Zentrum, das sie der Angst entgegenhalten können. Aber wir haben oft nicht die Zeit, Kraft oder den Raum, seinen Gebrauch einzuüben. Können wir diesen Balanceakt als Mutter würdevoll einüben? Vergessen Sie es! Wir haben den größten Teil unserer Tage alle Hände voll damit zu tun, uns überhaupt auf den Beinen zu halten.

Wir dürfen nicht unterschätzen, wie viel Angst sich auf einer Seite dieser Waagschale angesammelt hat. Womit füllen wir die andere Waagschale, um einen Ausgleich zu schaffen? Das ist eine wichtige Frage, die wir oft viel zu wenig beachten.

Ich glaube, wir können die Angst mit drei Mitteln bekämpfen – mit drei Gewichten, wenn Sie so wollen, die wir in die andere Waagschale werfen können. Es sind die richtige Perspektive, Gemeinschaft und Humor. Diese Dinge helfen Müttern auf dem Hochseil, das Gleichgewicht zu finden.

Wir schauen auf die Angst statt auf die Sicherheit

Falsche Schlussfolgerungen ziehen

Das Leben scheint es darauf abgesehen zu haben, uns aus dem Gleichgewicht zu werfen. Besonders wenn wir sowieso schon wackelig auf den Beinen sind. In der Minute, in der ein Kind eine Krankheit überstanden hat, tauchen bei dem nächsten Krankheitssymptome auf. Ein Teenagerproblem ebbt ab; gleichzeitig schaltet ein anderes in den höheren Gang. Während wir unseren Kindern helfen, immer mehr auf eigenen Beinen zu stehen, bauen unsere Eltern zunehmend ab. Wir sind so sehr damit beschäftigt, uns um Krise Nummer eins zu kümmern, dass wir Krise Nummer zwei eine leichte Angriffsfläche bieten.

Wir wollen *jede* Krise lösen, uns allem annehmen, *alles* wieder besser machen. Da ist es kein Wunder, dass alles aus dem Gleichgewicht gerät. Wenn wir schon ins Taumeln gekommen sind, wirft uns unsere Reaktion auf eine Katastrophe – oder auf etwas, das auch nur wie eine Katastrophe *aussieht* – endgültig aus der Bahn.

Als Christopher zur Welt kam, jagte er uns ziemlich viel Angst ein. Er hatte anscheinend noch nicht kapiert, dass Atmen ein wichtiger Teil des Lebens außerhalb des Mutterleibes ist. Und so verbrachte er die ersten Tage auf der Intensivstation und bekam jede Menge Medikamente. So etwas macht jede Mutter nervös – auch wenn es ihr zweites Kind ist. Heute geht es ihm rundum gut, und wir haben keine negativen Folgen seines recht dramatischen Eintritts in diese Welt festgestellt. Aber wie Sie sich vorstellen können, wurden in seinem ersten Lebensmonat unzählige Untersuchungen durchgeführt.

Meine Mutter war zu Besuch, damit ich etwas Schlaf bekäme (Christopher hatte Koliken – muss ich mehr sagen?). Die Arzthelferin rief an und stellte unmissverständlich klar, dass sie mich aufwecken sollte, weil man mir die Untersuchungsergebnisse mitteilen müsse. Meine Mutter reichte mir das Telefon und versuchte, ruhig auszusehen. Die Arzthelferin informierte mich, dass eine von Christophers Untersuchungen »ohne eindeutigen Befund« zurückgekommen sei. Das ist medizinischer Fachjargon für: »Vielleicht ist da etwas, aber wir sind noch nicht sicher«. Ich weiß nicht einmal mehr, worum es bei dieser Untersuchung ging, nur dass es etwas mit seinen kognitiven Fähigkeiten zu tun hatte.

Das war für mich ein wunder Punkt. Von allen möglichen Folgen, die Christophers Sauerstoffmangel haben konnte, war ich mir bei einer geistigen Behinderung nicht sicher, ob ich damit fertig werden würde. Ich hatte früher beruflich mit einer Organisation zu tun, die sich für die Rechte von Behinderten einsetzte. Deshalb kam ich mit der Vorstellung, dass mein Kind vielleicht körperlich behindert sein könnte, gut zurecht. Aber ein Hirnschaden – nein, allein schon der Gedanke machte mir Heidenangst.

Ich reagierte, gemessen an der tatsächlichen Gefahr, furchtbar überzogen. Es war viel zu früh, um sich Sorgen zu machen, aber das konnte mich nicht zurückhalten. Ich war schon durch die körperlichen Belastungen eines Babys mit Koliken, durch Schlafmangel, die Folgen der Entbindung und verrückt spielende Hormone stark aus dem Gleichgewicht geworfen. Ganz zu schweigen von etlichen anderen emotionalen Belastungen, wie etwa dass ich meinen Beruf aufgeben und als Mutter zu Hause bleiben wollte und dass meine Mutter auf dem Flughafen einen Herzanfall erlitten hatte.

Ich hatte das Gleichgewicht verloren. Vollkommen. Diese neue Unsicherheit war der Tropfen, der das Fass zum Überlaufen brachte. Ich weinte. Ich jammerte. Visionen von Sonderschulen, jedes negative Stereotyp, das man sich vorstellen kann, Medikamente, Ablehnung durch die Umwelt, Dustin Hoffman in *Rain Man* – das alles jagte mir durch den Kopf, nachdem ich aufgelegt hatte. Ich hob die Faust zum Himmel und klagte Gott an, weil er mir so etwas antat. Kurz gesagt, ich drehte durch.

In stressigen Situationen durchzudrehen ist eine sehr menschliche, sehr natürliche Reaktion. Wir alle müssen von Zeit zu Zeit unseren Gefühlen freien Lauf lassen. Wir müssen uns abreagieren, mit dem Fuß aufstampfen und schreien und stöhnen und unsere Gefühle herauslassen.

Aber dann müssen wir wieder aufstehen. Doch das konnte ich nicht mehr. Diese kleine Untersuchung brachte mein Leben in den nächsten Tagen völlig aus dem Gleichgewicht. In dieser Situation erwies sich das Internet nicht unbedingt als mein Freund. Wir haben Zugang zu viel zu vielen Informationen, ohne sie richtig einordnen zu können. Wir geben einen Suchbegriff ein und bekommen 167 widersprüchliche Verweisstellen. Wir bekommen das volle Spektrum an Möglichkeiten ohne einen Hinweis, wie wahrscheinlich diese Möglichkeiten sind – von Menschen, die wir nie kennen gelernt haben und von denen wir keine Ahnung haben, ob wir ihnen trauen können.

So stand ich also da und rang damit, Mutter eines geistig behinderten Kindes zu sein, listete die ganzen möglichen Folgen dieser Untersuchung auf und brachte meinen Blutdruck auf Hochtouren. Ich hätte einen klaren Kopf gebraucht, aber ich warf meinen ganzen Verstand aus dem Fenster und öffnete der Panik Tür und Tor.

Man kann gar nicht anders reagieren, wenn das Nervenkostüm schon länger sehr angespannt ist. Das erste Jahrzehnt als Mutter ist eine Zeit, in der Babys, körperlicher Stress und veränderte Beziehungen uns an unsere Grenzen bringen. Jede Frau gerät bei der einen oder anderen Sache aus dem Gleichgewicht. Das Muttersein bietet uns unendlich viele Gründe – und unbegrenzte Möglichkeiten – die richtige Perspektive zu verlieren und derartig überzogen zu reagieren.

Es gab keine Fakten. Aber mein fehlendes Gleichgewicht richtete meinen Blick auf dieses eine Detail. Ich ließ mich in die Tiefe ziehen. In Wirklichkeit besagte jener Telefonanruf nur, dass die Untersuchung noch einmal durchgeführt werden musste; dieses Mal spezifischer, um eindeutige Ergebnisse zu bekommen. Die Arzthelferin hatte darauf bestanden, dass ich geweckt wurde, weil sie gesetzlich verpflichtet sind, die Eltern persönlich zu informieren. Zugegeben, es ist grausam, die Mutter eines Neugeborenen zu wecken, aber man kann der Arzthelferin daraus keinen Vorwurf machen. Das war nicht der Grund für das große Problem, das ich daraus machte. Ich hatte mein Gleichgewicht verloren.

Man konnte diese Situation nicht ändern. Diese Untersuchungen mussten gemacht werden und die möglichen Befunde in Betracht gezogen werden. Es wäre jedoch für alle Beteiligten besser gewesen, wenn ich eine wirkungsvollere Methode gefunden hätte, vernünftiger damit umzugehen.

Wie? Die Untersuchungsergebnisse mit denen ich konfrontiert wurde, lagen nicht in meiner Hand, sondern entstammten Diagnosegeräten. Aber *meine Reaktionen* darauf konnte ich sehr wohl bestimmen. Es war meine Entscheidung, ob ich vorschnelle Schlussfolgerungen ziehe.

Die beste Einsicht, die mir dazu einfällt, stammt aus einem Bereich, an den man vielleicht nicht sofort denkt: Rafting. Meine Freundin Julie erzählte mir von einer Raftingtour. Die Partie war aufregend und machte Spaß, und sie lernte bei diesem Erlebnis von ihrem Tourenleiter eine wichtige Wahrheit:

Wenn man auf einem Fluss unterwegs ist und eine Gefahr erblickt (etwa einen Felsen, eine Stromschnelle, riesige, hungrige Bären am Ufer oder was auch immer), ist es nicht vernünftig, darauf zu deuten und die anderen Ruderer darauf aufmerksam zu machen. Warum nicht? Wenn man auf die Gefahr *deutet*, *schaut* jeder auf die Gefahr, und dadurch treiben alle auf die Gefahr zu, weil alle wie gebannt darauf starren. Den Rest können Sie sich denken.

Stattdessen soll man etwas tun, das »positives Deuten« genannt wird. Das heißt, man zeigt nicht auf die Gefahr, sondern auf die *Sicherheit*. Man deutet auf die Seite des Flusses, auf der kein Felsen aus dem Wasser ragt. Man deutet auf das Ufer, das hinter der Stromschnelle kommt. Man deutet auf das Ufer, das dem hungrigen Bären gegenüberliegt. Kurz gesagt, man richtet seinen Blick auf die *Lösung* und nicht auf das Problem. Das bedeutet nicht, dass es falsch wäre, zu wissen, dass dort ein Bär ist; es bedeutet einfach, dass man viel besser beraten ist, wenn man seinen Blick auf das andere Ufer lenkt.

Wie konnte ich Christophers Untersuchungssituation positiv deuten? Als Erstes konnte ich mein Sicherheitsnetz aus anderen Müttern und Freundinnen bitten, mir zu helfen, den Schlaf und die Gesellschaft zu bekommen, die ich brauchte, um ruhiger zu werden. Mit diesen Leuten zusammen zu sein erinnerte mich an meine Fähigkeiten als Mutter statt an die Größe des Problems wie die beängstigenden Texte aus dem Internet. Ich konnte mein Augenmerk darauf richten, wie sorgfältig mein Kinderarzt Christopher beobachtete, und versuchen, ein wenig Dankbarkeit für die Medizin aufzubringen, die ihn überhaupt am Leben erhalten hatte. Ich konnte meinen Sohn anschauen, beobachten, wie er auf mich reagiert, und feststellen, dass sein Entwicklungsstand normal und gesund für ein Baby in seinem Alter war. Ich konnte Gott bitten, mir zu helfen, all das Positive zu sehen und zu hören und zu vertrauen, dass die Chancen sehr gut standen und dass alles gut ausgehen würde.

Aber es kann trotzdem sein, dass nicht alles gut ausgeht. Ich wäre ein Narr, wenn ich meine Augen davor verschließen würde. Deshalb muss ich mich meiner Angst stellen, dass ich mit diesem Problem vielleicht nicht fertig werde. Ich muss die gegenüberliegende Waagschale auch füllen. Ich kann Menschen um meine eigenen Jordansteine bitten – sie fragen, warum ich das ihrer Ansicht nach schaffen kann, und mir Beispiele zu nennen, in denen ich schwierige Situationen gemeistert habe. Ich kann mit Menschen sprechen, die vor einer ähnlichen Situation standen und erfahren haben, dass Gott ihnen geholfen hat. Alle diese Dinge würden meine Aufmerksamkeit wieder in die richtige Richtung lenken und positiv auf die Lösung deuten und nicht auf das Problem.

Wenn Sie große Angst überkommt, überlegen Sie, ob Sie daraus nicht eine große Chance machen können. Je größer Ihre Angst ist, umso mehr müssen Sie Ihre Anstrengungen und Ihre Aufmerksamkeit auf das Positive richten.

Machen Sie sich nichts vor – das ist kein Kinderspiel. Es wird Sie einiges kosten, den natürlichen Lauf Ihrer Gedanken zu ändern. Sie müssen sich bewusst dazu zwingen, um Ihren Blick, mit dem Sie wie ein Reh in die Scheinwerfer eines Autos starren, von der Katastrophe abzuwenden und stattdessen auf die Lösung zu richten.

Wenn ihre Patienten an diesem Punkt angekommen sind, stellt die Therapeutin Jenny Gresko ihnen eine verblüffende Frage: »Wie viel Zeit wollen Sie jeden Tag damit verbringen, darüber nachzudenken?« Mich fasziniert, wie einfach und wirkungsvoll zugleich diese Frage ist. Im Grunde will niemand Stunden damit verbringen, sich mit sinnlosen Grübeleien zu quälen. Aber wir meinen oft, dass man dagegen nichts tun könne. Jenny Greskos Verfahren macht einen feinen, aber hilfreichen Unterschied zwischen »Mach dir deshalb keine Sorgen« und »Mach dir deshalb nicht ständig Sorgen«.

Wählen Sie eine bestimmte Zeitspanne, rät Jenny Gresko, und gestehen Sie sich diese Zeit der Sorgen zu. Brüten Sie darüber, schreiben Sie alles auf, reden Sie am Telefon mit einer Freundin darüber. Sie müssen sich vielleicht anfangs sehr viel Zeit zugestehen. Wenn Sie merken, dass Sie in dieser Frage allmählich Boden unter die Füße bekommen, verringern Sie vielleicht diese Zeit. Aber wenn dieses Limit vorbei ist, gebieten Sie sich Einhalt. Sagen Sie zu sich – laut, wenn es sein muss, denn das ist oft am wirkungsvollsten –: »Ich habe mir für heute genug Sorgen darüber gemacht. Jetzt muss ich mich um etwas anderes kümmern.« Und dann machen Sie das auch.

Wenn Sie sind wie ich, mahnt dann das schlechte mütterliche Gewissen leise: »Das Problem ist aber noch nicht gelöst. Du kannst nicht aufhören, dir darüber Sorgen zu machen. Du verdrängst das Problem nur. Das tut keine gute Mutter.« Jenny Gresko würde in einem solchen Fall erklären, dass wir einfach die unversöhnliche Spannung, in der man als Mutter nun mal steht, spüren: Das Leben ist gut; Gott ist vertrauenswürdig, aber nichts ist wirklich sicher. Tatsache ist: *Auch wenn Sie sich mehr Zeit für Ihre Ängste und Sorgen geben, wird die Situation dadurch nicht besser.* Wenn Sie sich allerdings aufraffen können, eine neue Perspektive zu gewinnen, die Sie auf gute Lösungen hinweist, wird Ihnen das weiterhelfen.

Jetzt ist nicht der Zeitpunkt, Hemmungen zu haben – lassen Sie sich an jedem Wochentag von einer anderen Freundin anrufen, wenn es sein muss. Ich habe die Hilfe meiner Familie in Anspruch genommen, als der Abgabetermin für dieses Buch immer näher rückte und für mich ein immer schwereres Gewicht in der einen Waagschale wurde, und bat *jeden von ihnen*, mir *jeden Tag* zu sagen, dass ich es schaffen könne. Dreimal am Tag hörte ich: »Du schaffst das!« Das wirkt wie Vitamine.

Vielleicht fangen Sie ein »Gabentagebuch« an, wie Diane Eble es nennt.[8] Schreiben Sie darin die guten Gaben auf, die Ihnen jeden Tag begegnen. Öffnen Sie die Augen – für die leuchtenden Herbstfarben und für den guten Tipp in der Frauenzeitschrift, die Sie zufällig im Wartezimmer gelesen haben. Bitten Sie jede Freundin, Ihre Gaben, Talente und Stärken aufzuzählen, und fragen Sie sie, warum Sie alles haben, um Ihre Aufgabe zu bewältigen.

Am wichtigsten ist, dass Sie nicht vergessen: Sie haben einen an der Seite, dem alles möglich ist. Den Herrn des Universums. Den allmächtigen Gott, der war und der ist und der kommen wird. Mir gefällt ein Rat, den ich selbst einmal bekommen habe: »Erzähle Gott nicht, wie riesengroß deine Probleme sind. Sondern erzähle deinen Problemen, wie riesengroß dein Gott ist.«

◆ *Sich der Angst stellen*

Wo ziehen Sie momentan als Mutter voreilige Schlüsse? Ist das hilfreich? Warum wird dadurch alles nur schlimmer? Worauf sollten Sie Ihre geistigen und emotionalen Energien sinnvoller lenken?

◼ *Sich gegen die Angst wappnen*

Fragen Sie sich: »Wie viel Zeit will ich heute damit verbringen, mir darüber Sorgen zu machen?« Setzen Sie sich eine feste Zeitspanne und halten Sie sich daran. Sagen Sie sich, wenn nötig laut, dass Sie sich heute genug Sorgen darüber gemacht haben. Dann wenden Sie sich, so gut Sie können, etwas anderem zu.

---

8 Diane Eble: Abundant Gifts, Wheaton, 1999.

● Vertrauensvers

Achte darauf, dass du die Weisheit und die Besonnenheit nie aus den Augen verlierst! Sie wird dein Leben erfüllen und dir Ansehen bei den Menschen geben. Dann kannst du sicher deinen Weg gehen, nichts bringt dich zu Fall. Dein Schlaf ist ruhig und tief; vor nichts brauchst du dich zu fürchten – auch nicht vor dem Unglück, das gottlose Menschen plötzlich trifft. Denn der Herr beschützt dich; er lässt dich nicht in eine Falle laufen.

Sprüche 3,21-26 (Hfa)

Wir haben Angst und machen deshalb aus einer Mücke einen Elefanten

In der schrumpfenden Mamawelt erscheinen Gefahren leicht größer, als sie sind

An manchen Tagen kostet es viel Kraft, Teil der großen, weiten Welt zu bleiben. Man kommt sich vor wie ein Lachs, der die Niagarafälle *hinauf*schwimmt. Mütter auf der ganzen Welt müssen gegen eine starke Strömung ankämpfen, nur um zur Tür hinauszukommen. Eine solche Isolationshaft geht nicht spurlos an uns vorüber.

Der Valentinstag 2003 war beispielsweise im Hause Pleiter kein Tag für Geschenke und Verliebte. Dieser Feiertag war Tag elf der Grippe. Meine Tochter war schon seit acht Tagen nicht in der Schule gewesen; mein Sohn seit sechs Tagen. Für mich war es Tag elf vom Mama-Hausarrest. Ich vermisste die Außenwelt mehr als der Mann mit der eisernen Maske. Zu allem Überfluss hatte Christopher auch noch eine Lungenentzündung dazubekommen.

Normalerweise halte ich mich für eine Mutter, die bei Krankheiten die Ruhe bewahrt, aber wenn ich das Wort *Lungenentzündung* höre, drehe ich ein wenig durch. An einer Lungenentzündung kann man *sterben*. Ja, sie wurde rechtzeitig erkannt, und er befand sich dank der Antibiotika in keiner akuten Gefahr. Aber trotzdem war es eine *Lungenentzündung*. Mir ging es ein paar Stunden ganz gut – schließlich waren wir mit Fahrten zur Apotheke und mit Anrufen bei Freunden beschäftigt, die wir baten, uns ihre gesamte Videosammlung zu leihen, da Christopher mindestens vier Tage ruhig liegen bleiben sollte.

Christopher und ruhig liegen? Aber ja, Herr Doktor, kein Problem. Besonders wenn seine große Schwester gereizt ist, weil sie selbst mit ihrer Erkältung, einer Ohrenentzündung und einer Nebenhöhlenentzündung kämpft.

Meine Welt bestand aus einer gemäßigten Form von Isolationshaft. Ich konnte das Haus nicht verlassen, weil Christopher nicht hinausdurfte, und er war noch nicht alt genug, dass ich ihn längere Zeit hätte allein lassen können. In der Nacht Nummer zwölf konnte ich zuschauen, wie mich das Syndrom »Die unglaublich schrumpfende Mamawelt« befiel. Amerika stand kurz vor dem Krieg im Irak. Es war die Woche, in der wir aufgefordert wurden, Plastikfolien und Isolierklebebänder zu kaufen. Im Fernsehen zeigten sie bewaffnete Wachleute an New Yorks Bahnhöfen. Ich erinnerte mich wehmütig an die Zeiten, in denen Ausdrücke wie »Alarmstufe Rot« nur in *Star Trek* vorkamen. Jemand erklärte, dass die Wirtschaft ein Jahrhunderttief erreichen würde. Mein Bruder und seine Familie – die einzigen direkten Verwandten, die ich noch habe – lebten in dieser dicken, großen Zielscheibe namens Washington. Ich verlor fast den Verstand.

Als Christopher gegen halb zwei Uhr morgens einen Hustenanfall bekam, hätte ich es sofort geglaubt, wenn jemand gesagt hätte, dass die Welt bald untergeht. Ich hatte Angst um meinen Sohn. Angst um meine Familie. Angst um die Wirtschaft, den Arbeitsplatz meines Mannes und unsere sämtlichen Ersparnisse. Angst um mein Volk, um meine Gesundheit, um die Wasserversorgung des Landes. Egal, was, ich hatte um alles Angst. Sachen, die mich normalerweise überhaupt nicht kümmern, ließen mich vor Angst zittern.

Warum? Zum einen *gab* es viel auf der Welt, das einem Angst einjagen konnte. Wenn angeordnet wird, dass man sich mit Wasser und Konserven eindecken soll, darf ich ein wenig nervös werden. Zumal ich noch nicht einmal aus dem Haus konnte, um für den Katastrophenfall vorzusorgen. Wir werden verhungern, weil ich es nicht schaffe, in den Supermarkt zu fahren und in unserem Keller Vorräte zu bunkern.

Dann kamen die Morgendämmerung, ein starker Kaffee und eine Dosis Realität. Im Tageslicht begriff ich, dass ein großer Teil meiner Hysterie von dem eingeengten Umfeld ausgelöst wurde, das ich nach elf Tagen zu Hause mit kranken Kindern einfach hatte. Ich konnte auf die Dinge blicken, die mir Angst einjagten, und mir sagen, dass es zwar Grund zur Besorgnis gab, dass es aber bei meiner Panikattacke mehr um meine eigene *Situation* ging als um eine äußere Bedrohung. Ich begriff: Solange sich die Situation nicht besserte, waren die Fernsehnachrichten wahrscheinlich nicht zuträglich für meine Gemütsverfassung. Wenn ich so zu Hause eingesperrt bin, lese ich besser nur die Zeitung, durch die ich informiert bleibe, aber emotional nicht so nach unten gezogen werde. Meine persönliche Situation als Teil des Problems auszumachen war zwar kein Wunderheilmittel, aber es half mir doch zu erkennen, dass wenigstens ein *Teil* dessen, was ich fühlte, nicht real war.

Jede Mutter hat schon einmal eine ähnliche Isolationshaft durchgemacht. Das trifft einen besonders hart, wenn die Kinder sehr klein sind. Aber sie hört eigentlich nie auf. Die natürliche Spirale im Leben einer Mutter führt nach innen, nach Hause. Das ist gut so; unsere Kinder und unser Zuhause verdienen unsere volle

Aufmerksamkeit. Aber dadurch können kleine Probleme sehr schnell eskalieren und riesengroß werden. Kopfläuse können einem wie das Ende des bekannten Universums vorkommen, wenn man nicht aufpasst. Läuse gehören zwar zu den unangenehmen Begleiterscheinungen der Kindheit, aber sie sind eindeutig keine gigantische Katastrophe. Sagen Sie das aber der Mutter eines Drittklässlers, die gerade ihre siebenundzwanzigste Ladung Kochwäsche aus der Maschine holt.

Mütter kleiner Kinder sind nicht die Einzigen, deren Leben nach innen gerichtet ist. Ich muss an eine liebe Freundin denken, deren Vater ein hohes Alter erreicht hatte. Dieser Mann war ein großer Denker, ein Mann mit äußerst komplexen Gedanken. Sein außergewöhnlicher Verstand drehte sich um eine Theologie, die Sie und ich wahrscheinlich nie begreifen werden. Aber als ihm sein Körper zunehmend seinen Dienst verwehrte, drehte sich seine Welt wie eine Spirale nach innen. Die Anforderungen des täglichen Lebens schalteten schließlich die großen Wahrheiten aus, über die er früher nachgedacht hatte. Zuletzt verließ er das Haus gar nicht mehr und dann auch nicht mehr sein Bett. Wie bei der Mutter eines Neugeborenen drehte sich sein Leben immer mehr um die schlichten Aufgaben, die körperlichen Bedürfnisse zu befriedigen, einfach Tag für Tag zu überstehen. Als meine Freundin sich bei ihrer Mutter beklagte, dass ihr Vater seine intellektuellen Fähigkeiten eingebüßt hatte, erklärte ihre Mutter: »Mein Schatz, seine Welt ist einfach so klein geworden.«

Wendepunkte wie Tod und Geburt führen unsere Welt nach innen. Ja, bis zu einem gewissen Maß ist dieser eingeengte Blick auch notwendig, da er das komplizierte Leben auf die realen, wichtigen Wahrheiten reduziert. Aber er kann auch zum Feind werden. Krebspatienten werden oft ermahnt, den Kampf gegen den Krebs nicht zu ihrer Hauptbeschäftigung zu machen – nicht zuzulassen, dass ihre medizinische Behandlung die anderen Bereiche ihres Lebens völlig verdrängt. Das heißt natürlich nicht, dass dies manchmal nicht doch geschieht, ganz gleich, wie sehr sie dagegen angehen. Aber sie werden angehalten, sich bewusst dagegen zu wehren, dass der Krebs ihr ganzes Leben ausmacht.

Wie habe ich also verhindert, dass Mandys und Christophers Krankenlager mein ganzes Leben beherrschten? Ich hängte mich ans Telefon. Ich unterhielt mich mit so vielen Freundinnen, wie ich konnte. (Schnurlose Telefone in der Küche sind in solchen Zeiten ein Geschenk des Himmels!) Ich bemühte mich bewusst, so gut ich konnte, Kontakt zur Welt jenseits meiner Haustür, hinter der alles unter Quarantäne stand, aufzubauen.

In solchen Fällen hilft es, ein soziales Netz zu *haben*. Als Mutter scheint unsere Welt zu schrumpfen. Wir verlieren aus den Augen, dass vor der Haustür eine ganze Welt wartet, wenn wir eine halbe Stunde brauchen, um unser Baby anzuziehen, und mittags immer noch im Schlafanzug herumlaufen. Wenn man ein Kind bekommen hat, beschränkt sich das Leben auf die absoluten Grundbedürfnisse – Windeln, Füttern, Schlafen, Betten beziehen. Ich kenne Leute, die mit einem Baby in den ersten dreißig Tagen absichtlich nicht aus dem Haus gehen! Wir müssen jedoch die Gefahren einer solchen Isolation sehen. Ich glaube, wir Mütter müssen uns gegen die Grenzen unserer Welt stemmen, darum kämpfen, dass sie offen bleiben, und bewusst die Verbindungen aufrechterhalten, um unser inneres Gleichgewicht nicht zu verlieren.

Verlassen Sie Ihre vier Wände. Schon eine Tasse Kaffee in einem Café mit einer anderen Mutter und ihrem quengelnden Baby kann viel bewirken. Vergessen Sie nicht Ihre Aufgaben als Staatsbürgerin, Frau, Ehefrau, Freundin, Gemeindemitglied, Künstlerin und Aktivistin. Erkennen Sie, wie wichtig es ist, dass Sie sich selbst Beachtung schenken. Begreifen Sie, dass Ihre Gesundheit – geistig, körperlich, psychisch – bestimmt, wie gut Sie für andere sorgen können. Kurz gesagt: Kümmern Sie sich um sich selbst!

Mir ging es an jenem Morgen besser, weil ich vorher Freundschaften aufgebaut und gepflegt hatte. Ich hatte Freundinnen, die ich anrufen konnte. Ich hatte Hobbys, mit denen ich mich beschäftigen konnte, und Beziehungen, die hilfreich waren, als es wirklich haarig wurde. Aber ich musste etwas dafür tun. Diese Beziehungen sind nicht von selbst entstanden. Sie sind starke Rettungsleinen, weitsichtige Investitionen.

Wenn Sie sich von der Welt abgeschnitten fühlen, machen Sie sich eine Liste mit Leuten, zu denen Sie Kontakt haben möchten. Versuchen Sie, während Ihrer Krise mit so vielen wie möglich zu sprechen. Ein Gespräch kann Ihnen sehr helfen, Ihr seelisches Gleichgewicht zu bewahren und eine sinnvolle Lösung zu finden:

1. Jemand, der Sie wirklich mag.
2. Jemand, den Sie bewundern.
3. Jemand, der Ihre jetzige Situation durchgemacht und überwunden hat oder gut damit zurechtkommt.
4. Jemand, der in einer ähnlichen Situation steckt.
5. Jemand, der einfach lustig ist.
6. Jemand, zu dem Sie schon länger eine Freundschaft aufbauen wollen, es aber noch nicht getan haben.
7. Eine alte Freundin, zu der Sie den Kontakt verloren haben.
8. Jemand, dessen Situation schlimmer ist als Ihre.
9. Jemand, der etwas Praktisches hat, das Sie brauchen (wie Videos, ein Laufställchen, Krücken usw.).
10. Jemand, der für Sie beten kann.

Sie schaffen vielleicht nicht alle zehn Anrufe, aber allein das Wissen, dass es da draußen Menschen gibt, die Ihnen helfen können, genügt oft schon als Ermutigung. Schauen Sie sich diese Liste an und bitten Sie Gott, Sie zu solchen Menschen zu führen, Ihnen die Zeit und die Kraft für diese Anrufe zu geben und Ihnen die Rettungsseile zuzuwerfen, die Sie brauchen.

Wir reden hier von dem Gott, der ein ganzes Volk murrender Israeliten vierzig Jahre lang durch die Wüste begleitet und geführt hat. Er versteht uns. Gott weiß, was Sie brauchen, um Windpocken zu überstehen.

◆ *Sich der Angst stellen*

Wie isoliert sind Sie als Mutter geworden? Haben Sie Freundinnen, auf die Sie sich stützen können, wenn Ihnen die Decke auf den Kopf fällt? Wenn nicht, was können Sie tun, um Ihren Freundeskreis zu erweitern?

Sich gegen die Angst wappnen

Nehmen Sie Kontakt zur Außenwelt auf, wenn die Abkapselung Ängste auslöst und fördert. Machen Sie sich eine Liste mit zehn Leuten, auf die Sie in Notsituationen – emotional, geistlich oder praktisch – zurückgreifen können, und rufen Sie sie an. Und vergessen Sie nicht, Ihre Beziehungen in ruhigen Zeiten zu pflegen, damit sie gefestigt sind, wenn's darauf ankommt.

● Vertrauensvers

Und wenn ihr euch noch so viel sorgt, könnt ihr doch euer Leben um keinen Augenblick verlängern.

Lukas 12,25 (Hfa)

Wir haben Angst, wenn wir keinen Lichtblick mehr sehen

Die besten Kekse der Welt

Manchmal erleben wir so finstere Zeiten, dass wir uns nicht vorstellen können, dass wir jemals wieder Licht sehen. In solchen Momenten müssen wir darauf vertrauen, dass Gott uns jemanden mit einer sehr großen Laterne schickt.

Als meine Mutter tot in ihrer Wohnung gefunden wurde – sie war an einem Herzinfarkt gestorben –, war das für alle ein furchtbarer Schock. Obwohl sie in ihren letzten Jahren gesundheitliche Probleme gehabt hatte, war sie in den Monaten vor ihrem Tod bei guter Gesundheit gewesen. Es war für alle schwer, mit ihrem plötzlichen Tod – emotional und organisatorisch – fertig zu werden.

Ich war fest entschlossen, bei der Beerdigung meiner Mutter die Trauerrede zu halten. Ich hatte in der Vergangenheit so oft vor anderen Menschen gesprochen, also würde ich es auch hier können. Ich sah es als Chance, einen guten und würdigen Schlusspunkt hinter eine Beziehung zu setzen, die tief, aber auch schwierig gewesen war. Trotzdem würde es eine sehr schwere Aufgabe werden. Ich war absolut nicht sicher, ob ich die Nerven hätte, das durchzustehen.

Während der Beerdigungsplanungen rief ich Melissa an. Ich hatte mit ihr während des Studiums zusammengewohnt und sie hatte vor einigen Jahren ihre Mutter verloren. Melissa fragte mich, was ich meiner Meinung nach bräuchte, um die nächsten Tage zu überstehen. »Gebet, Kaffee, meinen Bruder und die größte Schachtel Yodels der Welt«, sagte ich mit einem gewissen Galgenhumor.

Yodels sind Schokoladenkekse, die man nur an der amerikanischen Ostküste bekommt, wo ich aufgewachsen bin. Ich liebe Yodels. Jedes Mal, wenn ich an die Ostküste komme, gehe ich als Erstes in ein Geschäft und kaufe mir eine Schachtel Yodels. Für mich sind Yodels eine stete Erinnerung an klebrige Finger, eine sorglose Kindheit, liebevoll gepackte Lunchpakete und Abstecher in den Laden, wo ich mir sonntags nach dem Gottesdienst etwas Süßes kaufen durfte.

Am Tag der Beerdigung beherrschten mich Trauer und Adrenalin. Aufgrund der langen Zeitspanne zwischen Mamas Tod und der Entdeckung ihrer Leiche (sie lebte allein und mein Bruder und auch ich wohnen in einer anderen Stadt) riet der Bestattungsunternehmer, dass wir sie nicht noch einmal anschauen sollten. Wir hatten deshalb nichts Sichtbares, das uns helfen konnte, dieses belastende Ereignis zu verarbeiten. Dadurch wurde ihr Tod seltsam irreal, unbegreiflich, ja sogar gespenstisch.

Irgendwie war es mir bei all den Beileidsbekundungen und Vorbereitungen, ohne es richtig zu merken, gelungen, nie den Sarg zu berühren. Kurz bevor wir ihn für die Beerdigung zur Kirche brachten, legte ich jedoch meine Hand darauf. Um Lebewohl zu sagen, nehme ich an, um Abschied zu nehmen von meinem letzten Elternteil. Als meine Hand das glatte Holz berührte, drohte mein Herz ohne Vorwarnung zu zerreißen. Alles an dieser surrealen Erfahrung wurde furchtbar und plötzlich so konkret. Ich berührte *den Sarg meiner Mutter*. Einen Sarg, der in ein paar Stunden unwiederbringlich in die Erde sinken würde. Meine Mutter war tot.

Eine tiefe, dunkle Angst packte mich. Ich hatte plötzlich entsetzliche Angst, ganz ohne Eltern weiterleben zu müssen. Angst, dass ich vor den Freunden meiner Mutter zusammenbrechen würde. Angst, dass ich eine dumme, egoistische Entscheidung getroffen hatte, weil ich bei ihrer Beerdigung sprechen wollte. Angst, dass mich der gleiche frühe Tod treffen würde, wie so viele aus meiner Familie. Ich stand wie gelähmt da, völlig aufgewühlt, erschöpft und schluckte mühsam die Tränen und die Panik hinunter, die mich in großen Wellen zu überrollen drohten. Es kostete mich meine ganze Kraft, zu atmen und aufrecht zu stehen, als Jeff mich am Arm nahm, zum Auto führte und mit mir zur Kirche fuhr.

Als ich vor der Kirche aus dem Auto stieg, war mein einziger Gedanke, dass ich nicht genug Kraft hatte, das alles durchzustehen. Ich hatte Angst, ich würde ohnmächtig. Ob aus edlen oder egoistischen Motiven, diese Gelegenheit, meiner Mutter die Ehre zu geben, würde ungenutzt verstreichen – verständlich, aber bedauerlich. Ich konnte einfach nicht.

Dann schaute ich die Kirchenstufen hinauf. Melissa und ihr Mann warteten oben auf mich. Sie standen dort, wo ich sie nicht übersehen konnte. Und hatten – wie ich bald erfahren sollte – eine riesige Schachtel Yodels dabei. Ich hatte mich noch nie so sehr gefreut, jemanden zu sehen. Ich lachte mit Tränen in den Augen vor Freude, dass Melissa sich die Mühe gemacht hatte, für mich da zu sein, und weil sie wusste, dass etwas so Absurdes wie Yodels mir die Kraft geben würde, diesen Tag zu überstehen.

Und ich schaffte es. Ich hielt die beste Rede meines Lebens und hörte ergriffen zu, als mein Bruder das Gleiche tat. Jemand bemerkte sogar, dass er noch nie erlebt habe, dass eine Frau nicht nur von einem ihrer Kinder, sondern von beiden so eloquent am Grab verabschiedet worden sei. Diesen Augenblick werde ich nie vergessen.

Durch diese Erfahrung lernte ich, dass Lachen uns durch die schwersten Augenblicke unseres Lebens bringen kann. Lachen bewahrte mich davor, diese einmalige Chance zu verpassen. Durch Lachen können wir das Gleichgewicht wieder finden, wenn die ganze Welt es anscheinend darauf abgesehen hat, uns den Boden unter den Füßen wegzuziehen.

Lachen ist gesund, man braucht es. Lachen Sie über die Dinge, die Ihnen Angst einjagen. Wenn Sie das nicht können, lachen Sie über irgendetwas anderes. Lachen vertreibt die Angst, egal, worüber wir lachen. Über etwas zu lachen, das von Grund auf komisch ist, ist gut und gesund. Noch wirkungsvoller ist es jedoch, wenn wir über etwas in der Situation lachen können, die uns Angst einflößt. Lachen, auch mit Tränen der Trauer, gehört zu den stärksten Heilkräften des Lebens.

Es ist unbezahlbar, wenn man in einem schweren Augenblick einen Funken Humor entdecken kann. Aber nicht jeder hat diese Gabe. Wenn Sie von Natur aus kein lustiger Mensch sind, dann freunden Sie sich mit jemandem an, der es ist – mit Ihrer Melissa, die für Sie eine Schachtel Yodels dabeihat, wie auch immer diese Yodels in Ihrer persönlichen Situation aussehen mögen. Auch wenn Sie selbst ein lustiger Mensch sind, sollten Sie sich mit ein paar Freunden umgeben, die Spaß lieben, denn es wird harte Zeiten geben.

Ich sage oft: »Gott muss einen besonderen Sinn für Humor haben, weil er ….« Davon bin ich fest überzeugt. Unser Gott ist nicht nur ein Gott der Macht und Stärke, sondern auch der Liebe und des Lichts, des Lachens und der Freude. Und er hat ganz bestimmt Sinn für Humor. Man braucht nur an den Ameisenbär und das Schnabeltier zu denken. Können wir einen solchen Gott bitten, uns in einer Krise ein Lachen zu schenken? Und ob wir das können! Gott weiß besser als jeder andere auf dieser Welt, welche Art Humor jeder Einzelne in den härtesten Zeiten braucht. Er wartet nur darauf, dass wir ihn darum bitten.

Gott schickt Sie vielleicht zu einem anderen Menschen, damit Sie ihn etwas aufheitern. Gehen Sie hin. Seien Sie dort. Bringen Sie ihn zum Lachen.

 Sich der Angst stellen

Ist Ihnen momentan auch das Lachen vergangen? Wen können Sie anrufen, der etwas Spaß in Ihr Leben bringt? Denken Sie an den lustigsten Menschen, den Sie kennen, und laden Sie ihn ein. Wenn Sie selbst ein Spaßvogel sind, wer könnte heute Ihre besondere Art von Humor brauchen?

■ Sich gegen die Angst wappnen

Bitten Sie sechs Bekannte, den lustigsten Film oder Menschen, der ihnen einfällt, zu nennen. Schreiben Sie die Antworten auf eine Liste. Wenn Sie Schweres durchmachen, rufen Sie diesen Menschen an oder leihen Sie sich den Film aus. Kaufen Sie sich ein Witzebuch. Nehmen Sie sich zehn Minuten Zeit, mit Ihren Kindern Grimassen zu schneiden. Das muss nichts mit Ihrer augenblicklichen Situation zu tun haben – jedes herzliche Lachen hilft.

● Vertrauensvers

Sooft ich dachte: »Jetzt ist alles aus!«, halfst du mir in Liebe wieder auf. Als quälende Sorgen mir Angst machten, hast du mich beruhigt und getröstet.

Psalm 94,18-19 (Hfa)

Kapitel 6

Die ersten Schritte

*»Ich kann meinen Sechsjährigen nicht allein
mit dem Bus fahren lassen.
Ich habe Angst, dass ihm etwas Furchtbares passiert.«*

*»Ich habe Angst, meine Kinder zur Universität gehen zu lassen.
Ich glaube, ich habe sie nicht richtig auf die Anforderungen
des Lebens vorbereitet.
Und ich habe Angst, dass ich sie wahnsinnig vermissen werde
und feststellen muss,
dass ich in Wirklichkeit keine gute Beziehung
zu meinem Mann habe,
sobald nur noch wir zwei übrig bleiben.«*

*»Ich mache mir jetzt schon Sorgen, welche Freunde
meine Töchter haben werden.
Sie sind erst zwei und vier.«*

Wie kommen wir Schritt für Schritt weiter?

Auf dem Drahtseil muss man immer weitergehen, wenn man auf die andere Seite kommen will. Ein Luftakrobat kann besser das Gleichgewicht halten, wenn er sich vorwärts bewegt. Also musste ich auch beim Training in der Artistenschule ständig in Bewegung bleiben. Sobald ich stehen blieb, fiel ich hinunter. Ich brauchte alle drei Gliedmaßen – beide Arme und das andere Bein –, um mein Gleichgewicht zu halten. Um oben zu bleiben, musste ich also den nächsten Schritt machen.

Ich hatte vorher wirklich gedacht, auf dem Hochseil gehe es um ruhige, ballettähnliche Bewegungen. Was für ein Irrtum! Bei einem Profi sieht es vielleicht ruhig und anmutig aus, aber in Wirklichkeit geht es um ständige Bewegung, ständiges Ausrichten, ständiges Vorwärtsgehen.

Angst kann einem Beine machen – getreu dem alten Prinzip »Kämpfe oder fliehe«. Aber häufiger stelle ich fest, dass sie lähmt. Wenn ich Angst habe, kann ich mich nicht rühren, denn jede Bewegung könnte falsch sein und alles nur noch schlimmer machen. Und dann kann ich mich natürlich hinsetzen und mich in meiner Angst suhlen und mir tausend neue Gründe ausspinnen, um noch mehr Angst zu kriegen.

Angst macht uns blind für die kleinen Verbesserungsmöglichkeiten, die wir immerhin haben. In Krisensituationen denken wir schnell, wir könnten überhaupt nichts tun. Alles sei ohnehin hoffnungslos und wir wären völlig ohnmächtig. Dazu ist gar keine Katastrophe nötig. Frauen, besonders Mütter, lassen sich von ihrer starken Fantasie auch in den kleinsten Krisen gefangen nehmen. Warum? Weil wir uns sofort alle möglichen Folgen ausdenken, uns die lebenslangen Verletzungen vorstellen.

Bei mir brauchen noch nicht einmal Menschen betroffen sein.

damit ich mit Angst reagiere. Wenn die Heizung ausfällt und ich zu Hause auf den Kundendienst warten muss, obwohl ich doch eigentlich fortmüsste, setze ich mich mitten auf den Küchenboden und hake den ganzen Tag als misslungen ab. Mein Mann dagegen kann sich blitzschnell auf die neue Situation einstellen. Ihm fällt sofort eine Menge ein, das er erledigen kann, solange er zu Hause ist, und er kann alle Dinge ausblenden, die heute außer Haus nicht besorgt werden. Ich bin da anders. Mir fällt es schwer, Enttäuschung, Angst oder Wut von mir abzuschütteln. Natürlich zerbreche ich mir auch schon den Kopf darüber, dass die Kosten für eine neue Heizung ein Loch in unsere Ersparnisse reißen werden, die wir eigentlich für Mandys Kieferorthopäden verwenden wollten.

John J. Pelizza, Seelsorger und Experte für Gesundheitsvorsorge, erklärte, dass Patienten und ihre Angehörigen sich oft in die Vorstellung verbeißen, »es gut machen« zu wollen. Aber es gibt Situationen, wie zum Beispiel unheilbare Krankheiten oder chronische Schmerzen, bei denen »gut« einfach unerreichbar ist. Oder es ist so weit entfernt, dass es nicht förderlich ist, jetzt schon darüber zu sprechen. Was hilfreich ist, sagte er, das ist der Versuch, es »besser« zu machen.[9] *Besser* bedeutet, dass wir kleine Schritte in die richtige Richtung gehen.

Ich finde diesen Rat für den Umgang mit meinen Ängsten als Mutter sehr nützlich. Oft steht es nicht in meiner Macht, eine Situation zu beheben. Es gibt Situationen, in denen Mama nicht einfach *alles wieder gut* machen kann. Aber es gibt immer eine Möglichkeit, es *besser* zu machen – wenn auch vielleicht nur ein klein bisschen.

Ich habe mir ziemlich viel einfallen lassen, um Dinge »ein bisschen besser« zu machen. Einige sind vernünftig, andere weniger, wirken aber trotzdem. Eine kluge Mutter geht kleine Schritte, um

9   John J. Pelizza: 12 Ways to Get UP & GO!, Audiokassette, North Chatham, New York, 1999.

sich und ihre Familie aus dem Rachen der Angst zu befreien. Eine gläubige Mutter weiß, dass sie Gott bitten kann, ihr solche Schritte zu zeigen. Sie werden staunen, wie gut wir sogar unsere Sinne einsetzen können, um uns aus unserer lähmenden Angst zu befreien.

Es ist eine unverrückbare Wahrheit: *Jeder* Schritt in die richtige Richtung wird Angst abbauen. Nehmen Sie also Ihren ganzen Mut zusammen und befehlen Sie laut: »Füße, macht mir jetzt keine Schande!«, und gehen Sie los. Im Vertrauen.

*W*ir können vor Angst erstarren und trotzdem wieder weitergehen

Die Strategie der kleinen Schritte

Wenn man in einem vollen Kino die Besucher fragte, was für sie der beängstigendste Tag in den letzten drei Jahren war, möchte ich wetten, dass die meisten: »Der 11. September 2001«, antworten. Es ist lange her, dass wir einen Tag nennen konnten, an dem unser ganzes Volk so in Angst und Schrecken versetzt wurde. Zum ersten Mal seit Jahrzehnten hatten wir Amerikaner das Gefühl, eine globale Zielscheibe zu sein. Man hatte es auf uns abgesehen. Man hat uns einen realen, dauerhaften Schaden zugefügt. Aus diesem Stoff werden Ängste gemacht. Dieser Tag brachte mich auf die Idee zu diesem Buch.

Jener verhängnisvolle Morgen begann für mich, als mein Mann mich von der Arbeit anrief und mit einer unnatürlichen Stimme fragte: »Weißt du, was passiert ist?« Ich habe vormittags normalerweise kein Fernsehen oder Radio laufen und hatte also Gott sei

Dank nicht die leiseste Ahnung. Als ich verneinte, sagte er sehr ruhig: »Schalte das Fernsehen ein.«

Ich drückte genau in dem Augenblick den Schalter, als gezeigt wurde, wie das Flugzeug in den zweiten Turm raste. Ab diesem Augenblick und noch Stunden später saß ich völlig hilflos im Wohnzimmer und schaute zu, wie die Welt vor meinen Augen auseinander zu fallen schien. Wir wohnen in der Nähe von Chicagos internationalem Flughafen und sind es gewohnt, dass ständig Flugzeuge über uns fliegen. Aber als ich an diesem Tag nach oben schaute, war es am Himmel gespenstisch ruhig; es war alles viel zu real. Ich ging später zur Bushaltestelle, um mein Kindergartenkind abzuholen, und überlegte, wie in aller Welt ich ihm das erklären sollte. Mir wurde klar, dass ich es einfach nicht konnte.

Ich kam mit diesem Tag nicht gut zurecht. Wie versteinert vor Angst saß ich da und schaute gebannt auf den Fernseher, wo CNN lief. Wider besseres Wissen, dass mein Kind das nicht sehen sollte, schaute ich und schaute und schaute und schaute.

Ich muss zugeben, dass meine Angst so groß wurde, dass sie schon *meinem Kind Angst machte.* So etwas hatte ich vorher nie erlebt und es war ziemlich untypisch für mich. Es gab absolut keine Möglichkeit, diese Sache *gut* zu machen. Die Mama in mir, die alles wieder in Ordnung bringt, die alles wieder gutmacht, war vollkommen handlungsunfähig.

Kurz bevor jedoch meine Tochter von der Schule nach Hause kam, war Gott so gnädig und erinnerte mich an einen kleinen Rat, den ich mal gehört hatte. Ich hatte früher als Fundraiser für ein Beratungszentrum gearbeitet, und während ich einem Arzt in seinem Büro gegenübersaß, wurde ihm ein Anruf von einer Frau durchgestellt, die wegen ihrer Scheidung völlig aufgelöst war. Ich konnte beobachten, wie er ihr in dieser Krise half. Zuerst hörte er ihr sehr aufmerksam zu. Er ließ sie ausreden und ihre verletzten Gefühle loswerden. Dann forderte er sie auf, aufzustehen und aus dem Haus zu gehen. »Wenn nichts anderes mehr hilft«, sagte er, »gehen Sie aus dem Haus und machen Sie einen Spaziergang.«

Es klang am Telefon so verharmlosend, aber es ist der vielleicht nützlichste Schritt bei einer Krisenbewältigung, den ich je gehört habe. Ich folgte diesem Rat, als ich den Anruf bekam, dass meine Mutter gestorben sei. Bewegung tut gut; etwas Klärendes geschieht, wenn wir uns körperlich betätigen, an die frische Luft gehen und uns einfach vorwärts bewegen.

Und so nahm ich am Nachmittag des 11. September 2001, während in meinem Fernseher CNN die Zahl der Toten einblendete, die Flugzeuge über mir schwiegen und Leute sich im ganzen Land nach ihren Verwandten erkundigten, meinen fünfjährigen Sohn und ging mit ihm spazieren. Dieser Spaziergang wurde für mich ein Geschenk Gottes – ein erster Schritt gegen das wachsende Entsetzen. Warum? Weil ich mich bei diesem Spaziergang zwang, nach oben zu schauen und den Himmel mit dem richtigen Blick zu sehen: die einmalige Schönheit und erfrischende Weite des Septemberhimmels und nicht einen leeren, bedrohlichen Luftraum. Ich atmete durch. Ich baute die Anspannung in meinem Körper durch meine Beine ab und ließ sie nicht in meinem Kopf meine Fantasie anheizen. Ich hielt meinen Sohn an der Hand.

Vor einem Haus sahen wir eine amerikanische Flagge. Ich hatte irgendwo zu Hause auch eine kleine Flagge, die wir nur hervorholten, wenn wir am amerikanischen Unabhängigkeitstag zur Parade gingen. Sie ist bestimmt nicht größer als fünfzehn Zentimeter. Aber wir hatten eine Flagge. Ich glaube, bis zu diesem Tag hatte ich die amerikanische Flagge nie besonders beachtet. Aber jetzt steckten mein Sohn und ich die drei Flaggen, die wir schließlich im Haus fanden, in einer feierlichen Zeremonie vor dem Haus in den Rasen. Wir machten ein großes Tamtam um diese kleinen Flaggen. Dieser scheinbar belanglose Akt wurde zu einem emotionalen Schleusentor. Er gab mir die Kraft, an diesem Tag mit meiner Zeit etwas Sinnvolleres anzufangen, als vor den Augen meiner Kinder wie erstarrt die Fernsehnachrichten zu verfolgen. Er brachte mich sanft wieder zu Besinnung, wenn man so will. Ich konnte es nicht wieder gutmachen, aber diese Flagge machte es *besser*.

Ein kleiner Schritt führte zum nächsten. Statt herumzusitzen und der wachsenden Panik nachzugeben, dass das Leben nie wieder so sein würde wie früher, hangelten wir uns durch unser Repertoire an heimeligen Aktivitäten im Haus. Wir malten auf dem Fußboden vor dem Kamin Bilder. Wir backten Schokoladenkekse. Während wir den Teig anrührten, beteten wir für unser Volk. Wir telefonierten und riefen unsere Verwandten in Connecticut an, verschickten E-Mails, beteten für meine Freunde in Manhattan und die Verantwortlichen unseres Volkes und baten Gott, ihnen Weisheit und Kraft zu schenken.

Wir konzentrierten uns darauf, was wir tun *konnten*: Wir konnten beten. Wir konnten die Panik im Zaum halten. Und wir konnten unser Zuhause zu einer friedlichen Zuflucht vor den Schrecken in der Welt machen. Natürlich besteht nicht der geringste Zusammenhang zwischen Plätzchenbacken und dem Kampf gegen Terrorismus, aber ich habe herausgefunden, dass es nicht immer einleuchtend sein muss.

Wenn Sie vor lauter Angst gar keinen Ausweg mehr sehen, ist das ein Anzeichen dafür, dass Sie in einem Riesenproblem stecken, das schwerwiegende Konsequenzen haben kann. Das klingt offensichtlich, wenn es um die nationale Sicherheit geht. Aber oft hat man auch bei Problemen, die einem eigentlich klein erscheinen *sollten*, irgendwie das Gefühl, sie wären riesig, auch wenn man das nicht erklären kann. Solche Gefühle sollten wir nicht als unbedeutend abtun. Sie können ein Zeichen sein, dass *mehr auf dem Spiel steht, als wir vielleicht zugeben möchten*. Auch wenn wir nicht ganz begreifen, was uns so in Panik versetzt, ist es wichtig, die Stärke solcher Gefühle zu akzeptieren.

Wenn Sie kurz vor einer solchen Panikattacke stehen (oder mittendrin stecken), sollten Sie Ihre Kräfte nicht damit verschwenden, über Ihr überschüssiges Adrenalin zu hadern. Treten Sie lieber für einen Moment voll auf die Bremse und fragen Sie sich:»Was kann ich *heute* tun?« Viel zu oft wartet unser Verstand sofort mit riesigen, komplizierten *Lösungen* auf – verbunden mit den entsprechend hohen Erwartungen, die uns das Gefühl geben, überhaupt nichts tun zu können.

Man versucht natürlich immer, *das ganze Problem zu lösen*, alles wieder *gut* zu machen. Besonders Frauen haben diese Neigung – der Fluch jeder Mutter, die alles wieder gutmachen will. Das Problem dabei ist, dass viele Herausforderungen bei Müttern – aber auch sonst – zu groß sind für riesige Sofortlösungen. Der Ausweg aus den meisten Problemen kommt uns selten schon beim ersten Nachdenken.

Gehen Sie kleine Schritte. Versuchen Sie nicht, alles zu lösen. Suchen Sie einfach nach einer Ausgangsstelle, von der aus Sie in die richtige Richtung losgehen können. Ein wenig *besser* hilft Ihnen vielleicht schon weiter, wenn *gut* noch lange nicht in Sicht ist.

Sie brauchen einen Anfang. Einen ersten Anstoß. Etwas – egal, was. Im Idealfall etwas, das Sie noch in dieser Stunde tun können.

Die besten kleinen Schritte haben körperliche Komponenten, und sie stehen normalerweise mit etwas Positivem in Verbindung. Wie der Spaziergang, zu dem der Arzt jener Frau riet. Wenn man vor Angst wie gelähmt ist, sollte man seinem Körper etwas zu tun geben. Dadurch wird unser Verstand oft ein wenig freier und man kann wieder klarer denken. Deshalb ist Kochen manchmal ein ausgezeichneter erster Schritt. Etwa einen Brotteig kneten – das ist körperlich, greifbar und konkret. Etwas Wunderbares entsteht durch unsere Hände. Wir haben aus geschmacklosen Zutaten etwas Neues gemacht. Allein der Duft verbreitet eine tröstliche Botschaft. Eine solche Tätigkeit beruhigt und beschäftigt unsere Gedanken.

Ich habe kürzlich gelesen, dass Krankenhäuser Chemopatientinnen Strickunterricht und Strickmaterial anbieten. Als Strickerin klang das für mich sehr sinnvoll. Bei der Chemotherapie muss man viele Stunden einfach nur sitzen und warten, bis die unangenehmen Nebenwirkungen der Medikamente einsetzen. Das lässt den Patienten viel Zeit, in der sich Angst und Stress in ihrem Kopf richtig breit machen können. Stricken ist eine wunderbare körperliche Ablenkungsmöglichkeit, denn Stricken ist so mechanisch, dass unser Kopf immer noch viel Freiheit hat. Außerdem schafft man dabei etwas Tröstliches: selbst gestrickte Socken, kuschelige Schals, weiche, warme Pullover. Schlägt Ihr Puls nicht ein wenig ruhiger, wenn Sie nur daran denken? Aus nichts etwas zu machen gibt uns Mut. Angesichts der ganzen Zellzerstörung etwas Neues zu schaffen ist einer der besten kleinen Schritte, die es geben kann. Selbst wenn Sie nur eine einzige Reihe schaffen, ist es eine Reihe, die vorher nicht da war. Auch hier gilt: Es ist konkret, positiv und greifbar. Das gibt Kraft.

Aber was ist, wenn Ihnen nichts einfällt, womit Sie die Situation verbessern können? Es gab schon Tage, an denen ich von Angst und Sorgen so gelähmt war, dass ich einfach nicht denken konnte. Tage, an denen ich so tief unten war, dass Brotbacken und Stricken einfach nichts gegen meine Panik ausrichten konnten. Wenn das der Fall ist, schreien Sie drei Worte: »Hilf mir, Herr.«

Gott kennt Ihre Situation genau. Er hat immer wieder versprochen, uns Weisheit zu schenken, wenn wir ihn darum bitten. In Psalm 116 lesen wir: »Der Herr ist gütig und gerecht, voll Erbarmen ist unser Gott. Der Herr schützt alle, die sich selbst nicht helfen können. Ich war schwach und er hat mir geholfen!« (Ps 116,5-6; GN).

Wenn ich vor lauter Bäumen – ob aus Angst oder Wut – den Wald nicht mehr sehen kann, komme ich mir genau so vor: hilflos und schwach. Nicht geistig minderbemittelt – ich weiß, dass ich Verstand habe, aber mein schwaches und verängstigtes Herz lässt ihn nicht zum Zug kommen. In diesen Augenblicken bitte ich Gott, mir den nächsten Schritt zu zeigen. An den wirklich schlimmen

Tagen bitte ich ihn, mir den kleinsten Schritt zu zeigen, den ich schaffen kann. Denn manchmal habe ich das Gefühl, als könne ich mich nur einen Zentimeter vorwärts bewegen. Sie können darauf vertrauen, dass Gott Ihnen auch nur einen Zentimeter zeigt, wenn Sie nur einen zuwege bringen. Er tut es. Es tröstet Sie vielleicht, dass es im nächsten Vers dieses Psalms heißt: »Nun kann ich wieder zur Ruhe kommen, denn der Herr ist gut zu mir gewesen« (Ps 116,7; GN).

Wenn Sie vor Angst oder Sorge wie erstarrt sind, suchen Sie sich ein stilles Plätzchen und setzen Sie sich einen Augenblick hin. Oder wenn Sie sich nicht verkriechen können wie im Wartezimmer des Kinderarztes – oder gar des Onkologen –, dann schließen Sie einfach die Augen und atmen Sie tief ein. Füllen Sie Ihre Lunge mit Sauerstoff und zählen Sie dabei bis vier oder sechs; halten Sie die Luft an und zählen Sie bis vier; atmen Sie dann wieder aus und zählen Sie bis acht. Wenn Sie das vier- oder fünfmal wiederholen, bekommt Ihr Körper mehr Sauerstoff, und Ihre Muskeln entspannen sich.

Bitten Sie während dieser Atemübung Gott – mit Worten oder, wie es die Bibel nennt, mit »unaussprechlichen Seufzern des Geistes« –, Ihnen einen winzigen Schritt, einen Halt, einen kleinen Lichtblick zu zeigen, um von der Angst loszukommen und sich in Richtung Lösung zu bewegen. Bitten Sie ihn um etwas, das Sie innerhalb der nächsten Stunde tun können oder, noch besser, gleich in dieser Minute. Er wird genau wissen, was Sie brauchen.

Die Geschichte von Hagar in 1. Mose 21 ist dafür ein anschauliches Beispiel. Hagar war sozusagen die erste Leihmutter der Welt. Ihr Herr Abraham wurde ungeduldig mit Gottes Verheißung, ihm Nachkommen zu schenken. Abrahams Frau Sarah, die seit Jahrzehnten unfruchtbar war, nahm die Sache mit ihren Nachkommen selbst in die Hand. Sie ließ Abraham mit ihrer Dienerin Hagar schlafen, die daraufhin einen Sohn bekam. Als Gott seine Zusage erfüllte und Abraham durch Sarah einen Sohn schenkte, wurden die arme Hagar und ihr Sohn Ismael recht bald zum fünften Rad am Wagen. Man schickte sie in die Wüste. Sie bekamen etwas Essen und Wasser mit dem Befehl, sich nie wieder blicken zu lassen.

Natürlich dauerte es nicht lang, bis die Vorräte aufgebraucht waren. In einer der traurigsten und verzweifeltsten Szenen des Alten Testaments legte Hagar ihren Sohn in den einzigen Schatten, den sie finden konnte, unter einen Strauch, und setzte sich dann selbst hin, um zu sterben. Sie setzte sich sogar »einen Bogenschuss weit« weg, um nicht hören zu müssen, wenn er in Todesangst weinte. (Welche Mutter könnte das ertragen?)

Hagar war wie gelähmt vor Angst, die dann in Verzweiflung überging. Jede Mutter kennt Situationen, in denen alles so schlimm aussieht, dass man sich einfach hinlegen und nie wieder aufstehen will. Mitten in der dürren, glühend heißen Wüste schien es keine kleinen Schritte zu geben.

Aber Gott hörte Ismaels Weinen. Er sprach Hagar an. Wir lesen: »Und Gott öffnete ihr die Augen, da sah sie einen Brunnen. Sie ging hin, füllte den Schlauch mit Wasser und gab dem Kind zu trinken« (1Mo 21,19; GN). Mich fasziniert, dass es hier nicht heißt: »Gott ließ einen Brunnen auftauchen«, sondern: »Gott öffnete ihr die Augen.« Wenn man darauf vertrauen kann, dass Gott in einer Situation, in der es eindeutig um Leben und Tod ging, Hagar einen Brunnen zeigte, können wir ihm dann nicht auch zutrauen, dass er uns in unserer verzweifelten Lage die Augen für die kleinen Schritte öffnet, die eigentlich nur zu offensichtlich sind?

Hagar hatte Gott nicht einmal um Hilfe gebeten. Wie viel mehr wird unser himmlischer Vater uns weiterhelfen, wenn wir ihn darum bitten? Erinnern Sie sich an jene Flagge von meinem Spaziergang am 11. September? Sie war eine Gebetserhörung. Was besonders wichtig ist: Auf eine solche Bitte wäre *ich von selbst nie gekommen.* Wir können Gott vertrauen, dass er uns den Anhaltspunkt zeigt, den wir brauchen. Und es wird die bestmögliche Ausgangsposition sein. Es kann ein Gegenstand sein, eine Idee, ein Telefonanruf oder der Einfall, wen Sie anrufen können. Es kann ein Lied oder ein Bibelvers oder eine kleine Betätigung sein.

Tun Sie es. Egal, wie paradox es erscheinen mag – Brot backen und Flaggen aufstellen haben eine wohltuende Wirkung, auch wenn sie keinen Sinn ergeben. Wenn Sie das getan haben und diesen Ansatzpunkt nun gefunden haben, nehmen Sie sich einen Augenblick Zeit und lassen das Gefühl auf sich wirken. Auf dem Hochseil müssen Sie Ihre Gliedmaßen benutzen, sobald Sie einen Schritt gegangen sind, um sich ein wenig auszubalancieren, bevor Sie den nächsten Schritt gehen. Wenn Sie zu schnell losstürmen, wirft Sie das höchstwahrscheinlich wieder aus dem Gleichgewicht, das Sie mit dem letzten Schritt gefunden haben. Lassen Sie Ihren kleinen Schritt das bewirken, wozu er da ist: Ihnen Gleichgewicht geben. Erst wenn Sie spüren, wie gut das tut, beten Sie für den nächsten kleinen Schritt. Und dann gehen Sie weiter.

 Sich der Angst stellen

Wo versuchen Sie, alles wieder *gut* zu machen? Können Sie Ihre Gedanken in eine neue Richtung lenken: darauf, wie Sie einfach die gegenwärtige Situation *besser* machen können? Welche kleinen Schritte können Sie heute gehen?

■ *Sich gegen die Angst wappnen*

Atmen Sie tief durch und zählen Sie dabei von fünfzig rückwärts. Atmen Sie bei fünfzig ein und bei neunundvierzig aus. Atmen Sie bei achtundvierzig wieder ein und so weiter. Tun Sie das, bis Sie bei zwanzig ankommen. Atmen Sie dann voll durch – bei neunzehn einatmen *und* ausatmen, bei achtzehn einatmen und ausatmen usw., bis Sie bei eins ankommen. Es ist unmöglich, dass Sie bei eins noch genauso angespannt sind, wie Sie es bei fünfzig waren.

Der Herr ist gütig und gerecht, voll Erbarmen ist unser Gott. Der Herr schützt alle, die sich selbst nicht helfen können. Ich war schwach und er hat mir geholfen. Nun kann ich wieder zur Ruhe kommen, denn der Herr ist gut zu mir gewesen.

Psalm 116,5-7 (L)

Durch gute Vorbereitung können wir Ängste abbauen

Überlebenstraining in der Fußgängerzone

Heutzutage ist es nicht leicht, Teens zu erziehen. Die Kinder brauchen einerseits Selbstständigkeit, und doch kommen sie einem wie lebende Zielscheiben für die Gefahren dieser Welt vor. Sie sind fast alt genug, um vieles allein zu tun – aber dieses *Fast* ist ein großes, umstrittenes Meer an Zweifeln und Angst.

Es kostet mich viel Überwindung, an meiner Überzeugung festzuhalten, dass meine elfjährige Tochter lernen muss, allein zurechtzukommen. Das Leben ist in diesem Alter schon schwer genug. Warum also nicht vermeidbare Probleme ausklammern, die alles nur noch schlimmer machen? Aber sie muss aus ihren Fehlern lernen und darf sich nicht mehr darauf ausruhen, dass ich alles für sie in Ordnung bringe (obwohl ich das liebend gern tun würde!).

Mandy ist von Natur aus vorsichtig, und ich würde ihr einen schlechten Dienst erweisen, wenn ich sie nicht aktiv darin unterstützen würde, unnötige Ängste angemessen zu überwinden. Sie muss lernen, in einer schwierigen Situation allein zurechtzukommen, Lösungen für knifflige Probleme zu finden und auf eigenen Beinen zu stehen. Gute, lebensnotwendige Fortschritte und Reife bekommt man allerdings *nicht ohne Risiko*. Einfach ausgedrückt, ich sollte mein kleines Küken Schritt für Schritt aus dem Nest treiben, oder es wird nie lernen zu fliegen.

Keine gute Adlermutter wird ihr Junges einfach so aus dem Nest werfen. Es geschieht in kleinen Schritten. Durch kleine Anstöße. Das führt uns in die Fußgängerzone.

Fußgängerzonen gehören untrennbar zum Leben von Teenagern. Hier spielt sich das gesellschaftliche Leben ab, ob uns das gefällt oder nicht.

Bevor Sie jetzt einen Herzanfall kriegen: Ich lasse meine elfjährige Tochter nicht allein in die Stadt gehen. *Noch* nicht. Ich will, dass sie und ich uns an die Vorstellung gewöhnen, dass sie unbeaufsichtigt irgendwohin geht, und an alles, was mit dieser Selbstständigkeit verbunden ist. Deshalb begann ich, als sie zehn war, mir Gedanken zu machen, wie diese kleinen Anstöße aussehen könnten.

Ich musste mir ein gutes Trainingsprogramm ausdenken. Ja, *ausdenken*. Bewusst überlegen, wie wir den Weg von Völlig-unter-Mamas-Fittichen zum Flüggewerden beschreiten sollten. Der springende Punkt war, dass dieses Programm nicht in einem einzigen Schritt zu bewältigen ist. Wenn wir uns klarmachen, welche Entwicklungsschritte bei unseren Kindern bald anstehen, und anfangen, ein paar Anstöße zu geben, um sie darauf vorzubereiten, fahren alle gut damit.

Ich werde Ihnen beschreiben, wie wir diese Herausforderung angingen (und immer noch angehen) – mit all ihren kleinen Anstößen –, damit Sie eine Vorstellung bekommen, worauf ich hinauswill. Nehmen Sie sich dann etwas Zeit und überlegen Sie, was in der nächsten Zukunft auf Ihre Kinder zukommt (und Ihnen als Mutter Angst macht), und überlegen Sie, welche Taktik Sie vielleicht anwenden können.

Der erste Schritt war es, zu überlegen, was man können muss, um sich allein in der Fußgängerzone zurechtzufinden. Eine der Grundvoraussetzungen war es, dass Amanda wissen musste, wie sie zu einer bestimmten Zeit an einem bestimmten Ort sein konnte. Das war ein guter Ansatz für Gespräche. Wir unterhielten uns darüber, dass sie einen Treffpunkt erkennen und sich ausrechnen können müsse, wie viel Zeit es dauerte, um von dort, wo sie ist, zum Treffpunkt zu kommen, und dass sie den Weg finden müsse. So begann das Unabhängigkeitstraining meiner Tochter.

Schritt zwei bestand darin, durch die Fußgängerzone zu marschieren und uns ein paar gute Treffpunkte auszusuchen. Ich ließ mir von ihr zeigen, wo McDonald's und Burger King waren.

Schritt drei bedeutete, sie zehn Minuten lang allein in einem kleinen Geschäft einkaufen zu lassen – während ich natürlich vor dem einzigen Ausgang stand und versuchte, ruhig und unauffällig auszusehen, obwohl sich meine Fingernägel in meine Papier-kaffeetasse bohrten. Es war eine Prüfung. Wir hatten es so vereinbart. Ihre Aufgabe war es, ihre zehn Minuten so zu verbringen, wie sie wollte, aber dafür zu sorgen, dass sie wieder bei mir auftauchte, wenn die Zeit um war. Ich gebe zu, das war ein extremes Beispiel, aber dadurch war es akzeptabel – für uns beide. Mandy bestand den Test mit Auszeichnung.

Schritt vier bedeutete eine längere Zeit ohne Aufsicht, aber mit einer Freundin. Ich bin nicht bereit – und ich weiß nicht, ob ich das je sein werde –, Mandy *allein* durch eine große Stadt gehen zu lassen. Das System bei Klassenausflügen, dass man immer mindestens zu zweit unterwegs sein sollte, ist für mich eine Grund-regel. Bei zehnjährigen Mädchen, die anscheinend sowieso nur in Gruppen existieren, ist das kein großes Problem. Gibt man aber ein paar Jahre dazu und bringt ein paar Jungen ins Spiel, ist es be-timmt nicht mehr so einfach.

Mandy und ihre Freundin hatten eine Stunde, in der sie mit-einander durch die Fußgängerzone gehen konnten. Danach sollten sie mich an einem vorher festgelegten Punkt treffen. Ich hatte die Mutter der Freundin angerufen und ihr erklärt, was ich vorhatte (ihr gefiel die Idee, denn ihre Tochter brauchte auch ein wenig Unabhängigkeitstraining), und wir hatten einen Termin vereinbart. Ich blieb während dieser Zeit auch in der Fußgängerzone und bemühte mich nach Kräften, sie nicht zu beschatten. Das war wirklich schwer.

Schließlich landete ich in einem Kosmetiksalon und ließ mir die Fingernägel maniküren, weil der Salon eine riesige Glasfront mit einer guten Aussicht auf die Fußgängerzone hatte.

Mandy und ihrer Freundin war absolut klar, dass sie die Prüfung nicht bestanden hätten, wenn sie nicht pünktlich zur vereinbarten Zeit am Treffpunkt auftauchten. Ich gestand ihnen keine zwei Minuten Verspätung zu (wie gut doch Digitaluhren sind!). Es war ein Test. Wenn sie den nicht bestanden, könnten wir nicht zum nächsten Schritt weitergehen. Das wussten sie. Dass wir dem Verhalten der Mädchen so viel Bedeutung beimaßen, zeigte ihnen hoffentlich, dass mit zunehmender Unabhängigkeit auch die Verantwortung wächst. Wir besprachen vorher, was sie tun würden, falls dies oder jenes passieren sollte – wenn sie zum Beispiel irgendwo nicht fortkamen, weil sie in einer Schlange an der Kasse anstanden, oder wenn sie sich aus den Augen verloren oder wenn ein Fremder sie ansprach usw. Kurz gesagt, wir gaben ihnen das mit auf den Weg, was sie brauchten, um mit der Situation richtig umzugehen. Sie übertrafen meine Erwartungen.

In den nächsten Schritten verlängerte ich die Zeit, die ich ihr einräumte, aber immer mit einer Freundin und immer war ich irgendwo in der Fußgängerzone. Ich weiß immer noch nicht, was mich überzeugen wird, dass sie so weit ist, sich in der Stadt aufzuhalten, ohne dass ich irgendwo in der Nähe bin. Andererseits ist es gar nicht so schlimm, zwei Stunden in der Fußgängerzone zu verbringen und nichts anderes tun zu müssen, als sich vor den Kindern nicht blicken zu lassen. So hat jeder etwas davon. Und ich fühle mich gut dabei, dass meine Tochter in kleinen, sicheren Schritten lernt, allein zurechtzukommen.

Warum mache ich mir die ganze Mühe? Weil – und ich denke, das muss klar gesagt werden – *es gut für sie ist, allein zu sein.* Es ist wichtig, dass ich sie bewusst dahin führe, von mir unabhängig zu werden. Das ist meine Aufgabe als Mutter. Ja, ich ziehe sie groß, aber ich muss sie nach und nach loslassen und ihr auf den richtigen Weg helfen. Es ist meine Aufgabe, die Angst auszuhalten, die es mit sich bringt, sie als vernünftige Erwachsene ihren Weg gehen zu lassen. Ich muss außerdem meine eigene Angst, dass ihr etwas zustoßen könnte, aushalten und besiegen. Denn so Furcht einflößend es ist, mir das einzugestehen: Ihr wird etwas zustoßen. Früher oder später werden ihr schlimme Dinge passieren. Meine Aufgabe ist es, mein Möglichstes dafür zu tun, dass sie sich davon nicht aus der Bahn werfen lässt. Kleine Schritte führen zu diesem Ziel.

Das alles klingt nach viel Strapazen und großen Planungsanstrengungen – mühsames und wohl überlegtes Planen. Wenn Sie alle Hände voll damit zu tun haben, den Geschirrspüler auszuräumen oder zum fünften Fußballtraining in dieser Woche zu fahren, erscheint es Ihnen unmöglich, auch noch die Selbstständigkeit Ihrer Tochter zu vergrößern. Wie können wir eine solche Sensibilität bekommen? Und zu einer vorausschauenden Erziehung gelangen, die nicht erst im Nachhinein reagiert? Wie bekämpfen wir Ängste, die wir noch gar nicht klar benennen können?

Die Antwort findet sich nicht in der Technologie, Psychologie oder Physiologie des einundzwanzigsten Jahrhunderts. Sie liegt im jahrhundertealten Prozess des Schreibens. Eines Ihrer besten Hilfsmittel als Mutter – besonders im Kampf gegen Angst – sind Papier und Bleistift.

Wenn wir ein haariges Problem zerpflücken oder lösen müssen, ist es eine hervorragende Hilfe, alles aufzuschreiben. Meine Augen leuchteten auf, als ich in Susan Shaughnessys Ratgeber für Schriftsteller las: »Ein Schriftsteller ohne Tagebuch ist wie ein Hochseilartist, der ohne Netz arbeitet.«[10] Egal, ob wir Schriftsteller sind oder nicht, alles, was einem Hochseilartisten als Netz dient, verdient unsere Aufmerksamkeit. Ich würde diesen Satz umformulieren: »Eine Mutter ohne Tagebuch ist wie ein Hochseilartist ohne Netz.« Besonders für uns Mütter gilt ein anderer Satz aus diesem Buch: »Ein Schriftsteller benutzt ein Tagebuch, um den neuen Schritt vor dem Spiegel auszuprobieren.«

Mütter benutzen ein Tagebuch, um vor dem Spiegel den neuen Schritt auszuprobieren, das neue Stadium, den neuen Anstoß. Um das riesengroße Langzeitprojekt, die Erziehung unserer Kinder, in mundgerechte Stücke zu unterteilen. Die Anstöße zu finden, die uns und unseren Kleinen aus dem Nest heraushelfen, damit wir fliegen lernen. Auch wenn Sie nicht die geringsten literarischen Ambitionen haben, ist ein Tagebuch ein sicherer Ort, an dem Sie alles herauslassen können. Wenn ich ein Problem in all seinen peinlichen Details, mit allen denkbaren Nebenwirkungen und Konsequenzen, aufschreibe, bekomme ich es wieder besser in den Griff. Das Papier ist ein sicherer Ort, an dem wir dem Entsetzen – oder auch nur der Komplexität – ins Gesicht schauen können. Irgendwie sagt mir mein Verstand: Wenn ich ein Problem auf dem Papier umreißen kann, ist es nicht so groß, dass ich nicht damit fertig werden könnte.

Ein Tagebuch hat etwas Magisches an sich. In einem Tagebuch kann ich gedanklich durchspielen, wie ich Dinge besser in den Griff bekommen könnte. Ich kann mein emotionales Sicherheitsventil öffnen und ein wenig in einem Szenario, das im schlimmsten Fall passieren könnte, eintauchen, oder ich lasse einfach alle Gefühle heraus, damit sie mich innerlich nicht auffressen. Ich kann für mich allein ein Empfinden oder eine Lösung ausprobieren, die ich in der Realität noch nicht umsetzen kann. Im Tagebuch kann ich Pläne und Ideen ausprobieren, wie ich von meinem derzeitigen Standpunkt zu meinem Ziel kommen kann.

10   Susan Shaughnessy: Walking on Alligators, New York, 1993.

Ich habe von meinen Eintragungen einige sehr gute Anstöße bekommen. Es gibt Tage, an denen ich das Gefühl habe, als diktiere Gott mir laut und deutlich, was ich schreiben soll. Die einleuchtenden Schritte springen mir förmlich entgegen. Dann gibt es Tage, an denen ich meinen Gedanken einfach freien Lauf lasse, um sie damit aus der Welt zu schaffen. Es gibt Listen, Tabellen, Seiten mit reinem Unsinn, Fragen, die sich im Kreis drehen, und Pfeile, die über vier Seiten von einem Absatz zum anderen weisen. Andere Stellen sind von großer Klarsicht und stecken voll großer Lösungen; wieder andere Seiten dümpeln nur im Trüben. Ich glaube, diese nebulösen Seiten sind genauso wichtig wie die klaren, denn *jedes* Stadium des Prozesses trägt zu unserem Vorankommen bei.

Die Freiheit, die die Privatsphäre eines Tagebuchs schenkt, öffnet Räume, die manchmal einfach nur frische Luft brauchen. Andernfalls würden diese Gedanken und Ängste vielleicht ungelöst in der Luft hängen und wichtigeren Entscheidungen im Weg stehen.

Wir können vor der Angst davonlaufen, aber in vielen Fällen ist es viel vernünftiger, von ihr wegzu*gehen*. Schritt für Schritt. Behutsame Anstöße bringen uns dazu, die kleinen Schritte, die unser Mut noch zulässt, zu gehen. Das Fantastische dabei ist, dass sogar winzige Schritte Sie weiter von der Angst wegführen. Schrittchen für Schrittchen, Seite für Seite erleben Sie, dass Sie weit genug von einer Angst abrücken, um sie *wirklich* mit der richtigen Perspektive und ohne Panik zu sehen. Dann – und nur dann – können Sie überlegt handeln.

Mit dem richtigen Abstand werden Sie häufig erkennen, dass es nicht halb so schlimm ist, wie es aus der Nähe ausgesehen hatte. Und damit wächst der Mut.

 Sich der Angst stellen

In welchen Bereichen müssen Sie überlegen, wie Sie Ihre Kinder loslassen und auf den richtigen Weg führen können? Welche Entwicklung zeichnet sich ab, worauf Sie Ihre Kinder allmählich vorbereiten sollten? Vergessen Sie nicht: Es ist ein wichtiger Entwicklungsschritt, dass Ihre Kinder (wie ihre Mutter auch) ihre Bequemlichkeit aufgeben.

◼ *Sich gegen die Angst wappnen*

Fangen Sie ein Tagebuch an. Nehmen Sie sich die Zeit und suchen Sie sich einen ungestörten Platz, um alles schriftlich zu verarbeiten. Schon zehn Minuten am Tag können Ihnen helfen, mit einem schwierigen Problem besser klarzukommen oder eine differenzierte Strategie zu entwickeln.

● Vertrauensvers

Wenn ein Mensch zielstrebig gehen kann, verdankt er das dem Herrn, der ihn liebt. Und wenn er einmal fällt, bleibt er nicht am Boden liegen, denn der Herr hilft ihm wieder auf.

Psalm 37,23-24 (Hfa)

*W*ir können unsere Angst austricksen

Der Zauberpyjama, der Angst bekämpfen kann, und andere absurde Waffen

Im letzten Kapitel haben wir erfahren, dass die besten ersten Maßnahmen oft paradox erscheinen. Jetzt möchte ich einige noch absurdere erste Schritte vorstellen, die zu den tragfähigsten Anhaltspunkten überhaupt werden können. Unlogische Schritte sind hervorragend geeignet für sehr große Ängste. Man *muss* manchmal einfach irrational sein, um gegen die wirklich großen Sachen anzukämpfen, glaube ich.

Egal, ob sie sich dumm anhören, die besten ersten Maßnahmen müssen einem das Gefühl geben, man tue etwas. Selbst wenn es nur schreien ist. Ich will Ihnen dazu ein Beispiel erzählen.

Als ich klein war, hatte ich eine rational nicht zu erklärende, tiefe Angst vor Sirenen. Diese Angst ist bei Kindern wahrscheinlich stark verbreitet. Dieser hohe, durchdringende Ton wird sofort mit unguten Dingen in Verbindung gebracht.

Dann lernte ich, dieses Geräusch neu einzuordnen: Sirenen sind kein Zeichen für Probleme. Sie bedeuten vielmehr: *Hilfe ist unterwegs.* Wenn Sie in einem brennenden Haus eingeschlossen sind, bedeutet dieses Sirenengeräusch, dass die Feuerwehr anrückt, um Sie zu retten. Wenn ein Freund bewusstlos auf dem Boden liegt, verkünden die Sirenen, dass der Notarzt und die Sanitäter jeden Augenblick durch die Tür stürmen und ihm helfen.

Jedes Mal, wenn meine Kinder und ich eine Sirene hören, rufen wir alle laut: »Hilfe ist unterwegs!« Je größer die Panik ist, umso lauter schreien wir – oft sind wir genauso laut wie das Sirenengeheul, wenn nicht sogar noch lauter. Es funktioniert.

Ich freue mich, dass ich dieses wirksame Mittel gegen Angst an meine Kinder weitergeben konnte. Ihre Angst vor Sirenen dauerte höchstens zwei Tage. Ein paar Mal »Hilfe ist unterwegs!« schreien, und alles war vorbei, und das nur wegen dieser kleinen Umdeutung.

Manchmal ist es jedoch besser, gar nichts zu unternehmen, sondern nur zu fühlen. Gefühle kann man sehr wirkungsvoll als erste Maßnahme einsetzen. Warum? Weil Gefühle einen direkten Zugang zu den Bereichen unseres Körpers haben, in denen Vernunft nicht gilt. Sie sind ein direkter Weg zu unserer Psyche, da sie unser bewusstes Denken umgehen.

Deshalb erkläre ich Ihnen nun, dass einer der wichtigsten ersten Mittel gegen Angst greifbar in Ihrer Nähe liegt. In Ihrem Schlafzimmerschrank: Ihr Pyjama.

Ja, Sie haben richtig gelesen. Mit einem Pyjama können Sie Angst bekämpfen.

Ich kann mir gut vorstellen, dass Sie jetzt denken: »Ich war ja noch bereit, die Sache mit dem Brotbacken zu akzeptieren, auch wenn das schon recht weit hergeholt war, aber jetzt geht sie eindeutig zu weit.« Lesen Sie trotzdem weiter, denn dies ist eine der besten Taktiken gegen Angst, die ich kenne.

Erstens glaube ich, dass Pyjamas helfen, *gerade weil* dieser Gedanke so abwegig erscheint. Es ist ein bisschen verrückt, und das ist eng verwandt mit lustig. Pyjamas stehen für Wärme, Behaglichkeit, Ruhe. Mit einem Pyjama verbinde ich keine stressige Situation. Ein Pyjama ist weich, kuschelig und warm. Unser Körper erkennt ihn sofort. Wenn wir unseren Pyjama anziehen, kann das positive Körpergefühl, das er vermittelt, unseren Pulsschlag verlangsamen. Es spielt keine Rolle, ob unser Verstand uns das abkauft; unser Unterbewusstsein weiß genau, wie es dieses Gefühl verarbeiten muss.

Probieren Sie es einfach einmal aus, selbst mitten am Tag. Wenn Sie angespannt sind und nicht klar denken können, ziehen Sie für eine Stunde Ihren Pyjama an und schauen Sie, was passiert. Es funktioniert. Wirklich. Es überrascht mich überhaupt nicht, dass Pyjamas in Mode gekommen sind. Wir brauchen sie. Wir sehnen uns nach dem, was sie verkörpern.

Solche scheinbar kindischen Mittel wie Schreien und Pyjamas helfen, weil sie eine kinästhetische Erinnerung sind – ein Impuls unseres Körpers, der direkt von unseren Sinnen kommt. Ein grundlegender Reiz, der unseren Verstand umgeht und geradewegs zu unserem Körper spricht. Deshalb ist eine Umarmung eine *Umarmung*. Und deshalb ist eine Kuscheldecke eine *Kuscheldecke*.

Keine Mutter wird die Macht von Kuscheltieren oder Ähnlichem unterschätzen. Wer schon versucht hat, einem Kleinkind seine Kuscheldecke abzugewöhnen, weiß, welche Stärke diese ausgefransten Stofffetzen haben. Wir Erwachsenen denken gern, wir wären über das Kuscheldeckenalter hinaus, aber manchmal stehen wir uns damit selbst im Weg. Wenn wir gestresst sind, Angst haben und nicht klar denken können, zahlt es sich aus, sich diese Gefühle zunutze zu machen. Natürlich ist das an sich noch keine Lösung, aber es kann die Situation so weit entschärfen, dass unser Verstand wieder eine Chance bekommt, sich einzuschalten. Dann erkennen Sie vielleicht den ersten Schritt, mit dem Sie etwas besser machen können.

Wenn es nicht der Pyjama ist, spricht vielleicht etwas anderes unsere Sinne an. Mein Vater war Immobilienmakler. Lange bevor man etwas von Aromatherapie wusste, kannte er die physiologische Macht von Düften. Er rieb ein paar Tropfen Vanillearoma auf die Glühbirnen, wenn er ein Haus verkaufen wollte. Warum? Weil es nach Plätzchenbacken riecht. Was könnte anheimelnder sein?

Backen. Stricken. Warme Socken. Der Klang des plätschernden Regens auf dem Dachfenster. Die Wärme und der Duft einer Tasse heißen Tees. Das Lieblingssweatshirt Ihres Mannes. Die Brandenburger Konzerte. Eine rote Clownnase. Tun Sie, was Ihnen als Erstes in den Sinn kommt, und nehmen Sie Ihren Impuls nicht mit logischen Argumenten auseinander. Ich habe die Erfahrung gemacht, je irrationaler es ist, umso besser wirkt es. Egal, was es auch ist, Sie werden es schnell herausfinden. Wenn Sie es entdeckt haben, sagen Sie nicht, es sei dumm oder überflüssig. Setzen Sie dieses wirksame Mittel zu Ihrem eigenen Vorteil ein.

Eines meiner Lieblingsbeispiele dazu stammt aus meinen Tagen als berufstätige Mutter. Das tägliche Trennungsritual, vor dem berufstätigen Müttern graut, ist im Grunde nicht viel anders als die Trennungsangst, die als universeller Fluch auf allen Müttern lastet. Es gibt Tage, an denen wir und unsere Kinder fröhlich zum Abschied winken und jeder für sich in sein tägliches Abenteuer aufbricht, ob zur Schule oder in den Supermarkt. Dann gibt es aber auch die Tage, an denen man ein Gefühl hat, das eine Mutter so beschrieb: »Es reißt uns schier das Herz aus dem Leib, sie ohne uns herumlaufen zu lassen.«

Ich las irgendwo vom Ritual einer Mutter, die ihrer Tochter einen Kuss auf die offene Handfläche gab. Das ist an sich schon ein zärtlicher Akt, aber mich faszinierte an diesem Beispiel besonders, dass sich das Kind durch seine Sinne daran erinnern konnte. Diese Mutter trug immer einen sehr kräftigen Lippenstift. Wenn sie sich verabschiedete, gab diese Mutter ihrer Tochter nicht nur einen spürbaren Kuss, sondern auch einen sichtbaren Lippenabdruck auf die Handfläche. Mit anderen Worten, einen Kuss, den ihre Tochter nicht nur fühlen und an den sie sich erinnern konnte, sondern einen Kuss, den sie auch noch eine Weile *sehen* konnte. Ich habe den Eindruck, je mehr Sinne man anspricht, umso stärker ist die Wirkung. Immer, wenn sich dieses kleine Mädchen allein fühlte oder Angst bekam, konnte es seine Handfläche anschauen, den Beweis für die Liebe seiner Mutter mitten auf der Handfläche sehen und mit seiner kleinen Kinderhand den Kuss der Mutter berühren. Ich habe diese Idee jedes Mal mit Gewinn übernommen, wenn meine kleinen Kinder und ich länger voneinander getrennt sein mussten.

Erwachsene brauchen auch Trost, der über Gefühle vermittelt wird. Als meine Mutter starb, hatte ich den mit Vernunft nicht zu erklärenden Wunsch, ihren Schmuck zu tragen. Sobald ich einige Schmuckstücke von ihr in die Hände bekam, legte ich sie mir an. Nicht weil ich es auf Diamanten abgesehen hatte, sondern weil der Schmuck *ihr* gehört hatte. Der Bestattungsunternehmer gab mir die Ringe, die sie trug, als sie starb. Ich habe sie seitdem nicht mehr abgenommen. Nicht weil sie so schön sind – obwohl sie es wirklich sind –, sondern weil sie ihre Haut berührt hatten. Weil sie mir wie angegossen *passen*. Das gibt mir ein tiefes, unerklärliches Gefühl von Beständigkeit. Den Klang ihres Schmucks gibt es nur ein einziges Mal auf der Welt, und wenn ich ihn höre, ist sie irgendwie bei mir. Das ist eine Erinnerung der Sinne. Ich hielt das anfangs für albern und dumm, aber inzwischen erkenne und schätze ich den Seelentrost, den ich dadurch bekomme.

Beim Lieblingspullover Ihres Mannes geht es nicht um die Farbe oder Form – es geht darum, wie er ihn ausgebeult hat, dass er etwas nach ihm riecht, was für ein Gefühl es auf Ihrer Wange ist, wenn Sie sich an ihn kuscheln –, das alles sind Erinnerungen der Sinne. Bei Kuscheldecken geht es nicht darum, was sie *sind*, es geht hauptsächlich darum, *wo sie gewesen sind.* Deshalb lassen unsere Kleinen uns nur unter Protest ihre Decken waschen – für uns sind sie schmutzig, aber für unsere Kinder sind es Erinnerungen der Sinne.

Nutzen Sie diese Kraft für sich. Gibt es einen Gegenstand, den Sie in stressigen Zeiten mit Ihren Kindern teilen können? Ich gebe meinen Kindern oft ein Hemd, einen Schal oder etwas anderes von mir, das sie mit ins Bett nehmen können, wenn sie Angst haben oder wenn ich weit weg bin. Der Pyjama, den ich bei Christopher im Krankenhaus anhatte, ist abgetragen, aber für mich ist er sehr tröstlich. Ich werde ihn nie wegwerfen. Was halten Sie von der Idee, einen Quilt aus bedeutungsvollen Kleidungsstücken in Ihrem Leben anzufertigen – die Bluse, die Sie anhatten, als Sie Ihren Mann kennen lernten, das erste Fußballtrikot Ihres Sohnes, eine Babydecke, der Schal, den Sie in der Bretagne im Urlaub gekauft haben.

Es ist klug, Ihren Sinnen das zu erlauben, was der Verstand oft nicht schafft: Ruhe zu vermitteln. Machen Sie sich das zunutze.

◆ Sich der Angst stellen

Welche Sinneseindrücke vermitteln Ihnen Frieden? Welche Lieblingskleidungsstücke geben Ihnen Trost? Wie könnten Sie Ihre Sinne benutzen, um in einer stressigen Situation zur Ruhe zu kommen?

■ Sich gegen die Angst wappnen

Wenn Sie vor Sorge nicht mehr klar denken können, schlüpfen Sie in Ihren Pyjama. Ziehen Sie Ihre Lieblingssocken, Ihre bequemsten

Hausschuhe, Ihren kuscheligsten Bademantel an und schauen Sie, ob das Problem dann nicht ein klein bisschen weniger bedrohlich wirkt.

🌑 Vertrauensvers

Der Herr ist mein Hirte, mir wird nichts mangeln. Er weidet mich auf einer grünen Aue und führet mich zum frischen Wasser. Er erquicket meine Seele.

Psalm 23,1-3 (L)

Ein kleiner Anstoß

Die Taktik, uns schrittchenweise von der Angst zu entfernen, ist nicht so angenehm, wie wir das vielleicht gern hätten. Die meisten würden viel lieber losstürmen und das Problem mit einem Schlag beheben. Aber Schwierigkeiten lösen sich nur selten so leicht. Viel häufiger werden Probleme in kleinen Schritten, durch kleine Anstöße gelöst.

Anstöße zur Entwicklung zu geben gehört zu den wichtigsten Aufgaben von Eltern. Kinder entwickeln sich durch Anstöße weiter. Sie lernen durch Anstöße. Sie werden in kleinen Schritten nach und nach erwachsen. Eine gute Erziehung bedeutet, das Leben in mundgerechte Happen aufzuteilen.

Es ist vernünftig, nicht zu vergessen: Wenn sich die Entwicklung schrittweise vollzieht, dann kommt auch der Mut in kleinen Schüben. Im Zeitalter von »Instantlösungen für alle Probleme« verfällt man leicht der Illusion, wir bräuchten nur die richtige

Strategie, dann ginge es uns morgen gut, und wir hätten keine Angst mehr. Von unserem Seelenfrieden trennt uns nur eine Diät, ein Selbsthilfebuch oder eine Seelsorgekonferenz. Nur sehr weniges im Leben funktioniert auf diese Weise. Deshalb ist Geduld eine so wichtige Tugend.

Ich hatte gedacht, nach vier oder fünf Unterrichtsstunden könnte ich über das niedrige Drahtseil gehen. Es dauerte Monate. Ich wollte den Unterricht in sechzigminütigen Einheiten, aber meinem Trainer war klar, dass ich die ersten paar Male nicht mehr als dreißig Minuten schaffen würde. Er hatte Recht; schon nach fünfundzwanzig Minuten war ich körperlich und geistig am Ende.

Ich stürzte oft ab. Dadurch wurde ich total verspannt und zweifelte an dem ganzen Sinn meines Unternehmens – und stürzte noch häufiger ab. Das änderte sich, als mein Lehrer mich in ein Gespräch verwickelte, sobald ich den Fuß auf das Seil setzte. Er erkundigte sich nach meinem Buch, nach meinen Kindern, nach allem Möglichen, um mich zum Reden zu bringen. Dann ermunterte er mich, einfach mit ihm zu plaudern, während ich auf dem Drahtseil stand. So überlistete er meinen überanalytischen Verstand, damit mein Körper richtig agieren konnte. Weil ich nun an zwei Dinge gleichzeitig denken musste, konnte ich nicht mehr verkrampft darauf achten, dass ich hinunterfallen könnte. Stattdessen konzentrierte ich mich auf unser Gespräch und begann einfach zu gehen. Am leichtesten kam ich auf die andere Seite, als er mich aufforderte, einfach »hinaufzusteigen und loszugehen«. Ich streckte meinen Fuß aus, fand das Drahtseil und ging dann einfach Schritt für Schritt weiter. Das heißt nicht, dass ich die vielen Trainingsstunden nicht gebraucht hätte, aber der Erfolg stellte sich erst ein, als ich aufhörte, mir zu viele Gedanken zu machen, und einfach weiterging.

Gott teilte den Jordan erst, *nachdem die Israeliten ihren Fuß ins Wasser gesetzt hatten.* Maria musste zuerst Ja sagen, bevor der Heilige Geist über sie kam und sie die Mutter Jesu wurde. Machen

Sie sich klar, dass Gott vielleicht darauf wartet, dass Sie den ersten Schritt im Glauben gehen, den kleinen Schritt finden und sich in Bewegung setzen, bevor er Ihnen die Gnade und Führung schenkt, die Sie brauchen, um eine Aufgabe zu Ende zu bringen. Er schickte Hagar nicht den Brunnen, er öffnete ihr nur die Augen, damit sie ihn sehen konnte. Sie musste aufstehen, hingehen und selbst Wasser schöpfen. Gott schickte ihr auch keine volle Mahlzeit; er begann mit einem Schluck Wasser.

Sie denken vielleicht, wenn ich einen Pyjama anziehe, statt meine Ängste genau zu analysieren, würde ich das Problem verharmlosen. Das stimmt nicht. Wenn wir glauben, dass wir unseren Verstand umgehen müssen, steckt darin die Erkenntnis, dass wir uns nicht mit bloßer Willenskraft aus irgendeiner Angst befreien können. Nicht alles im Leben ist einfach »Kopfsache«. Wenn wir uns unsere Sinne zunutze machen, um unsere Angst abzubauen, ist das weder ein Taschenspielertrick noch Fassade. Wir nutzen lediglich jede Möglichkeit, um ein Ziel zu erreichen. Wir verschaffen unserem Verstand so viel Klarheit, dass er ein schwieriges Problem lösen kann.

Bei alledem geht es in der Hauptsache darum, dass wir in Bewegung bleiben, dass wir uns von der Angst nicht lähmen lassen. Dabei spielt es keine Rolle, wie winzig die Schritte sind, mit denen Sie sich von der Angst entfernen – oder Ihren Kindern Anstöße geben, um Mut zu finden. Vorwärts ist vorwärts. Ein Schritt ist ein Schritt – ob er nun groß ist oder klein.

Sie sind auf dem Weg. Und allein das zählt.

Kapitel 7

Das Stolpern

»Ich habe immer Angst, dass ich irgendwo ein Kind
vergessen könnte.
Man hört immer wieder, dass so etwas vorkommt.
Ich weiß, dass es unwahrscheinlich ist,
aber ich habe trotzdem Angst, dass mir das passieren könnte.«

»Ich habe Angst, dass ich Gottes Rat, wie ich meine Kinder
erziehen soll, nicht ›höre‹,
und dass ich versage und sie nicht so erziehe, wie er es möchte.«

»Ich habe Angst, dass ich vergesse, die Zahnfee zu spielen –
noch einmal!«

»Ich habe Angst, dass meine Kinder mich später hassen und sich an
furchtbare Dinge erinnern werden, die ich gesagt und getan habe.
Ich habe Angst, dass etwas sie kaputtmacht und ich das nicht
verhindern kann.«

Was passiert, wenn wir stürzen?

Eine erschreckende Vorstellung von meiner Tochter Mandy, wenn sie Mitte zwanzig ist, lässt mir keine Ruhe. Ich kann mir alles ganz genau in allen grässlichen Einzelheiten vorstellen, weil ich es von mir selbst kenne. Sie sitzt mit einer Freundin in einem Café (es ist biologisch unmöglich, dass dieses Kind keinen Kaffee liebt), und sie reden miteinander. Nicht irgendwas, sondern solche Geschichten, die ich immer »Etta-Geschichten« genannt habe. Etta war meine Mutter.

Es gehört zu Frauenfreundschaften einfach dazu, dass man sich alles Mögliche und Unmögliche aus seinem Leben erzählt – ganz nach der Devise: Hast du noch was Schlimmeres auf Lager? Wir schildern unserer Freundin grässliche, fragwürdige, unüberlegte oder schlichtweg peinliche Dinge, die unsere Mütter getan oder uns angetan haben.

Meine Mutter besaß Heldenmut – im besten und manchmal auch im schlimmsten Sinne des Wortes. Damit konnte sie mich zum Wahnsinn treiben. Wir sahen die Welt mit ganz unterschiedlichen Augen. Wir liebten uns, aber in vielen Dingen waren wir wie Feuer und Wasser. Es gab also Etta-Geschichten in Hülle und Fülle. Genauso wie es – *keuch!, stöhn!* – Allie-Geschichten geben wird und auch schon gibt.

Wir werden als Mütter Unsinn bauen. Ganz sicher. Und zwar immer wieder. Wir sind unvollkommene, emotionale, jegliche Vernunft in den Wind schlagende, von Hormonen aufgewühlte, unter Schlafentzug leidende Menschen, und wir werden Fehler machen.

Mütter können deshalb den Verstand verlieren. Ich kann Ihnen gar nicht sagen, wie viele Mütter als eine ihrer größten Ängste angeben: »Dass ich meinen Kindern schade« oder »Dass ich nicht die Mutter bin, die meine Kinder verdienen«. Wir wollen das Beste für unsere Kinder, und wir reden uns ein, dass wir das vielleicht nicht schaffen. Wir sind perfekt darin, unsere Fehler aufzuzählen. Wir wollen für unsere Kinder die perfekte Mutter sein, sind uns aber darüber im Klaren, dass wir das nicht schaffen können.

Damit liegen wir richtig: Wir können keine perfekten Mütter sein. Wir sind nicht unfehlbar. Das gehört zu den grundlegenden Wahrheiten. Die Frage ist nicht, *ob*, sondern *wann* wir versagen werden. Verlassen Sie sich darauf: Wir werden als Eltern versagen. Und zwar oft.

Das stört uns gewaltig, weil wir natürlich wissen, wie viel bei der Kindererziehung auf dem Spiel steht. Manche leiden immer noch unter den Verletzungen ihrer eigenen schweren Kindheit. Wir ahnen instinktiv, welch großen Schaden wir anrichten können, und das macht uns Angst.

Außerdem wollen wir von unseren Kindern geliebt werden. Sie sollen in uns nette, liebende Mütter sehen, sie sollen uns jetzt bewundern und gut von uns sprechen, wenn wir nicht mehr da sind. Das wünschen wir uns, aber wir wissen, was wir für unsere eigenen Eltern empfinden und dass diese Gefühle genauso oft »schlecht« sind wie »gut« (wenn nicht sogar öfter).

Unsere Kinder werden nicht mit allem einverstanden sein oder genießen, was wir tun. Sie werden nicht aus allem, was wir machen, Nutzen ziehen können. Wir werden ihre Entwicklung behindern. Wir werden sie in Verlegenheit bringen. Wir werden ihnen wehtun.

Falls Sie sich irgendwelchen Illusionen hingegeben haben, Sie könnten eine außergewöhnliche Mutter sein, irgendwelchen Wunschträumen, dass Sie hier oben auf dem Drahtseil keinen Fehler machen, wäre jetzt eine gute Gelegenheit, sich von diesen Selbsttäuschungen zu verabschieden. So etwas gibt es einfach nicht. Wir können uns nichts Besseres erhoffen, als die beste Mutter zu sein, die in uns steckt. Mit all unseren Beschränkungen: mit unserer psychischen Verfassung, mit den bestenfalls lückenhaften Informationen und der begrenzten Zeit, die wir haben.

Das bedeutet, Stürze wird es garantiert geben, man kann sie nicht vermeiden

Täuschen Sie sich nicht. Die Schwerkraft siegt.

Wenn wir es jedoch richtig anstellen, gewinnt die Schwerkraft nur eine Schlacht.

Den Krieg gewinnt die Liebe.

Wir haben Angst, dass uns unsere Kinder wegen unserer Fehler hassen

Mamas Riesenaussetzer, weil sie rechtzeitig fortkommen wollte, damit alle ihren Spaß haben

Als Eltern werden wir zwangsläufig riesige Fehler machen. Ich erinnere mich an ein Mal, bei dem ich meine Kinder anschrie. *Ein Mal?* Dass ich nicht lache! Das glaubt mir sowieso niemand.

Ich erinnere mich also an das *schlimmste Mal*, als ich meine Kinder anschrie. Ich meine, *wirklich schrie.* Ich schrie mit Tränen in den Augen, schlug Türen zu, warf mit Gegenständen (nicht auf die Kinder) und war völlig am Ende meiner Nerven. Noch schlimmer war, wie ich heute mit Beschämung zugeben muss, dass es dabei um nichts ging, das ich heute als wichtig einstufen würde. Aber ist das nicht immer so? Die richtig großen Aussetzer – weil sie oft der letzte Tropfen sind, der das Fass zum Überlaufen bringt – haben wir oft nicht wegen wirklich wichtigen Dingen. Bei mir – und ich möchte wirklich am liebsten im Erdboden versinken, während ich das schreibe – ging es darum, das Gepäck ins Auto zu bringen, weil wir für ein Wochenende wegfahren wollten. Eine jener Situationen, bei denen es heißt: »Wir müssen rechtzeitig fortkommen, damit wir nicht in den Stau geraten.«

Nicht in den Stau geraten! Noch schlimmer war: Ich wollte rechtzeitig abfahren, damit die Kinder noch an diesem Abend im Swimmingpool im Hotel baden könnten. *Ich wollte also rechtzeitig fortkommen, damit alle ihren Spaß haben könnten.* Ich tobte so sehr, dass ich meine Kinder zum Weinen brachte, und das nur, weil ich wollte, dass sie ihren *Spaß* hätten.

Man hat keine Schwierigkeiten als Eltern, wenn alles glatt läuft. Aber unser Verhalten, wenn etwas schief läuft, zeigt, wie gut wir wirklich sind. Eleanor Roosevelt sagte einmal: »Eine Frau ist wie ein Teebeutel. Wie stark sie wirklich ist, zeigt sich, wenn sie in heißes Wasser geworfen wird.«

Als Eltern verbringen wir viel Zeit in heißem Wasser. Die Psychologin und Mutter Dr. Paulette Toburen erklärte mir, dass wir Fehler machen *müssen.* Kinder brauchen unvollkommene Eltern.

Wie bitte?

Ja, Sie haben richtig gelesen. Unsere Kinder müssen die Erfahrung machen, dass wir unvollkommene Eltern sind.

Der anerkannte Wissenschaftler D. W. Winnicott, der die Entwicklung von Kindern beobachtet, untersuchte über mehrere Jahre »den Wert einer unvollkommenen Erziehung«, wie er es nennt.[11] Er fand heraus, dass Fehler von Eltern sogar eine gute Grundlage für die Entwicklung von Kindern sind. Unsere Kinder müssen empathisches Versagen, wie Winnicott es nennt, erleben. Das heißt, sie lernen an unserem Beispiel, mit Versagen und Fehlern umzugehen. Wenn wir etwas verbocken oder ein Bedürfnis unserer Kinder nicht vollkommen stillen, findet ein lebenswichtiger Lernprozess statt: Sie lernen, zu kompensieren und selbst für ihre Bedürfnisse zu sorgen. Wenn wir allen Bedürfnissen unserer Kinder ständig nach-

---

11   D. W. Winnicott: The Child and the Family, London, 1957.

kommen, werden sie keine Strategien entwickeln, mit etwas selbst fertig zu werden. Wir müssen von Zeit zu Zeit an ihnen versagen, damit sie lernen, selbst stark zu sein.

Diese Sichtweise verschlug mir die Sprache. Meine Kinder brauchen meine Fehler. Und ich mache mir wegen meiner Fehler das Leben schwer! Dr. Toburen warnt vor der gefährlichen Illusion von perfekten Eltern und rät, lieber zu versuchen, Eltern zu sein, die gut genug sind und ihre Kinder lieben, Eltern, die ihren Kindern durch ihr eigenes Beispiel beibringen, dass man Fehler machen darf. Sie setzt Winnicotts Theorie in erstaunlich menschliche Worte um: »Wenn Mama Fehler machen und das verkraften kann, kann es das Kind auch.«

Meine Kinder können sich an meinen Riesenaussetzer, weil ich rechtzeitig fortkommen wollte, gut erinnern. Ich will hier nichts beschönigen: Diese Episode hinterließ bei ihnen einen bleibenden, schlechten Eindruck. Ich habe meine Kinder heute Morgen gefragt, nur um zu überprüfen, ob meine Annahme stimmt. Sie konnten mir jenen Tag in seinen hässlichen, bedauerlichen Einzelheiten genaustens schildern.

Ich hatte einen riesigen Aussetzer. Das wusste ich. Und sie wussten es auch. So wie ich mich draußen vor dem Haus benommen habe, wusste es wahrscheinlich auch die ganze Nachbarschaft.

Aber – und hier liegt der Knackpunkt – *das ist nicht das Einzige, woran sich meine Kinder erinnern*. Sie erinnern sich auch, dass ich nach meiner Explosion ins Haus ging, mich hinsetzte und weinte. Dann bin ich zu ihnen gegangen und habe um Verzeihung gebeten. Ja, sie hatten mir nicht gehorcht und sie hatten auf diese höchst nervtötende Art getrödelt, die Kinder so perfekt beherrschen, aber meine Reaktion hatte in keinem Verhältnis zu ihrem harmlosen Fehlverhalten gestanden.

Wir mussten einen Weg finden, unsere Wut zu überwinden und uns zur Vergebung durchzuschlagen. Das mühsame »Durchschlagen« war hauptsächlich bei mir nötig, denn meine Kinder vergaben mir schnell und ohne Vorbehalt. Ich saß auf dem Boden neben ihnen und streckte die Arme aus, weil ich eine riesengroße Umarmung brauchte. Sie kamen schnell auf mich zu, denn sie sahen, dass irgendwo unter dem ganzen Getobe die Mama steckte, die sie kannten. Ich wusste, dass meine Wut ihnen Angst eingejagt hatte. Sie wussten, dass ihr Verhalten bei mir das Fass zum Überlaufen gebracht hatte. Das Einzige, was uns aus diesem Abgrund wieder herausreißen konnte, war eine große Portion Vergebung. Es war ein zarter, tief gehender Augenblick, der mir heute noch Tränen in die Augen treibt.

Es ist ein Segen, dass unsere Kinder, obwohl sie uns ungeschminkt sehen und jede einzelne Unzulänglichkeit mitbekommen, uns trotzdem bedingungslos lieben. Dort auf dem Wohnzimmerteppich lernten wir, was es heißt, zu lieben. Ich kann das Hässliche, das an jenem Nachmittag geschah, nie auslöschen, aber diese Erinnerung ist verbunden mit der Erfahrung von Vergebung und Liebe. Susan Shaughnessy drückt es so aus: »Wir werden Fehler machen. Einige davon werden uns verfolgen. Wir müssen dafür sorgen, dass sie nicht *behindern*.«[12]

Ich habe versagt, und sie haben dadurch etwas gelernt. Winnicott hat also Recht. Dieses Erlebnis und viele meiner wertvollsten Erfahrungen habe ich gemacht, als ich nach einem spektakulären Sturz – entweder von mir oder von meinem Kind – wieder auf das Seil hinaufkrabbelte. In solchen Situationen, in denen die Gefühle offen liegen, lernt man anscheinend die wichtigen Dinge – nicht in den harmonischen, gemütlichen Momenten.

Es wird nicht das letzte Mal gewesen sein, dass ich bei meinen Kindern versagt habe. Menschliche Eltern *werden* an ihren Kindern schuldig. Bei diesem Drahtseilakt werden wir als Eltern immer wieder abstürzen. Aber es gibt Liebe, und das bedeutet, dass es Hoffnung gibt.

12 Shaughnessy: Walking on Alligators.

Selbst wenn wir schlimm abstürzen – oder sogar sehr, sehr schlimm abstürzen –, ist die Barmherzigkeit unseres Herrn Jesus Christus ein Netz, das uns sicher auffängt. Selbst bei den Dingen, die »unseren Kindern schaden«, die nicht behoben werden können, bei den Schrecken, die wir nicht rückgängig machen können, ist der angerichtete Schaden nicht größer als die Gnade unseres Gottes. Seine Verheißung: »Und ich will euch die Jahre erstatten, deren Ertrag die Heuschrecken, Käfer, Geschmeiß und Raupen gefressen haben« (Joel 2,25; L), gilt. Selbst wenn Ihre schlimmsten Befürchtungen wahr werden, selbst wenn Ihre Beziehung zu Ihrem Kind so stark gelitten hat, dass Sie den Schaden für irreparabel halten, selbst wenn es Ihre Schuld war, ist nichts davon stärker als die heilende Macht Gottes.

Gottes Barmherzigkeit ist größer als Ihr schlimmster Fehler. Es gibt keine Situation, die er nicht zum Guten wenden könnte. Denn dann ist Gott Gott. Wir können unseren Kindern nicht dauerhaft schaden, *weil* Gott Gott ist.

Denken Sie mal darüber nach, was das bedeutet. In jeder Erziehungssituation gibt es drei Elemente: die Mutter, das Kind und Gott. Selbst wenn ich als Mutter total versage, bin ich nicht zu 51 Prozent dafür verantwortlich, was aus meinem Kind wird. Ich bin nur ein Drittel von dem Ganzen. Gott kann an und in meinem Kind wirken und es trotz der schlechtesten Erziehung sich entfalten lassen. Vielleicht kennen Sie sogar Menschen, in deren Leben Sie genau das beobachten können. Erfolgreiche Männer und Frauen haben eine Kindheit mit Missbrauch, Vernachlässigung, Betrug und anderen schrecklichen Erfahrungen überstanden. Die Chancen stehen demnach nicht schlecht, dass mein Erstklässler es unbeschadet überlebt, dass ich vergessen habe, ihn von der Schule abzuholen. Auch wenn ich mich an dem Tag, an dem es geschah, wie eine Schwerverbrecherin fühlte.

Jeder wurde von unvollkommenen Eltern erzogen. Viele sind jetzt völlig oder weitest gehend glücklich, weil wir einen Gott haben, der es hervorragend versteht, aus Zitronen Limonade zu machen. In unseren schwächsten Augenblicken wirkt seine Kraft am stärksten. Die echte Verwandlung eines Herzens hin zu unserem himmlischen Vorbild geschieht nicht im Handumdrehen. Diese Entwicklung hat einen hohen Preis. Sie geschieht in den fürchterlichen, bedauerlichen Momenten, die so unerträglich sind, dass man am liebsten schreien würde. In den Momenten, in denen wir sicher sind, dass wir alles endgültig verdorben haben.

Aber wer kann schon sagen, wann das der Fall ist? Wir können nicht alles überblicken – und werden es auch nie. Wir wissen nicht, was eine schlechte Erfahrung im Leben unserer Kinder bewirken wird.

Denken wir nur an Mose. Sein Leben war wirklich unglaublich. Ausgesetzt von seiner eigenen Mutter – wenn auch mit den besten Absichten. Er wuchs in einer Kultur auf, in der Diskriminierung, Rassismus und Sklaverei herrschten, und er war ein verurteilter Mörder. Was würden Sie sagen, wenn jemand mit einem solchen Hintergrund heute zu Ihnen käme? Das ist Stoff für die Regenbogenpresse und sicher nicht die Herkunft und Erziehung, die Sie beim Befreier von Gottes Volk erwarten würden. Dieser Hintergrund lässt auf einen ziemlich kaputten Menschen schließen.

Nur gut, dass wir nicht darüber zu entscheiden haben, denn uns wäre entgangen, dass Mose genau der richtige Mann für diese Aufgabe war. Nicht einmal Mose konnte sich das am Anfang vorstellen. Im dritten und vierten Kapitel des 2. Buches Mose lesen wir, dass Mose Gott umstimmen wollte, dass bestimmt ein *anderer* besser geeignet sei. Gott ließ jedoch nicht locker. Moses Vergangenheit – mit seinen ganzen Verletzungen – machte ihn zu dem Menschen, der er war und *den Gott auserwählt hatte.*

Aber selbst wenn Gott uns eine Aufgabe übertragen hat, garantiert das keine ruhige Überfahrt. Mose blieben spektakuläre Stürze nicht erspart. Mose wuchs nicht mit einer schneeweißen Weste zum

Befreier seines Volkes heran. Sein Führungsstil, mit dem er die Stämme Israels leitete, war alles andere als vollkommen. Wenn sogar Mose vieles vermasseln und mit Gottes Hilfe trotzdem am Ende ein ganzes Volk befreien konnte, haben wir dann bei unseren Kindern nicht auch eine Chance?

Wir haben eine Chance. Weil wir unsere Kinder lieben. Und weil Gott Gott ist.

Sich der Angst stellen

Hatten Sie auch schon mal einen Riesenaussetzer? An was erinnern Sie sich? An was erinnern sich Ihre Kinder? Welche Eindrücke haben sich auf Dauer eingeprägt?

Sich gegen die Angst wappnen

Sagen Sie sich folgende Sätze immer wieder. Kleben Sie sie auf Ihren Kühlschrank. Stecken Sie sie an Ihren Badezimmerspiegel. Tätowieren Sie sie auf Ihre Stirn:

Ich kann das Leben meines Kindes nicht ruinieren.
Ich bin nur ein Drittel vom Ganzen.
Mein Kind ist die Persönlichkeit, die es ist.
Gott ist Gott.
Ich kann das Leben meines Kindes nicht ruinieren.

Vertrauensvers

Das eine aber wissen wir: Wer Gott liebt, dem dient alles, was geschieht, zum Guten. Das gilt für alle, die Gott nach seinem Plan und Willen zum neuen Leben erwählt hat.

Römer 8,28 (Hfa)

Wir haben Angst, unsere Unfähigkeit verletzt unsere Kinder

Wir müssen aushalten, was wir nicht mehr ändern können

Ich habe in meinen Kindheitserinnerungen gekramt und die, wie ich meine, größte Krise zwischen meiner Mutter und mir hervorgeholt. Dabei wurde mir klar, wie sehr dieses Erlebnis mein Leben geprägt hat. Heute kann ich sagen, dass ein großer Teil dieser Prägung zum Guten gewesen war. Aber ich hatte damit zu kämpfen.

Als ich in der Mittelstufe war, wurde bei meinem Vater eine Herzkrankheit festgestellt. Es gab viele Krankenhausaufenthalte, Behandlungen und Untersuchungen. Meine Eltern konnten uns Kindern trotzdem das Gefühl geben, alles wäre normal, und uns vor der Belastung und den Komplikationen einer schweren Krankheit abschirmen. Weil sie ihre sensible und impulsive Teenagertochter schützen wollte, hat meine Mutter vor mir – und vor fast allen anderen – verborgen, dass Papas Krankheit tödlich enden würde. Ich kann mir gar nicht vorstellen, was für eine große psychische Belastung es für sie gewesen sein muss, mich ans College und zu meiner ersten Stelle in jenem Sommer gehen zu lassen – beides weit weg von zu Hause –, obwohl sie wusste, dass es wahrscheinlich die letzten Monate meines Vaters sein würden. Es ist ein Zeichen für ihre Willensstärke, dass sie die meisten unserer Freunde – und zu einem großen Teil auch Papa selbst – im Dunkeln über den tödlichen Ausgang seiner Krankheit ließ.

Papa starb in meinem 2. Studienjahr am College. Es war für alle eine schwere Zeit. Aber für mich wurde es besonders schwer, als ich Monate später durch einen Versprecher erfuhr, dass mein Vater todkrank gewesen war. Es war für mich ein niederschmetternder Schlag, als ich herausfand, dass sein Tod schon seit Monaten absehbar gewesen war. Wie ich es damals sah – und immer noch sehe –, wurde meinem Vater und mir die Gelegenheit genommen, uns voneinander zu verabschieden. Meine Mutter beschloss aus Liebe, mir das *Sterben* zu ersparen, wenn sie mich schon nicht vor dem Tod beschützen konnte. Sie konnte nicht verstehen, dass ich lieber dem Sterben ins Gesicht geschaut hätte, um mich wirklich von meinem Vater zu verabschieden. Ich hätte viel lieber mit ihm um seinen bevorstehenden Tod geweint, als über ihn und einen fast leblosen Körper mit vielen Schläuchen auf der Intensivstation zu weinen.

Dies lässt sich nicht wieder gutmachen. Diese Monate sind für immer verloren. Die Gelegenheit, Abschied von meinem Vater zu nehmen, kommt nie wieder. Dadurch entstand eine tiefe Kluft zwischen meiner Mutter und mir. Die Nacht, in der wir das besprachen, ist mir als eine der schlimmsten Auseinandersetzungen zwischen uns in Erinnerung geblieben.

Diese Erinnerung ist nie verloschen. Aber ich erzähle Ihnen diese Geschichte, weil ich Ihnen sagen will, dass wir *sie überwunden haben.* Der Abstand von Jahren, viel Liebe, das Begreifen, wie schwer es ist, Mutter zu sein, und die grenzenlose Barmherzigkeit Gottes waren dazu nötig. Gott hat diese Episode bei mir in eine tiefe Sehnsucht nach Wahrheit, einen Wunsch, dem Leben ins Gesicht zu schauen, eine starke Aversion gegen Geheimnisse, einen Glauben an die Macht der Ehrlichkeit, eine Wertschätzung von Mut in den schwersten Situationen des Lebens verwandelt. Das ist zum Großteil das, was mich heute als Mensch ausmacht. Das Handeln meiner Mutter ist nur zu einem kleinen Teil dafür verantwortlich. Aber ich genauso wenig.

Ich benahm mich in den Monaten nach meiner Entdeckung nicht gerade liebevoll. Meine Persönlichkeit machte die Situation wahrscheinlich noch schlimmer.

Ich bin mit meiner Mutter durch diese Krise gegangen. Irgendwann einmal werde ich wegen eines furchtbaren Versagens an meiner eigenen Tochter durch eine ähnliche Krise gehen. Wie können wir inmitten des angerichteten Schadens und des Schmerzes überleben? Wie können wir aus dieser beklagenswerten Konfrontation eine wichtige Lektion für unser Leben machen, statt eine unüberbrückbare Kluft aufzureißen?

Ob Sie es glauben oder nicht, es kommt allein auf die Knie an. Zu meinen schwersten Übungen auf dem Hochseil gehörte das Wiederaufrichten, wenn ich gestolpert war. Ich hatte gelernt zu gehen, aber damit kommt man auf dem Hochseil nur ein Stück weiter. Schon nach ein paar Schritten kommt man zwangsläufig auf diesem dünnen Drahtseil ins Schwanken. Ich musste lernen, das Gleichgewicht wieder zu finden, wenn ich ausgerutscht oder gestolpert war.

Eigentlich ist es ziemlich einfach, auf dem Drahtseil wieder die Balance zu finden. Aber das Problem liegt darin, dass es *der natürlichen Intuition völlig zuwiderläuft*. Mit anderen Worten: Sie müssen genau das Gegenteil von dem tun, was Ihre Instinkte verlangen. Wenn Sie sich zu weit auf eine Seite beugen oder stolpern, *wollen* Sie mit den Armen rudern und sich nach beiden Seiten nach etwas ausstrecken, an dem Sie sich festhalten können, aber da ist einfach nichts. Reagieren nicht viele auf der Gefühlsebene genau so, wenn sie verunsichert sind – wir greifen in alle Richtungen und schlagen wie wild um uns?

Das bringt uns aber nicht weiter. Auf dem Drahtseil muss man in die Knie gehen. In einer Gefahrensituation werden die meisten Hochseilartisten in die Hocke gehen oder sich hinsetzen. Auf ein Knie gehen. Aus physikalischer Sicht ergibt das einen Sinn – je niedriger Sie sind, je niedriger Ihr Schwerpunkt ist, umso leichter halten Sie sich auf den Beinen. Wenn Sie fallen, dann gehen Sie weit nach unten.

Versuchen Sie, das Ihren Knien zu sagen. Sie wollen sich nicht beugen; sie wollen sich strecken. Wenn Sie nur einen halben Meter über dem Boden sind, will jede Faser in Ihrem Körper von diesem Seil springen, die Hand nach dem Menschen ausstrecken, der in Ihrer Nähe ist, oder vom Seil herab auf diese schöne, weiche Matte springen. Das alles ist kontraproduktiv, wenn nicht sogar schlichtweg schädlich.

Sie können auf dem Hochseil nicht vorankommen, solange Sie diesen Impuls nicht in den Griff bekommen. Aber das müssen Sie, denn wenn Sie Fortschritte machen und auf ein höheres Seil steigen, *können Sie nicht* einfach hinunterspringen. Neben Ihnen ist dann niemand, der Sie auffangen könnte, auch keine Griffe, an denen Sie sich festhalten könnten. Sie müssen lernen, Ihr Gleichgewicht *auf dem Seil* wieder zu finden. In den meisten Fällen bedeutet das, dass Sie Ihre tiefsten Instinkte überlisten müssen.

Sehen Sie eine Ähnlichkeit mit der Kindererziehung? Wir können auch nicht einfach abbrechen. Als Mütter bekommen wir kein Training auf einem halben Meter Höhe – unser Weg beginnt ab dem ersten Tag oben auf dem Hochseil. Wer ein schwieriges Problem »mit rudernden Armen« lösen wollte, musste erfahren, dass das höchst uneffektiv ist. Wir müssen also die Wiederaufsteh-Strategie genauso lernen wie ein Hochseilakrobat.

Erkennen Sie, was dieses Bild vom Hochseilartisten für uns bedeutet? Es geht darum, dass wir nach unten gehen. Nach unten auf die Knie.

Wie beim *Beten*.

Das Gebet ist das wichtigste Krisenwerkzeug aller Mütter. Gebet um Weisheit, um Geduld, um die Fähigkeit, eine vernünftige Entscheidung zu treffen, obwohl wir keine eindeutigen Informationen haben. Um den Mut, wieder aufzustehen und noch einmal von vorne anzufangen. Um die Geduld, uns hinzusetzen und uns den Standpunkt unseres Kindes anzuhören, wenn wir am liebsten so laut schreien würden, dass man uns drei Straßen weit hören kann. Um die Kraft zu lieben, wenn wir das Gefühl haben, es sei unmöglich. Um Schutz, wenn unser trotziges Kind davongelaufen ist und etwas ausgesprochen Dummes oder Gefährliches gemacht hat. Um zehn Minuten Frieden, damit wir den restlichen Nachmittag überstehen.

Es geht aber nicht nur darum, dass wir nach unten gehen müssen. Wir müssen auch nach oben schauen. Für mich besteht der körperliche Kampf, wenn ich unten hocke, um das Gleichgewicht auf dem Seil wiederzubekommen, darin, dass es *nur* funktioniert, wenn ich den Kopf und die Brust aufrecht halte. Wenn wir dem natürlichen Drang unseres Körpers nachgeben und uns vornüberbeugen und uns hängen lassen, ist ein Sturz vorprogrammiert.

Diesen Drang zu bekämpfen ist schwer und mühsam. Es ist ein reiner Willensakt. Meine untere Rückenmuskulatur tat nach der Stunde schrecklich weh, weil ich so sehr dagegen angehen musste, mich nicht vornüberzubeugen. Ich musste im wahrsten Sinne des Wortes meinen Oberkörper hochschieben, einen Muskel gegen den anderen anspannen, um die unfreiwillige Reaktion vornüberzuhängen, zu verhindern.

»Ich hebe meine Augen auf zu den Bergen. Woher kommt mir Hilfe?« (Ps 121,1; L). Wenn wir in Schwierigkeiten stecken, wenn wir ins Stolpern geraten, müssen wir die Knie beugen und nach oben schauen.

Mir gefällt die Formulierung von Julie Barnhill: »Das ist Gottes Problem«, denn mit dieser Aussage kämpfen wir gegen unsere natürlichen Impulse an. Haben Sie schon einmal bedacht, dass wir in dreißig Minuten Gebet mehr Lösungen finden als in zehn Stunden Grübeln? Ich weiß ja nicht, wie das bei Ihnen ist; aber wenn ich die Wahl habe, ob ich mir meinen Kopf zerbrechen soll oder ob Gott sich drum kümmern soll, entscheide ich mich für Letzeres.

Wenn Sie ins Stolpern geraten, wenn diese tiefe Angst, dass Sie Ihren Kindern schaden könnten, Sie umzuwerfen droht, dann schlagen Sie nicht wie wild um sich. Ihr erster Weg sollte nicht zum Regal mit Selbsthilfebüchern oder Erziehungsratgebern führen, auch nicht zum Telefon und ganz bestimmt nicht zum Kühlschrank. Alle diese Dinge (außer dem Kühlschrank natürlich) sind nützlich, aber es hilft uns viel mehr, wenn wir auf die Knie gehen.

Halten Sie inne und gehen Sie auf die Knie. Es gibt Zeiten, in denen das Leben so chaotisch ist, dass ich nur einen Halt für meinen Verstand finden kann, wenn ich im buchstäblichen Sinn auf die Knie gehe. Ich denke, diese Gebetshaltung hat ihren guten Grund. In dieser Haltung steckt Kraft.

Schauen Sie jetzt auf. Richten Sie Ihre Augen auf unseren himmlischen Vater, auf seine Stärke und Weisheit, auf seine Gnade und sein Mitgefühl, und Sie finden Ihr Gleichgewicht wieder. Bemühen Sie sich, die Augen auf die Berge zu richten. Bekämpfen Sie den Drang, sich hängen zu lassen.

Sie werden – genau wie ich – erleben, dass Sie wieder auf die Beine kommen. Vergebung und Verständnis werden sich einstellen. Vielleicht nicht sofort, vielleicht nicht ohne Weiteres, aber sie werden kommen. Und dann lernen Sie die wichtigste Lektion im Leben: wie man einen himmlischen Charakter bekommt.

◆ Sich der Angst stellen

Haben Sie Angst, Sie könnten Ihrem Kind schaden? Haben Sie das Gefühl, Sie hätten es schon irgendwie zugrunde gerichtet? Stecken Sie gerade in einem großen Kampf mit Ihrem Kind, haben Sie sich voneinander entfremdet oder sind Sie einfach am Ende Ihrer Weisheit? Wie kann ein Gebet um die anderen zwei Drittel des Ganzen Ihnen das Herz leichter machen?

◼ Sich gegen die Angst wappnen

Wenn es schwierig wird, schlagen Sie nicht mit den Armen um sich. Gehen Sie auf die Knie. Bringen Sie Ihren Anteil an diesem Problem vor Gott. Bringen Sie den Anteil Ihres Kindes vor Gott. Und vertrauen Sie Gott, dass er seinen Teil zur Lösung beiträgt. Zeichnen Sie eine Torte und unterteilen Sie sie in drei gleich große

Teile, wenn es Ihnen hilft, mit eigenen Augen zu sehen, dass Sie in dieser Situation nicht den Großteil an Verantwortung tragen.

● Vertrauensvers

Doch der Segen soll über alle kommen, die allein auf mich, den Herrn, ihr Vertrauen setzen. Sie sind wie Bäume, die am Wasser stehen und ihre Wurzeln zum Bach hin ausstrecken. Sie fürchten nicht die glühende Hitze; ihr Laub bleibt grün und frisch. Selbst wenn der Regen ausbleibt, leiden sie keine Not. Nie hören sie auf, Frucht zu tragen.

Jeremia 17,7-8 (Hfa)

Wir müssen uns der Angst nicht allein stellen

Manchmal hat man zu zweit genug Kraft

Dunkle Orte sind beängstigend, wenn wir uns allein zurechtfinden müssen. Es gibt eine alte Geschichte von einem kleinen Jungen, der zu seinen Eltern sagte, er habe allein in seinem dunklen Zimmer Angst. Die Antwort der Eltern zeugte von einer guten, frommen Erziehung. Sie sagten: »Du bist nie allein. Jesus ist immer bei dir und beschützt dich.«

»Ja«, erwiderte unser ängstlicher kleiner Held. »Aber ich brauche jemanden, den ich anfassen kann.«

Wer möchte nicht jemanden haben, der ihn festhalten kann, jemanden, der greifbar ist, wenn es bei uns finster und beängstigend wird?

Ich habe mir den Film *Der Herr der Ringe: Die zwei Türme* angesehen. Der kleine Hobbit Frodo, der die Last der Welt auf seinen Schultern trägt, hat mich sehr beeindruckt. Hier steht jemand vor einer überwältigenden Aufgabe, für die er schlecht gerüstet ist und dem gute Ratgeber fehlen. Alles spricht gegen ihn.

Frodo hat keine Vorteile, die für ihn sprechen. Bis auf einen: Er hat einen Begleiter. Aber auch Sam eignet sich für die Aufgabe nicht besser als Frodo. Er ist sogar ziemlich einfältig und ihm unterlaufen oft taktische Irrtümer, die ihre schwere Mission noch komplizierter machen. Aber er versteht es glänzend, jemanden aufzumuntern. Von Sam können wir lernen, dass, selbst dann, wenn wir machtlos sind – vielleicht *ganz besonders*, wenn wir machtlos sind –, man zu zweit genug Kraft hat. Am deutlichsten blieb mir der Augenblick in Erinnerung, in dem Frodo wieder einmal der dunklen Macht des Rings unterliegt. Tolkien belegt den Ring mit dem ganzen Hass, der ganzen Bosheit und Habgier der Welt. Dieser kleine Gegenstand hat eine Kraft, die so dunkel und so stark ist, dass er eine eigene Rolle im Film hat. Er färbt auf alle ab, die mit ihm in Kontakt kommen, und obwohl Frodo weniger empfänglich dafür zu sein scheint, trifft es auch ihn. Der Schauspieler Elijah Wood stellt das im Film ausgezeichnet dar. Sein Gesicht verändert sich, seine Augen bekommen ein dunkles, schattenhaftes Leuchten, als Frodo der Last seiner Aufgabe nachgibt. Er lässt sich von der starken Kraft nach unten ziehen.

Wie oft fühle ich mich als Mutter angesichts all dessen, was da draußen ist und meine Kinder täglich bedroht, auch so? Angst um meine Kinder ist allgegenwärtig. In einer Welt voller Korruption, Drogen, Krieg, sexuellem Missbrauch und Gewalt reicht es schon, die Morgenzeitung zu lesen, um eine finstere Kraft in meinen Geist hineinzulassen.

Frodo geht in der hilflosen Benommenheit, die wir Mütter nur zu gut kennen, immer weiter bis an den Rand seines Verderbens. Er tritt hinaus an den Rand eines Turms und legt sich mit dem Bösen an. Er steht kurz davor, einen großen Fehler zu begehen. Doch plötzlich packt Sam Frodo und bringt ihn mit Gewalt wieder in Sicherheit. Sam lässt sich von Frodos Drohen nicht einschüchtern, weil er weiß, dass sein Freund nicht klar sehen kann. Er hält Frodo fest, bis dessen Verstand wieder einsetzt.

Haben Sie schon einmal jemanden gebraucht, der Sie aus einem dunklen Loch herauszieht? Ich schon.

Manchmal braucht man jedoch einfach jemanden, der neben uns steht. Wir brauchen unseren Sam, der den Mut hat, Gewalt anzuwenden, der aber auch das Mitgefühl hat zuzuhören. Der da ist, wenn wir schreien: »Ich schaffe das nicht! Es ist zu schwer!« Jemand, der allein durch seine Anwesenheit sagt: »Ja, es ist sehr, sehr schwer. Und ich bin auch nicht sicher, ob du das schaffst. Aber eines weiß ich: Du musst es nicht allein versuchen.«

Neulich rief ich eine Freundin an, die eine harte Woche hinter sich hatte. Sie hatte ihr erstes Kind bekommen und ging seit einer Woche wieder arbeiten. Ich war auch jahrelang als Mutter berufstätig und konnte mich an die Anspannungen jener ersten Wochen gut erinnern. Man wird in so viele verschiedene Richtungen gezogen, dass man das Gefühl hat zu zerreißen. Die Müdigkeit und unsere Hormone üben eine genauso dunkle Kraft aus wie der Ring. Jeden Abend kam ich nach Hause und jammerte: »Ich schaffe das nicht! Es ist zu schwer!« Die Angst wurde immer stärker. Ich war der Verzweiflung nahe.

Bei genauerem Nachdenken fallen einem noch mehr Situationen ein, in denen man als Frau unter den Anforderungen zusammenzubrechen droht. Wehen. Zusehen, wie unser Kind weint, wenn wir es im Kindergarten zurücklassen. Krankheiten. Größere Verhaltensprobleme. Der Tod der Eltern. Mathematik in der dritten Klasse. Allein erziehende Mutter zu sein. Versorgung der Eltern. Der zehnte grundlose präpubertäre Weinkrampf. Koliken. Muttersein steckt voller Herausforderungen, bei denen wir uns hoffnungslos überfordert fühlen.

Die Stimme meiner Freundin klang erschöpft und verriet, dass sie geweint hatte. In einer solchen Situation wären die Worte: »Alles wird schon wieder«, völlig fehl am Platz gewesen. Diese Mutter brauchte nicht jemanden, der sie vom Abgrund zurückriss, sondern jemanden, der sich ein paar Augenblicke neben sie stellte, mit ihr in die Tiefe hinabschaute, ihre Größe anerkannte und dann sanft ihre Hand nahm und sie wieder zurück auf sicheren Boden führte. Im Laufe unseres Telefongesprächs wurde deutlich, dass sie eine gute, fähige Mutter war. Sie verhielt sich ihrem Kind gegenüber richtig. Die Last ihrer neuen Aufgaben versperrte ihr jedoch an diesem Abend den Blick dafür. Sie sprach über die Probleme, die sie bereits gelöst hatte. Ich konnte ihr nichts vorschlagen, was sie nicht selbst bereits erkannt hatte. Sie musste nur daran erinnert werden, dass sie einige Herausforderungen als Mutter bereits gemeistert hatte.

Meine Freundin erkannte plötzlich, dass ihre Welt nicht perfekt war und dass sie ihren eigenen Erwartungen nicht gerecht werden konnte. Ich wollte am liebsten sagen: »Willkommen im Klub. Bei Müttern gibt es keine Perfektion.« Neunzig Prozent ihrer Ängste werden nie wahr werden. Für ihren kleinen Sohn wird sie immer noch der Mittelpunkt der Welt sein, auch wenn die nächste Woche noch schlimmer wird als diese. Wenn er alt genug ist, wird er sie genauso bereitwillig umarmen, wenn sie einen Fehler gemacht hat und ihn bereut, wie es meine Kinder mit mir getan haben.

Ich hoffe, dass sie eines Tages jenen wunderbaren Augenblick erlebt, an dem sie von ihrem Kind vom Abgrund zurückgerissen wird. Das ist eines der schönsten Geschenke für eine Mutter.

Übrigens, diese Freundin war niemand anderes als Melissa, meine Freundin, die mich bei der Beerdigung meiner Mutter mit der Schachtel Yodels getröstet hat. In echten Freundschaften bekommen wir immer eine Gelegenheit, einander zu helfen.

◆ *Sich unserer Angst stellen*

Gibt es in Ihrem Leben jemanden, der Ihre Unterstützung braucht? Brauchen Sie selbst einen Freund? Warum haben Sie vielleicht Angst, sich von einem Menschen helfen zu lassen? Wie können Sie diese Woche jemandem beistehen, selbst wenn es nur durch einen Telefonanruf geschieht?

■ *Sich gegen die Angst wappnen*

Gehen Sie nicht allein durch Dinge, die Sie fürchten. Wenn die Angst zupackt, greifen Sie auf die Kraft eines Begleiters zurück, der Ihnen hilft weiterzugehen. Wenn Sie dazu Ihre Bequemlichkeit aufgeben müssen, um sich einer Situation zu stellen, einen Fehler zuzugeben oder eine neue Freundschaft aufzubauen, dann sollten Sie sich die Mühe machen. Es lohnt sich.

● Vertrauensvers

Zwei haben es besser als einer allein, denn zusammen können sie mehr erreichen. Stürzt einer von ihnen, dann hilft der andere ihm wieder auf die Beine.

Prediger 4,9-10a (Hfa)

Keine Mutter ist vollkommen

Die Beziehung zwischen Mutter und Kind kann nicht immer wunderschön sein. Manchmal ist es schwer und einfach grauenhaft. Unglücklicherweise kommt es gerade auf diese Momente an. Wir müssen uns klar machen, dass zur Erziehung Mut, Entschlossenheit und Hartnäckigkeit gehören. Erziehung ist schwer für das Ego, den Geist, die Nerven und das Rückgrat. Wenn ich an einige schwierige Kinder denke, die ich kenne, habe ich den Eindruck, viele ihrer Probleme stammen aus der Weigerung ihrer Eltern, sich ihrer Aufgabe zu stellen und *Eltern zu sein.* Schwere Entscheidungen zu treffen, mit denen man sich unbeliebt macht. Zu riskieren, dass sie etwas falsch machen, als gar nichts zu unternehmen. Grenzen zu setzen, ihren Kindern Dinge auszuschlagen, die sie gerne wollen. Böse zu sein.

Alle Eltern, die sich der Erziehungsaufgabe engagiert stellen, wüssten gern, dass ihre Anstrengungen gute Früchte hervorbringen. Eine solche Garantie gibt es aber nicht. Auch gut erzogene Kinder können sich schlecht entwickeln. Wir alle kennen Beispiele für Kinder, die eine sehr gute Erziehung bekommen haben und aus denen trotzdem problematische, unfähige und schlichtweg gefährliche junge Leute geworden sind.

Hier macht der mütterliche Drang, alles zu analysieren, die Sache noch schlimmer. Wenn der schlechte Charakter unserer Kinder in ihrem Leben erschreckende Folgen hat, geben wir uns schnell die Schuld dafür. Sind wir schuld an diesem verantwortungslosen Verhalten, weil wir ihnen zu Hause nicht genug Aufgaben übertragen haben? Hat das eine Mal, als ich kurz weg war, dieses Problem ausgelöst, dass sich das Kind verlassen fühlt? Wir fragen sofort: »Wo haben wir etwas falsch gemacht?«, weil uns diese Frage die tröstliche Illusion vortäuscht, dass *wir immer noch alles in Ordnung bringen können.* Denn gute Mütter sollten alles wieder in Ordnung bringen können, nicht wahr?

Die herzzerreißende (und vielleicht befreiende) Antwort auf diese Frage muss lauten: »Nicht immer.« Unsere Kinder sind kein kleiner Klon von uns. In diesem Jahrzehnt hat die Entwicklungsforschung große Fortschritte gemacht und wir wissen jetzt, dass jeder Mensch eine einmalige chemische Zusammensetzung hat und dass viele problematische Verhaltensweisen körperliche Ursachen haben, die wir als Eltern nicht beeinflussen können. Unsere Kinder sind eigenständige Menschen, die sich selbst entscheiden, wie sie auf die Liebe und Erziehung ihrer Eltern reagieren. Manchmal treffen sie die falsche Entscheidung. Sie tun genau das Gegenteil von dem, was wir gerne hätten. Viele kennen eine Großfamilie mit einem auffallend rebellischen Kind – und das macht Angst, weil es uns daran erinnert, wie wenig wir als Eltern letztendlich in der Hand haben.

Zusehen zu müssen, wie ein geliebtes, gut erzogenes Kind den falschen Weg einschlägt, tut weh. Wir sehen, wie die Eltern um das verschenkte Leben ihrer Kinder trauern und weinen, und wir weinen mit ihnen. Wir betrauern, dass so viel davon nicht in unseren Händen liegt. Wir betrauern, dass unsere Erziehung nur ein Faktor unter vielen ist.

Jede gläubige Mutter hofft mit Zittern und Bangen, dass ihre Kinder zu einem lebendigen Glauben finden. Viele Mütter schrieben mir, dass es eine ihrer größten Ängste ist, dass ihr Kind trotz aller Bemühungen den Glauben an Jesus Christus aufgeben wird. Die meisten größeren Familien haben oft mehrere Kinder, die ohne weiteres zum Glauben gefunden haben, aber fast immer ist ein Kind dabei, das ihnen Sorgen bereitet. Das Kind, das sich entscheidet, eine völlig falsche Richtung einzuschlagen, ehe es irgendwann auf den richtigen Weg zurückfindet. Oder das Kind, das nie zurückfindet.

Es ist schwer – aber trotzdem wichtig –, zu erkennen, dass es nicht in unserer Verantwortung liegt, unsere Kinder für Jesus zu gewinnen. Ich wurde nicht von meinen Eltern zu Jesus geführt. Es ist Gottes großes, heiliges Vorrecht zu entscheiden, ob, wann und durch wen unsere Kinder zu Jesus finden. Das bedeutet nicht, dass wir nicht *alles in unserer Macht Stehende* tun sollten, um ihnen die richtige Richtung zu zeigen, dafür zu beten und darauf hinzuarbeiten und ihnen beizubringen, Gott zu lieben und ihm zu dienen. Aber wir können unsere Kinder nicht zu Gott hindrängen – Gott zieht sie zu sich. Gottes Wille ist und bleibt Gottes Wille.

Das ist vielleicht schwer zu ertragen, aber wir können trotzdem eine gewisse Hoffnung darin finden, dass ein Kind mit vielen Sünden Anwärter auf Gottes große Barmherzigkeit und Gnade ist. Gott liebt unwahrscheinliche Kandidaten. Saulus war der Feind Nummer eins der Christen, bevor Gott beschloss, ihn auf seine Seite zu holen. Saulus' hässliche Vergangenheit bereitete ihn darauf vor, als Paulus ein mächtiges Werkzeug Gottes zu werden.

Gottes Plan für unsere Kinder können wir nicht bestimmen. Es liegt in unserer Hand, für sie zu beten, uns um sie zu kümmern und vielleicht auch um sie zu jammern, aber letztendlich gehören sie uns nicht.

Kapitel 8

Das Publikum

*»Ich mache mir Sorgen, was andere über mich
als Hausfrau denken.«*

*»Ich habe Angst, dass mich niemand wirklich mag.
Dass sie sich alle nur verstellen.«*

*W*er schaut zu? Warum ist das wichtig?

Das Elternsein wäre um vieles leichter, wenn keine Kinder im Spiel wären.

Es wäre wunderbar, wenn wir mal Atem holen könnten, Zeit hätten, um uns in Ruhe vorzubereiten und ausgezeichnete Entscheidungen zu treffen, ohne dass die Kinder ständig in unserer Nähe sind. Wenn sie uns nicht andauernd beobachten würden, wäre die Aufgabe wesentlich einfacher.

Eltern stehen 24 Stunden am Tag, 7 Tage in der Woche, 365 Tage im Jahr unter ständiger Beobachtung. Uns ist bewusst, wie viel unser Vorbild bewirken kann, und wir wissen, dass das genauso zum Guten wie zum Schlechten führen kann. Deshalb sind wir auf der Hut. Als ich Mütter nach ihren schlimmsten Ängsten fragte, wurde am häufigsten – mit einem großen Vorsprung, den ich so nicht erwartet hätte – genannt: Angst, dass sich unsere eigenen Fehler als Bumerang erweisen.

Warum? Weil wir wissen, dass sie uns beobachten. Unsere Kinder erwarten von uns Anregung, Vorbild und Orientierung. Sie sind unser Publikum, wenn wir als Eltern über das Hochseil gehen. Das dürfen wir auch dann, wenn wir Angst haben, auf keinen Fall vergessen. Sie wissen genauso gut wie ich: *Wenn Mama nicht die Ruhe behält, kann sich niemand beherrschen.* Wir geben den Ton an; wir bestimmen, wie sie reagieren; wir verschlimmern das Chaos, oder wir sorgen für Ruhe.

Taten sprechen lauter als Worte. Wenn alles normal läuft, können die meisten Mütter vernünftig nach dieser Maßgabe handeln. Deshalb schleiche ich mich heimlich in die Speisekammer, um Schokoladenchips direkt aus der Tüte zu essen. (So ein schlechtes Verhalten dürfen wir doch nicht offen an den Tag legen, oder?) Uns ist nur zu deutlich bewusst, dass wir unseren Kindern vorleben, wie sie sich verhalten sollen. Wenn ich mich beherrsche – oder es wenigstens versuche –, zeige ich meinen Kindern, wie sie das auch machen können.

In kritischen Situationen wird allerdings in neun von zehn Fällen unser gesunder Menschenverstand ausgeschaltet.

Uns wäre es natürlich lieber, wenn wir nicht vor den Augen unserer Kinder vor Angst zusammenbrächen, aber uns bleibt keine Wahl. Mütter stehen meistens unter Beobachtung. Wenn die Krisen des Lebens zuschlagen, genießen wir selten den Luxus, allein zu sein. Wie wir mit unserer Angst umgehen, wenn unsere Kinder das mitbekommen, ist deshalb ein wichtiger Faktor für unsere Erziehung.

Was macht eine gute Hochseilartistin, wenn kein Publikum da ist? Sie probt. Aber im richtigen Leben gibt es keine Probe aufs Exempel.

Mamas Ängste sind ansteckend

Was wir beim nächsten Autounfall besser machen können

Es gab in meinem Leben einen Vorfall, bei dem ich mich dank Gottes Gnade trotz meiner Angst vernünftig verhalten habe.

Mein Mann Jeff liebt Autos. Er besitzt einen schönen kleinen Sportwagen (okay, er hat einen Rücksitz. Darauf habe ich bestanden). Einmal im Jahr fahren die Kinder und ich mit Jeff zu einem Rennen und bilden Papas Fanclub. Jeff unterstützt mich bei all den verrückten Einfällen, die ich so habe. Deshalb finde ich es schön, ihm auch mal zur Seite zu stehen.

In einem Jahr war ich jedoch nicht so froh.

An der Rennstrecke gibt es keine Tribüne; man sucht sich also irgendwo einen Platz auf dem Feld und breitet seine Decke aus. Ohne Zuschauertribüne sieht man jedoch immer nur einen Abschnitt der Bahn. Das bedeutet, dass wir im Grunde eine Weile herumstehen, auf- und abspringen, wenn Jeff vorbeifährt, und dann wieder warten, bis wir sein Auto wieder sehen, usw. Eine Runde dauert ungefähr zwei Minuten.

Einmal brauchte Jeff länger als zwei Minuten. Viel länger. Als ich sein weißes Auto nicht mit den anderen um die Kurve kommen sah, wurde ich sofort nervös. Ich machte keine gute Figur. Es gab ein Warnsystem mit bunten Flaggen. Eine gelbe Flagge bedeutete, dass etwas auf der Bahn passiert ist und die anderen Teilnehmer langsamer fahren sollen. Als die gelbe Flagge hochging, war ich keine Bastion der Ruhe. Jeff war in einer Kurve nur etwas ins Schleudern geraten (nichts Ungewöhnliches, wie man mir sagte) und brauchte ein paar Minuten, um sein Auto wieder in die richtige Position zu bringen, bevor er zu unserem kleinen Picknicklager auf dem Feld zurückkam. Es war keine große Sache. Ein wenig Schmutz in den Reifen, weiter nichts. Als er erklärte, was passiert war, warf Mandy mir einen Blick zu, der sagte: »Siehst du, Mama. Warum hast du uns alle so verrückt gemacht?« Ich begriff, dass ich den Kindern soeben ein gutes Beispiel gegeben hatte, wie man sich unnötig aufregen kann.

Nun ja, nicht ganz unnötig. Ich *bin* schließlich ein Mensch, und mein Mann *war* in einem Auto auf einer Rennbahn.

Letztes Jahr wiederholte sich dieses Szenario. Als die Runde beendet war und Jeffs Auto nicht auftauchte, fing ich Mandys Blick auf. »Du spielst jetzt nicht wieder verrückt, oder, Mama?«, erkundigte sie sich argwöhnisch.

»Nein, mein Schatz«, antwortete ich und zwang mich, ein ruhiges Desinteresse in meine Stimme zu legen. »Euer Papa weiß, was er tut.«

Jeff weiß wirklich, was er tut. Er ist ein ausgezeichneter Fahrer. Außerdem kann er sich aufgrund seiner großen Erfahrung viel besser helfen als die meisten Fahrer auf der Straße. Und die Rennstrecke ist sicherer als jede Autobahn. Die Fahrer tragen Schutzkleidung und sie erreichen nicht einmal Höchstgeschwindigkeiten.

Diese ganzen Argumente waren wie weggeblasen, als ich über Lautsprecher hörte: »Die Frau von Jeff Pleiter soll bitte zur Erste-Hilfe-Station kommen.« Es geht doch nichts über einen ordentlichen Schuss Adrenalin, das einem durch die Adern strömt und dafür sorgt, dass ein Tag auf der Rennbahn unvergesslich bleibt.

Mein erster Blick fiel auf Mandy, die *mich geradewegs anschaute*. In dem Bruchteil einer Sekunde wusste ich, dass meine Reaktion bestimmen würde, wie *sie* reagieren würde. Wie es weitergehen würde, hing ganz allein von mir ab und davon, ob ich Ruhe bewahren konnte.

Ich atmete so tief ein, wie ich konnte. Dann sah ich den Krankenwagen.

Meine mühsam erzwungene Ruhe war wie weggeblasen, als zwei Männer in einem Wagen auf mich zukamen, auf dem »Rettungskräfte« stand, und einer mit dieser »Wir-wissen-dass-Sie-sich-aufregen-aber-versuchen-Sie-doch-ruhig-zu-bleiben«-Stimme sagte: »Bitte folgen Sie uns.«

Das machte es mir noch schwerer, ruhig zu bleiben. Als Allererstes schoss mir jedoch zusammen mit den schrecklichsten Szenen aus Krankenhaussendungen durch den Kopf: *Die Kinder beobachten mich.* Mandys Blick traf mitten in mein Nervensystem. Es war faszinierend, wie schnell und geschickt meine Instinkte die Führung übernahmen. Ich wusste – ohne es mir bewusst überlegt zu haben –, dass die Kinder mit mir kommen mussten, aber dass sie auf keinen Fall mit in den Krankenwagen sollten.

Ich nahm beide an die Hand, und wir gingen hinter den Rettungskräften her. Ich muss zugeben, dass das der schwerste Part war. Bei jedem Schritt sagte ich mir: *Fall nicht in Ohnmacht. Übergib dich nicht.*

Ich redete auch mit den Kindern, aber ich kann mich beim besten Willen nicht erinnern, worüber. Ich weiß nur, dass ich versuchte, meine Stimme ruhig und vernünftig klingen zu lassen. Und ich versuchte weiterzuatmen.

Innerhalb weniger Minuten traf ich erstaunlich viele Entscheidungen. Ich wusste, dass ich die Kinder nicht bei den mitfühlenden Leuten lassen durfte, die sich anboten, sich um sie zu kümmern, während wir uns langsam durch einen Tunnel aus neugierigen Gesichtern unseren Weg zur Krankenstation bahnten. Ich wusste, dass sie in der Nähe sein mussten, bei jemandem, den sie kannten, wenn ich in diesen Krankenwagen stieg, um zu erfahren, was mein Mann hatte. Mein Verstand sagte mir, dass sie unter keinen Umständen bei Fremden sein sollten, falls etwas Schlimmes passiert wäre und Jeff meine ganze Aufmerksamkeit brauchte.

Verstehen Sie mich nicht falsch, ich tat nicht so, als hätte ich keine Angst. Ich hatte jeden Grund der Welt, Angst zu haben. Meine Kinder wussten, dass etwas nicht stimmte. Den Leuten um uns herum war es ins Gesicht geschrieben. Aber ich konnte ihnen an jenem Tag hoffentlich den Unterschied zwischen Angst und Panik zeigen.

Wir hielten uns an den Händen und gingen miteinander diesen Weg. Wahrscheinlich habe ich sogar unser Familienmotto für kritische Situationen angebracht: »Es sieht so aus, als warte ein Abenteuer auf uns.« Wir gingen es Schritt für Schritt an. Ich erklärte ihnen, dass nur ich in den Wagen steigen und mit ihrem Vater reden könne, aber dass ich so bald wie möglich wieder herauskäme, um ihnen zu sagen, wie es ihm ging. Dann kletterte ich in den Krankenwagen und wappnete mich gegen Blutlachen und andere schreckliche Dinge.

Stattdessen traf ich auf einen recht unversehrten, aber unbeweglichen Mann, der sagte: »Mach dir keine Sorgen, Allie. Mir geht es gut. Wirklich, es geht mir gut.«

»Nein, dir geht es nicht gut«, entgegnete ich. »Du bist in einem Krankenwagen auf eine Trage geschnallt. Unter Gutgehen verstehe ich etwas anderes.« Wenigstens glaube ich, dass ich so etwas sagte. Auf jeden Fall dachte ich es. Natürlich wäre es für eine gute Ehefrau passender gewesen zu sagen: »Liebling, ich liebe dich. Alles wird wieder gut werden.« Aber es steckt tief in meiner Persönlichkeit, meine Angst damit zu bekämpfen, dass ich in einer angespannten Situation dumme Sprüche loslasse. (Ich weiß, das ist nicht unbedingt gut.)

Nach einer längeren Beratung wurde beschlossen, dass Jeff im nächstgelegenen Krankenhaus gründlich untersucht werden sollte, da er einen schweren Schlag auf den Kopf bekommen hatte. Die große Schramme auf seinem Helm beruhigte mich nicht gerade, muss ich zugeben. Ich küsste Jeff schnell auf die Wange und stieg wieder hinaus, um dann mit den Kindern unsere Sachen zu packen und hinter dem Krankenwagen die Rennbahn zu verlassen. Die Frau, die sagte: »Sie sollten lieber nicht an dem Auto vorbeifahren«, hatte absolut Recht, setzte aber damit meine lebhafte Fantasie voll in Gang. Ich befolgte ihren Rat und mied das Auto, das als »nicht mehr fahrtüchtig« eingestuft wurde. *Halt, uns geht es gut, alles kommt wieder in Ordnung, kein Blut,* ging mir immer wieder durch den Kopf, obwohl eine Aufzählung aus möglichen Rücken-, Hals- und Kopfverletzungen gleich dahinter kam.

Ich war zu den Kindern so ehrlich wie möglich. Offen gesagt hatte ich keine Kraft mehr, um irgendetwas zu beschönigen. Ich sagte ihnen, dass man Papa weiter untersuchen müsse, dass der Krankenwagen ihn ins Krankenhaus bringen würde und dass wir ihm ins Krankenhaus folgen würden. Ich gab beiden Aufgaben und erklärte: »Ich kann im Augenblick nicht klar denken; ihr müsst mir helfen.« Und das machten sie auch. Sie merkten sich den Weg, sie beteten mit mir, während wir über die Autobahn fuhren, und überlegten sich sogar, wie sie sich in der Notaufnahme die Zeit vertreiben konnten. Kurz gesagt, wir kamen recht gut zurecht. Jeff ging es gut, und die Fahrt ins Krankenhaus erwies sich nur als Vorsichtsmaßnahme. Alles – und jeder – war in Ordnung.

Ich wünsche mir, dass meine Kinder aus unserem Erlebnis mit dem Autounfall etwas gelernt haben. Ich hoffe, sie haben gesehen, wie ihre Mutter versuchte, eine schwierige Situation Schritt für Schritt in Angriff zu nehmen und keine voreiligen Schlüsse zu ziehen, aber der Gefahr trotzdem mit dem nötigen Respekt zu begegnen. Wir haben die Erfahrung gemacht, dass wir uns gegenseitig unterstützen können. Ich habe gelernt, dass sie, so jung sie auch waren, für mich ein Trost und eine Hilfe in einer schwierigen Situation sein konnten. Ich hoffe, sie haben gelernt, dass ihre Mutter sehr viel Angst haben, aber (jedenfalls ab und zu) immer noch einen klaren Kopf behalten kann. Ich habe herausgefunden, dass es zwei Seiten hat, unsere Kinder als Publikum zu haben: Einerseits spüren wir den Druck, ein gutes Vorbild zu sein, andererseits können sie uns überraschend viel Trost und Unterstützung geben.

Natürlich wäre es *vielleicht* einfacher gewesen, wenn ich sie von den möglicherweise fürchterlichen Verletzungen ihres Vaters fern gehalten hätte. Aber ich glaube, dazu hat Gott die Familie nicht erfunden. Unsere Familie befand sich in einer schwierigen Situation, und die Kinder gehörten einfach dazu. Sie mussten daran beteiligt werden, soweit es für sie zuträglich war. Ich konnte sie genauso wenig ausschließen, wie ich sie alles sehen lassen durfte, als wären sie erwachsen. Dr. Cartmell bestärkt Eltern darin, ihren Kindern auch bedrohliche Dinge zu sagen – *aber erst nachdem wir sie gefiltert haben.*

Deshalb war es richtig, dass sie mitbekommen haben, dass ihr Vater in dem Krankenwagen lag. Aber es wäre unklug gewesen, sie direkt mit hineinzunehmen. Falls Jeff ernsthaft verletzt gewesen wäre – blutend, übel zugerichtet und in Gefahr, einen bleibenden Schaden zu behalten –, wäre es richtig gewesen, bei Jeff zu bleiben, bis wir beide die Situation so weit in den Griff bekommen hatten.

um die Informationen auszuwählen. Nicht unbedingt, bis ich ruhig wäre, denn das wäre wahrscheinlich unmöglich gewesen, aber so lange, bis mir klar wurde, was ich den Kindern vernünftigerweise sagen konnte.

Sie mussten die Krise durch meinen Filter sehen – auch wenn mein Filter die Angst nicht leugnen konnte. Es macht einen Unterschied, ob ich ihnen sage: »Papa muss untersucht werden«, oder: »Papa hat vielleicht einen Hirnschaden.« Beide Gedanken schossen mir natürlich durch den Kopf, aber nun kam es darauf an, welchen ich besser für mich behielt. Dieser Filter ermöglicht es den Kindern, dabei zu sein, aber nicht überfordert zu werden.

Es ist unsere Aufgabe als Eltern, einen Filter anzuwenden. Wenn wir in einer solchen emotionalen Verfassung sind, dass wir nicht mehr filtern können, ist es ratsamer, unsere Kinder ganz herauszuhalten. In der Praxis heißt das, dass wir unseren Kindern nicht blindlings Informationen weitergeben, wenn wir es verhindern können (manchmal ist das natürlich nicht möglich).

Andererseits ist es falsch, vor unseren Kindern eine kritische Situation oder eine Bedrohung vollkommen geheim halten zu wollen. Sie sind sensibel genug, um zu spüren, dass etwas nicht stimmt. Das zu leugnen und so zu tun, als wäre alles in bester Ordnung, öffnet nur ihrer lebhaften Fantasie Tür und Tor, und sie malen sich womöglich etwas aus, das noch schlimmer ist als die tatsächlich vorliegende Situation. Leugnen schützt sie nicht.

Greifen Sie eher auf Beten und auf die Hilfe von Freunden zurück und nehmen Sie sich vielleicht ein paar Minuten, um etwas Haltung zu gewinnen. Ein anderer Erwachsener oder unser himmlischer Vater kann mit den harten Tatsachen besser umgehen und Ihnen helfen, ein bisschen klarer zu sehen. Ihre Kinder können das höchstwahrscheinlich nicht und sollen es auch nicht.

Wenn Sie sich Ihrer Verantwortung bewusst sind und Ihre Kinder so mit der Situation konfrontieren, wie es ihrem Alter und ihrer Sensibilität entspricht, zeigen Sie ihnen, dass Sie eine Familie sind. In einer Familie unterstützt und ermutigt man sich gegenseitig und nimmt am Leben der anderen – mit allen seinen Schattenseiten – teil.

Wenn ich die Kinder weggeschickt hätte, hätten wir alle an jenem Tag eine wichtige Erfahrung nicht gemacht: dass wir einander helfen und unterstützen können, wenn es Probleme gibt. So etwas können wir nur in schwierigen Situationen lernen.

◆ *Sich der Angst stellen*

Können Sie sich an eine Situation erinnern, in der Sie trotz Ihrer Angst Auskünfte klug ausgewählt haben? Wann haben Sie das nicht getan? Wie würden Sie Ihre damalige Reaktion ändern? Können Sie aus dieser Erfahrung lernen, um beim nächsten Mal besser zu reagieren?

Sich gegen die Angst wappnen

Bauen Sie Ihren Angstfilter ein. Bevor Sie die nackten Informationen zu einer beängstigenden Situation weitergeben, klären Sie für sich, wie Sie das auf verantwortungsvolle Weise tun können. Wenn Sie das nicht schaffen, bitten Sie einen Erwachsenen, Ihnen zu helfen. Halten Sie Ihre Kinder für kurze Zeit von der Situation fern und beten Sie um Weisheit, eine gute Einschätzung der Lage und Führung. Erst dann sollten Sie die Kinder wieder in die Situation einbeziehen und ihnen die Möglichkeit geben, sich einzubringen.

◉ Vertrauensvers

Doch gerade dann, wenn ich Angst bekomme, will ich mich dir anvertrauen. Ich lobe Gott für das, was er versprochen hat; ihm vertraue ich und fürchte mich nicht.

Psalm 56,4-5a (Hfa)

Auch berechtigte Ängste können sich negativ auswirken

Warum wir nicht dem Club der ängstlichen Mütter beitreten sollten

Natürlich gehört es zu einer vernünftigen Erziehung, unseren Kindern Vorsicht beizubringen. Aber niemand will sie zu Angsthasen erziehen.

Erst als ich mich wegen dieses Buches mit mehreren Psychologen unterhielt, wurde mir klar, wie viel Angst – direkt oder indirekt – *erlernt* ist. Die Psychologie vermutet, dass eine gewisse Neigung zu Angst genetisch veranlagt sein kann. Ängstliche Eltern haben tatsächlich häufig ängstliche Kinder. Aber die meisten Psychologen gehen noch weiter. Sie sagen: Oft *erziehen ängstliche* Eltern ihre Kinder zur Ängstlichkeit.

Unsere Ängste wecken bei unseren Kindern Ängste. Wie wir selbst mit Angst umgehen, kann manchmal das genaue Gegenteil von dem, was wir eigentlich erreichen wollen, bewirken. Wir müssen auch bei der Erziehung Mut beweisen.

Eine Psychologin gab mir ein Beispiel: Eine Patientin hatte ihrer Tochter, die in die Unterstufe ging, aus verständlichen Gründen den Besuch von Veranstaltungen, bei denen Mädchen und Jungen zusammenkamen, prinzipiell verboten. *Sie wird noch früh genug Jungen kennen lernen,* dachte diese Mutter. Welche Mutter einer Zwölfjährigen windet sich nicht, wenn davon die Rede' ist, mit einem Jungen zu gehen oder dass ihre Tochter einen Jungen »süß« findet usw.

Natürlich erinnern wir uns an unsere eigene Teenagerzeit, aber die Welt ist seitdem irgendwie anders geworden. Die Kinder scheinen heute mit allem viel früher anzufangen als wir.

Es verblüffte mich, zu hören, dass die Einstellung dieser Mutter nicht nur Vorteile hatte, sondern auch echte Gefahren in sich barg. Warum? Weil die Mutter diese Grenzen aus *Angst* zog. Aus Angst, dass ein Junge etwas Unanständiges tun würde.

Als die Psychologin erklärte, wozu solche Beschränkungen führen können, ging mir ein Licht auf. Welche Botschaft – subtil, aber trotzdem unmissverständlich – sendet dieses Verbot der Mutter aus? Wir halten uns von Dingen fern, die schlecht oder gefährlich sind. Also lautet die Botschaft – ob beabsichtigt oder nicht –: *Jungen sind gefährlich.*

Verlagern wir dieses Denken jetzt ein paar Jahre in die Zukunft zu den unvermeidlichen Kontakten zwischen Jungen und Mädchen. Es gab kein Lernfeld, keine Relativierung, keine Gelegenheit, Erfahrungen zu sammeln, die helfen, berechtigte Ängste von falschen zu unterscheiden. Dieses Mädchen hat unterschwellig ständig gelernt, dass Jungen Macht über sie haben und dass es sich deshalb anders verhalten muss. Die Angst der Mutter – die weit über jede gesunde Vorsicht hinausging – lehrte ihre Tochter, dass sie ihr Verhalten ändern muss (d.h. zu bestimmten Veranstaltungen nicht gehen soll), weil sie sich nicht schützen kann. Im Grunde hat sie gelernt: *Jungen haben mehr Macht als sie.*

Was passiert also, wenn ein Junge sie körperlich bedrängt oder sich unanständig benimmt? Dieses Mädchen ist nicht imstande, sich zu wehren und sich ihm zu widersetzen. *Die Gefahr, dass sie genau die Probleme bekommt, die ihre Mutter unbedingt vermeiden wollte, ist groß.* Warum? Weil die *meisten* Jungen *nicht* gefährlich sind, aber dieses Mädchen hat nicht gelernt, erstens die Guten von den Schlechten zu unterscheiden und zweitens sich zu verteidigen.

Keine Mutter auf Erden würde so etwas absichtlich tun. Wie ist es also dazu gekommen? Diese Mutter hatte eine vernünftige Vorsicht (die erfordert, dass wir Vorsichtsmaßnahmen ergreifen) stark übertrieben. Sie hatte ihre Tochter bestens *beschützt*, aber nur sehr wenig *vorbereitet*. Diese Mutter ließ sich von ihrer übermäßigen

Angst beherrschen – sie hatte nicht nur Angst vor *bösen* Jungen, sondern vor *allen* Jungen. Ihrer Tochter passiert zwar vielleicht nie eine Vergewaltigung, Missbrauch oder sonst etwas Schreckliches, aber es ist tragisch, dass diese Mutter durch ihre übertriebene Angst die Wahrscheinlichkeit *erhöht* hat. Das brachte mich wirklich zum Nachdenken. Wir müssen erkennen, dass *ungezügelte Angst uns zu nachteiligen Entscheidungen verführen kann.*

Am besten nehmen wir unsere Ängste in Angriff, statt vor ihnen davonzulaufen, denn wenn wir uns flüchten, machen wir die Sache oft noch schlimmer. Unserer Tochter zu verbieten, dass sie mit zehn Jahren mit einem Jungen weggeht, ist vernünftig. Aber eines Tages wird sie mit Jungen ausgehen. Wenn wir sie so lange wie möglich vor den schlimmen Dingen der Welt abschirmen wollen und ihr deshalb beibringen, dass *alle Jungen schlecht sind und sie noch nicht einmal mit ihnen im selben Raum sein kann, weil sie weiß der Himmel was tun,* nehmen wir ihr die Möglichkeit zu lernen, warum sie manche Jungen meiden sollte und mit anderen befreundet sein kann. Sie muss lernen, wie, wann und warum man mit einem Jungen geht. Es muss ein Gleichgewicht herrschen zwischen Schutz und Vorbereitung.

Natürlich wird mir angst und bange, wenn ich daran denke, dass meine Tochter irgendwann mit Jungen ausgeht. Welche Mutter zerbricht sich nicht den Kopf darüber? Diese Geschichte zeigt mir jedoch, welche Konsequenzen es haben kann, wenn ich zulasse, dass meine Angst mir meinen klaren Verstand raubt. Sie bestärkt mich darin, wie wichtig es ist, als Mutter Mut zu beweisen. Mut macht uns fähig, unsere Kinder nicht nur beschützen zu wollen, sondern sie auch gut vorzubereiten. Wir müssen uns unseren Ängsten als Mütter nicht nur aus eigenem Interesse stellen, sondern auch, weil unsere Kinder uns zuschauen.

Wenn unsere Kinder sehen, wie wir einer törichten Angst nachgeben oder wie wir vor Dingen davonlaufen, die uns Angst einjagen, bringen wir unseren Kindern bei, dass diese Dinge Macht haben. In manchen Fällen ist das auch gut so. Autos sind einfach gefährlich. Es ist richtig, dass unsere Kinder lernen, sie zu fürchten. Wir versuchen, unsere Kinder zu lehren, den Herrn zu fürchten, weil Gott wirklich Macht hat. Waffen, Krankheiten, Sünde und Verbrecher haben auch Macht. Aber wollen wir unseren Kindern wirklich beibringen, dass sie machtlos sind?

Wir müssen begreifen, dass Angst Vor- und Nachteile hat. Es gibt schlechte Ängste, und es gibt gute Ängste. Dr. David Burns schlägt eine wirkungsvolle Übung vor, die uns helfen kann, Ängste richtig einzuordnen. Wenn Sie einer Angst gegenüberstehen, dann nehmen Sie ein Blatt Papier und ziehen Sie in der Mitte einen Strich. Auf die linke Seite schreiben Sie »Nachteile« und auf die rechte Seite »Vorteile«.[13] Ich würde noch hinzufügen, dass Sie kurz innehalten und Gott um Weisheit und Führung bitten sollten. Nehmen Sie sich jetzt Zeit und gehen Sie der Sache, vor der Sie Angst haben, auf den Grund.

Nehmen wir zum Beispiel die überraschend weit verbreitete Angst, dass Ihre Kinder Sie hassen werden, wenn sie groß sind, dass Sie einen schweren Fehler in der Erziehung machen, den die Kinder nie verschmerzen und Ihnen nie vergeben werden. Diese Angst kann mehrere Vorteile haben. Versuchen Sie, Ihre Gedanken aufzuschreiben, wie sie Ihnen in den Sinn kommen, ob sie vernünftig sind oder nicht. Zum Beispiel kann das Bewusstsein, dass Sie Schaden anrichten können, Sie vielleicht anspornen, Ihre Entscheidungen vernünftig zu treffen. Wir meinen, wir wären bessere Mütter, wenn unsere Kinder uns mögen. Diese Angst kann uns davon abhalten, unangemessen zu reagieren, wenn wir uns ärgern. Sie kann uns veranlassen, einen Elternkurs zu belegen oder den Rat anderer Eltern einzuholen. Diese Angst verrät, dass uns das seelische Wohl unserer Kinder und unsere Beziehung zu ihnen wichtig sind. Sie bedeutet, dass Sie eine gute Mutter sein wollen, dass Sie

13 Burns: Fühl dich gut.

wollen, dass Ihre Kinder Sie als positiven Einfluss in ihrem Leben betrachten.

Sehen wir uns nun die Nachteile an. Wenn wir wollen, dass unsere Kinder alles mögen, was wir tun, könnte uns das verleiten, dort weich zu werden, wo wir konsequent sein müssen. Es kann uns verleiten, ständig die Zustimmung unserer Kinder zu suchen. Die große Angst, wir könnten unseren Kindern schaden, kann uns ganz passiv machen, dass wir am Ende eher die Freunde als die Eltern unserer Kinder sind. Sie bringt zusätzlichen Stress und Druck in unser Leben, weil sie uns zwingt, jede getroffene Entscheidung wieder in Frage zu stellen.

Vor- und Nachteile aufzulisten kann Ihnen ein klareres Bild von Ihrer Angst geben und davon, wie sie sich für Sie und Ihre Kinder auswirken kann.

Sie müssen diese Übung schriftlich machen. Es klappt nicht, wenn Sie nur versuchen, die Vorteile und die Nachteile im Kopf durchzugehen. (Glauben Sie mir, ich habe es versucht. Es funktioniert einfach nicht.) Das liegt daran, dass wir einen unsinnigen Gedanken erst dann erkennen, wenn wir ihn schriftlich vor uns sehen. Zum Beispiel werden Sie den Gedanken: *Meine Kinder werden mich hassen, wenn sie groß sind,* ohne Weiteres akzeptieren. So etwas ist bestimmt jeder Mutter schon einmal durch den Kopf gegangen. Aber wenn wir ihn schwarz auf weiß lesen, geht uns auf, wie überzogen eine solche Vorstellung ist. Wir können Beweise suchen, um diesen Gedanken zu belegen oder um ihn zu entkräften. Wenn wir diese Analyse zu Papier bringen, bekommen wir die Distanz, um unsere Gedanken und Gefühle wirklich zu hinterfragen und sie als Tatsache zu erkennen oder als Hirngespinst zu entlarven.

Ich glaube, Gott wird Ihnen helfen, Ihre Situation zu beleuchten, und Ihnen seine Weisheit schenken. Bitten Sie ihn, Ihnen das Gleichgewicht zwischen den Vor- und Nachteilen zu zeigen, Ihr emotionales Rotes Meer zu teilen und Ihnen einen sicheren Weg hindurch zu zeigen. Er hat versprochen, uns Weisheit und Rat zu geben, wenn wir ihn darum bitten. Er ist selbst Vater und lässt seinen Kindern die Freiheit, sich für den falschen Weg zu entscheiden. Gott weiß Dinge über Sie, Ihre Kinder und die Situation, die Sie vielleicht nie sehen oder einfach jetzt noch nicht wissen.

Wovor lohnt es sich, Angst zu haben, und wovor nicht? Unsere Kinder übernehmen das, was sie bei uns beobachten.

◆ *Sich der Angst stellen*

Welche Sorge um die Entwicklung Ihres Kindes macht Ihnen am meisten Angst? Kann diese Sorge Ihr Denken so sehr verzerren wie bei der Mutter in unserem Beispiel? Was können Sie tun, um klarer zu sehen?

Sich gegen die Angst wappnen

Ziehen Sie in der Mitte eines Blattes Papier eine Linie und schreiben Sie über die eine Spalte: »Vorteile dieser Angst«, und über die andere Spalte: »Nachteile dieser Angst«. Schreiben Sie Ihre Gedanken über die positiven und die negativen Folgen Ihrer Angst und Ihren Umgang damit auf. Wenn Sie das schriftlich tun, können Sie leichter zwischen stichhaltigen Gedanken und emotionalen Überreaktionen unterscheiden. Dann können Sie beurteilen, ob die Angst sich wirklich lohnt, und Schritte ergreifen, wie Sie damit leben oder diese Angst bezwingen können.

● Vertrauensvers

Aber Gott ist treu und wird nicht zulassen, dass die Prüfung über eure Kraft geht. Wenn er euch auf die Probe stellt, sorgt er auch dafür, dass ihr bestehen könnt.

1. Korinther 10,13 (GN)

Manche Ängste können uns von Gutem abhalten

Die Gabe, unsere Angst zu überwinden

Es ist gut, unsere Kinder Vorsicht zu lehren. Es ist vernünftig, ihnen beizubringen, Gefahren ernst zu nehmen und nicht leichtfertig mit ihrem Leben, dem Leben anderer oder den Talenten, die Gott ihnen gegeben hat, umzugehen. Manche Ängste sind *berechtigt*. Man wird sie nie los – und das ist auch gut so.

Doch manche Ängste sollte man bekämpfen. Diese Ängste – alberne Ängste, wenn Sie so wollen – bringen nichts ein. Im Gegenteil, sie können einen sogar davon abhalten, gute Erfahrungen zu machen. Solche Ängste wollen wir unseren Kindern natürlich ersparen. Wir können unseren Kindern keinen besseren Dienst erweisen, als sie zu lehren, *darüber hinwegzukommen*.

Nehmen wir ein klassisches Beispiel: Lampenfieber. Ich spiele Harfe – und zwar wirklich gern. Es gibt nicht viele Harfenspieler. Deshalb ist es etwas Besonderes und kommt gut an. Aber ich habe gleichzeitig als Musikerin furchtbares Lampenfieber. Das ist absurd, denn ich kann ohne Weiteres vor vielen Menschen sprechen; ich merke, wie mein Pulsschlag sich beschleunigt, sehe darin nur einen wertvollen Energiestoß und gehe ohne die geringste Angst auf die Bühne.

Stellt man mich jedoch hinter eine Harfe, werde ich total nervös, selbst wenn nur drei Leute zuhören. Wozu hat das geführt? Es hat mich davon abgehalten, vor anderen zu spielen. Was dumm ist, denn was bringt es, ein Instrument zu spielen, wenn uns niemand spielen hört? Ja natürlich, ich weiß, was für eine Freude es ist, allein für mich oder für Gott zu spielen, aber wir alle wissen, dass das nur eine Bestimmung von Musik ist. Und, wie eine Freundin kürzlich zu mir sagte, wie oft im Leben hat ein

Durchschnittsmensch schon Gelegenheit, eine Harfe spielen zu hören?

Die Situation ist im Grunde nicht anders als bei der überängstlichen Mutter im letzten Kapitel. Ich lasse eine absurde Angst über mein Handeln bestimmen. Ich trete gern auf. Ich habe gern Publikum (vielleicht sogar zu gern). Dass ich dieser Angst nachgegeben habe, hat mich selbst eingeschränkt, denn jeder Musiker wird bestätigen, dass man manche Dinge *nur* dadurch lernt, dass man sie praktiziert. Ich behindere mich als Musikerin, weil ich mir Sorgen mache, dass ich nicht gut sein könnte. Ich lasse mich von meiner Angst zu etwas verleiten (dass ich zum Beispiel Situationen meide, in denen ich vor anderen spielen müsste), wobei ich das Gefühl habe, ich würde mich dadurch schützen, aber in Wirklichkeit verstärke ich damit nur meine Angst und mache alles noch schlimmer.

Eine ganze Weile ließ ich mich davon knebeln und lehnte immer wieder ab, in der Kirche zu spielen. In der kurzen Zeit, in der Mandy Harfe spielte, zeigte sich, dass das Kind nicht das geringste Lampenfieber hat, wenn es um Musik geht. Sie ist das Gegenteil von mir – sie hat keine Probleme, auf der Bühne ein Instrument zu spielen, aber es fällt ihr schwer, vor anderen eine Rede zu halten.

Unsere Kinder sollen merken, dass wir Ängste haben. Das zeigt ihnen, dass Angst zum Leben einfach dazugehört. Mutige Menschen sind nicht Menschen, die keine Angst kennen; sie sind Menschen, die sich von ihrer Angst nicht *aufhalten* lassen. Wir tun unseren Kindern keinen Gefallen, wenn sie nicht sehen dürfen, wie wir mit unseren Ängsten *umgehen.*

Mir wurde klar, dass ich Amanda vorlebe, aus Angst etwas zu meiden. Ich lebe ihr vor, dass Lampenfieber Macht hat. Die Macht, mich von etwas abzuhalten, von dem ich in Wirklichkeit profitieren würde. Das ist ein besonders aussagekräftiges Beispiel, denn obwohl unser Lampenfieber zu verschiedenen Gelegenheiten auftritt, zeigt es uns, dass die Angst und nicht die Situation bekämpft werden muss. Mandy wird nicht lernen, vor einem Publikum eine Rede zu halten, indem sie mich bei einer Ansprache beobachtet, weil sie schnell merkt, dass ich keine Angst habe. Aber ich fördere *ihre* Art von Lampenfieber, indem ich mich von *meiner* Art Lampenfieber unterkriegen lasse.

Der einzige Ausweg für uns beide bestand darin, dass ich vor ihren Augen meine Angst überwinden musste. Denn wenn ich das nicht tue, vermittele ich ihr indirekt: »Du kannst deine Angst auch nicht besiegen.« Es wäre doch schade, wenn ich sie um ein großes Talent brächte, weil sie ihrer Angst nachgibt. Außerdem bin ich wirklich überzeugt, dass es uns etwas bringt, wenn wir unsere Angst überwinden.

Fest entschlossen steckte ich mir dieses Jahr neue Ziele, als meine Harfenlehrerin fortzog und ich mir eine neue suchen musste. Bei meiner Suche nach einer neuen Lehrerin setzte ich mir als oberstes Ziel, meine Angst, vor anderen aufzutreten, zu überwinden. Drei Monate haben wir daran gearbeitet. Vor kurzem habe ich zum ersten Mal seit über einem Jahr in der Kirche gespielt, auch wenn sehr viel Vorbereitung dafür nötig war und meine Knie vor Lampenfieber zitterten.

Mandy bekam diese ganzen Vorkehrungen mit, sie sah, wie ich gegen meine Angst ankämpfte. Sie schaute zu, wie ich im Zimmer spielte, schaute zu, wie ich mein Spiel auf Kassette aufnahm und es mir anhörte, bis ich nicht mehr das Gesicht verzog, und sie begleitete mich sogar am Vorabend, um die Harfe aufzustellen. Und sie feuerte mich am meisten an. Das war ein herrliches Geschenk.

Manchmal zeigt sich, dass unsere Kinder nicht nur unser Publikum sind, sondern auch unsere wertvollste Unterstützung. Das war eine weitere Einsicht, die ich beim Tod meiner Mutter hatte. Ich habe schon von dem Stress bei den Beerdigungsvorbereitungen erzählt. In jener Woche befiel mich jedoch noch eine andere Angst, mit der ich überhaupt nicht gerechnet hätte: Plötzlich hatte ich Angst vor einer ganz gewöhnlichen Autofahrt.

Ich hatte beschlossen, in den zehn Tagen nach Mamas Beerdigung ihren Hausstand aufzulösen. (Es war Sommer und es waren die letzten noch unverplanten Tage für einige Zeit.) Mama wohnte in Connecticut nicht weit von der Küste. Also plante ich, vormittags im Haus zu arbeiten und nachmittags mit den Kindern ans Meer zu fahren. Es gab eine Unmenge zu tun: Fotos, Kleidung und Schmuck aussortieren, Post erledigen, Abonnements kündigen, tausend andere Kleinigkeiten.

Diese Tage gaben mir auch Gelegenheit, mit den Kindern meine liebe Freundin Becky zu besuchen, die im Nachbarstaat New Jersey wohnte. Becky war in Chicago eine sehr gute Freundin von mir gewesen, war aber vor kurzem an die Ostküste gezogen. Ich hatte die härteste Woche meines Lebens hinter mir und wollte nichts anderes, als mich in ihre Küche setzen und Kaffee trinken, bis ich vielleicht wieder ein wenig lachen könnte. Ich wäre über Glasscherben gekrochen, um zu ihr zu kommen, so sehr brauchte ich ihre Gesellschaft.

Warum hatte ich, die erst drei Monate zuvor mit den Kindern für zehn Tage quer durch das ganze Land gefahren war (und zwar zu Becky!), plötzlich eine furchtbare Angst, dass ich die zwei Stunden nach New Jersey nicht schaffen könnte? Wer weiß? Ich bin nicht einmal sicher, dass es dafür einen Grund geben muss. Wenn man die letzten Tage in äußerster Anspannung verbracht hat, braucht man keine riesige Herausforderung, um durchzudrehen. Eine winzig kleine Anforderung reicht schon.

Ich geriet in Panik. Obwohl ich eine Straßenkarte und eine klar verständliche Wegbeschreibung vor mir hatte, thronte die Fahrt so unüberwindbar wie der Mount Everest vor mir, unendlich größer als meine Fähigkeiten. Ich setzte mich auf das Bett meiner Mutter, verteilte die Straßenkarten auf der Bettdecke, die wir ihr erst letztes Weihnachten gekauft hatten, und jammerte. Noch nie zuvor in meinem Leben hatte ich so viel Angst gehabt, mich hinter das Lenkrad eines Autos zu setzen. Jeff war wieder in Chicago, weil er wieder arbeiten musste, nachdem er sich fast eine Woche freigenommen hatte, um bei mir in Connecticut zu sein. Ich rief ihn völlig aufgelöst an. Er versuchte, mir zu helfen, so gut er konnte. Aber wie sollte er?

Meine Kinder konnten mich nicht nach New Jersey fahren. Aber sie bekamen mit, wie ich mich durch diese absurde Angst vor einer ganz gewöhnlichen Aufgabe von etwas abhalten ließ, das ich gern tun wollte.

Mandy und Christopher kamen herein und setzten sich zu mir aufs Bett. Ich war zu erschöpft, um meine Angst vor ihnen zu vertuschen. Es hätte übel enden können, wenn ich meinen Filter nicht eingeschaltet hätte. Wenn ich zugelassen hätte, dass sie zu viel von meiner tiefen Trauer um meine Mutter mitbekamen. Es hätte eine schlechte Erfahrung werden können. Aber das Gegenteil passierte.

Meine eigenen Kinder redeten mir gut zu, dass ich diese Aufgabe schaffen könnte. Sie erinnerten mich an die Autofahrt, die wir erst in diesem Jahr unternommen hatten, und dass wir dabei viel größere Herausforderungen bewältigt hatten, als jetzt zu dritt nach New Jersey zu fahren. »Aber Mama, du bist doch von *Chicago* zu Becky gefahren. Von Connecticut aus ist es viel näher.«

Meine Kinder sahen, wie ihre Mutter fast zusammenbrach. Und sie richteten sie wieder auf. Warum? Dank Gottes Gnade gelang es mir, mich auf das *konkrete* Problem zu konzentrieren, das gelöst werden musste. Gewiss, meine Mutter war gerade gestorben. Das Leben war ziemlich durcheinander geraten. Viele größere Probleme bauten sich vor mir auf. Aber es wäre unfair und unverantwortlich gewesen, meine ganzen Sorgen in vollem Ausmaß auf sie abzuladen. Ich konnte von ihnen nicht erwarten, die seelischen Belastungen durch einen Hausverkauf, den Tod meiner Mutter und die Trauer um mein letztes Elternteil zu begreifen. Denn für keinen dieser Punkte gibt es leichte, schnelle Lösungen.

Aber im Augenblick musste ich nur nach New Jersey kommen. Das konnten meine Kinder verstehen. Damit konnten sie umgehen.

Die ganzen traurigen Umstände bedingten zwar bestimmt meine Angst vor der Autofahrt, aber sie waren nicht das reale Problem an diesem Tag. Irgendwie gab Gott mir die Kraft, das zu erkennen und meine Kinder zu bitten, diese eine Aufgabe, die im Moment anstand, mit mir gemeinsam zu lösen: die Fahrt nach New Jersey.

Ich ließ mir von ihnen helfen. Rückblickend frage ich mich, ob ich ihre Hilfe angenommen hätte, wenn ich in einer besseren psychischen Verfassung gewesen wäre. Ich hätte mit Sicherheit zehn Gründe gefunden, warum sie sehen müssen, dass ihre Mutter die Dinge unter Kontrolle hat. Unter anderen Umständen hätte ich ihnen wahrscheinlich nichts von meiner Angst vor dieser Fahrt gesagt. Ich hätte wohl auf den alten Spruch zurückgegriffen: »Es ist schon gut. Mama kümmert sich darum.«

So hätten wir es vielleicht auch nach New Jersey geschafft, aber es wäre ein größerer Kraftakt gewesen. Stattdessen erlaubte ich ihnen, mir bei dem Problem beizustehen. Ich ließ sie sehen, wie schwer ich mich damit tat – auf einer Ebene, auf der sie damit umgehen konnten –, und ich ließ mir von ihnen helfen.

Wir schafften es nach New Jersey, und allen ging es bei unseren lieben Freunden viel besser. Ich saß an Beckys Küchentisch und trank Kaffee, bis sich mein Leben wieder ein klein bisschen normal anfühlte. Und ich dankte Gott immer wieder für diese Ermutigung.

Wie halfen mir meine geliebten Kinder, es nach New Jersey zu schaffen? Es war ihre Idee, unterwegs an nicht weniger als *drei* Donutläden anzuhalten. Dadurch verwandelte sich diese Angstfahrt in ein zweistündiges »Wer-findet-den-nächsten-Donutladen?«-Spiel.

Tod und Trauer, ernste Verletzungen nach einem Autounfall – solche Dinge dürfen uns wirklich Angst machen. Zwei Stunden nach New Jersey zu fahren oder vor einem Publikum Harfe zu spielen jedoch nicht. Aber ich kann Ihnen sagen, dass sich beides sehr real *anfühlt*.

In diesem Fall ging es darum, warum es gut ist, ein Risiko einzugehen, und warum manche inneren Widerstände überwunden werden sollten. Ich bete dafür, dass meine Kinder durch diese gemeinsame Erfahrung lernen, sich bestimmten Ängsten zu stellen und sie zu besiegen.

Ich möchte ihnen nicht beibringen, dass Angst überlegen ist; ich will ihnen zeigen, wie stark Mut ist. Sie sollen lernen, dass ich die Ereignisse nicht in der Hand habe und dass ich für die Sicherheit der Menschen, die ich liebe, nicht garantieren kann, aber dass ich bestimmen kann, wie ich reagiere. Es liegt in meiner Hand, ob ich durch ein Ereignis oder eine Herausforderung stärker werde und mich von Gott als Werkzeug benutzen lasse, um meine Familie zu stärken.

◆ Sich der Angst stellen

Sie wussten, dass das jetzt kommt: Bei welcher Angst müssen Ihre Kinder sehen, wie Sie damit fertig werden? Natürlich ist es schwer, aber vielleicht bekommen Sie mehr Mut, wenn Sie daran denken, dass Ihre Kinder durch diese Erfahrung reifen. Wie steht es mit Ihrer eigenen Entwicklung? Wie kann jeder was davon haben?

■ Sich gegen die Angst wappnen

Wenn man Mut fasst, ist das ein herrliches Gefühl. Fassen Sie den Entschluss, sich einer konkreten Angst zu stellen. Schreiben Sie auf, welchen Nutzen Ihre Kinder daraus ziehen können, wenn sie sehen, wie ihre Mutter diese Angst besiegt. Stellen Sie sich wunderbare Erfahrungen vor, die Ihre Kinder machen werden, weil sie durch Ihr Beispiel von ihrer eigenen Angst befreit werden. Lassen Sie sich davon motivieren und Mut machen. Gönnen Sie Ihren Kindern die Freude, ihre Mama anzufeuern und ihren Triumph zu bejubeln.

● Vertrauensvers

Deshalb bin ich auch ganz sicher, dass Gott sein Werk, das er bei euch begonnen hat, zu Ende führen wird, bis zu dem Tag, an dem Jesus Christus kommt.

Philipper 1,6 (Hfa)

$\mathcal{D}$ie Show muss weitergehen

Wenn wir als Eltern ständig beobachtet werden, sollten wir möglichst die ganze Zeit unser bestes Verhalten an den Tag legen, oder? Ein solcher Druck macht Erziehung so kräftezehrend. Ich habe mal im Spaß gesagt: »Erziehung wäre um vieles leichter, wenn die Kinder nicht wären.« Dieser Satz ist ja so *wahr*. Jede Frau hat das Gefühl, dass wir viel bessere Mütter sein könnten, wenn wir nicht *so sehr* Mutter sein müssten. Das ständige Im-Dienst-Sein als Mutter lässt sich manchmal mit chinesischer Wasserfolter vergleichen. Der einzelne Tropfen tut noch nicht weh, aber 827 Tropfen hintereinander bringen uns an den Rand der Verzweiflung.

Die Wahrheit, die das Lampenfieber bekämpft, kann uns den Druck bei der Kindererziehung nehmen. Meine Harfenlehrerin sagte zu mir: »Keiner Ihrer Zuhörer sitzt da und wartet nur darauf, dass Sie einen Fehler machen.« Mein Kopf kann das verstehen, aber mein Herz (genauer: meine Herzfrequenz) muss das erst noch begreifen. Wenn ich ein Musikstück höre, analysiere ich es nicht kritisch. Ich lasse die Musik einfach auf mich wirken und genieße sie. Jemand könnte ein ganzes Stück verpatzen und noch einmal von vorne anfangen, und ich würde immer noch etwas von der Musik haben. Warum nutze ich dieses Wissen nicht, um meine Angst loszuwerden, vor anderen einen Fehler zu machen?

Ich glaube, Mütter leiden auch unter einer Form von Lampenfieber. Die ganzen psychologischen Bücher, die Eltern für alles die Schuld geben, lassen uns glauben, wir dürften vor unseren Kindern keine Fehler machen.

Unsere Kinder sind aber nicht darauf aus, uns zu verurteilen, genauso wenig, wie ein Musikliebhaber ins Konzert geht, um den Musiker zu kritisieren. Nein, sie warten, sie hören zu und sie sind gern bereit, uns freundlich aufzunehmen und das Gute an unserer Leistung zu sehen und nicht irgendwelche Fehler. Natürlich beobachten sie uns, und natürlich lernen sie von uns, aber sie sind keine Kritiker (Teenager vielleicht ausgenommen). Wie leicht glauben wir doch, unsere Kinder würden uns belauern, nur um uns auf unsere Fehler festzunageln, obwohl sie uns doch in Wirklichkeit wegen unserer Bemühungen lieben.

Gegen Ende meines Drahtseilunterrichts traten meine Lehrer bei einer Zirkusvorstellung auf. Unsere ganze Familie saß im Publikum. Es war ein herrlicher Abend. Wir bewunderten die faszinierenden Vorführungen, die meine Lehrer und ihre begabten Kollegen darbrachten. Ich konnte kaum glauben, dass ein menschlicher Körper so etwas vollbringen kann. Gegen Ende des Auftritts wagte mein Lehrer Tony eine wirklich verblüffende Nummer. Der erste Versuch misslang. Er rutschte ab und landete fast auf dem Schoß eines Zuschauers. Das Publikum hielt hörbar den Atem an. Einen kurzen Moment wurden wir trotz der Kostüme und der Schminke daran erinnert, dass er ein *Mensch* war und kein Zauberer.

Dieses Wissen machte es umso herrlicher, als Tony die Figur beim nächsten Versuch schaffte. Ich stellte fest, dass wir seine Leistungen *umso mehr* bejubelten, *weil* wir den ersten misslungenen Versuch gesehen hatten. Das machte uns erst bewusst, wie erstaunlich das ist, was Tony vollbringt. Wir schauten ihm an diesem Abend nicht nur zu, wir feuerten ihn an. Aus bloßen Zuschauern wurden Mutmacher und Feiernde. Etwas Besseres kann man als Publikum nicht erleben.

Wenn wir als Eltern nur wie Tony sein könnten! Wenn wir zwar vorsichtig, aber nicht übernervös wären, so dass wir vor unseren Kindern auf die Nase fallen und uns wieder aufrappeln könnten, um beim zweiten Anlauf mehr Erfolg zu haben. Wenn diese Wahrheit nur den weiten Weg von meinem Kopf zu meinem Herzen schaffen könnte, würde ich voll Freude auf meiner Harfe spielen, sobald mich jemand darum bittet. Wenn ich diese Wahrheit beherzige, bin ich mit viel mehr Liebe Mutter – aber mit entschieden weniger Angst.

Kapitel 9

Die Sicht

»Ich habe Angst, dass ich einen wichtigen Augenblick verpasse.
Dass ich eine einmalige große Chance in ihrer Entwicklung
verpatze.«

»Ich habe Angst, dass uns mal das Geld ausgeht
und meine Kinder nicht bekommen,
was sie brauchen, weil ich nicht mehr arbeiten gehe,
sondern bei meinen Kindern zu Hause bleibe.«

»Ich mache mir Sorgen, dass es falsch war,
ihnen so viel Fernsehen,
Computer und Videospiele zu erlauben.
Was ist, wenn sie jetzt für immer süchtig geworden sind?«

»Jeder sagt: ›Wähle deine Schlachtfelder mit Bedacht aus.‹
Was ist, wenn ich das nicht schaffe? Was ist, wenn ich erst merke,
dass ich mich vertan habe, wenn es schon zu spät ist?«

Schau nach unten. Nein, bloß nicht. Nein.

Was sagt man als Erstes über einen Aussichtspunkt? »Oh, schau nur, was für einen herrlichen Blick man von hier oben hat!« Allerdings hat die Medaille zwei Seiten: Wir können weiter sehen, aber das heißt auch, dass wir tiefer *fallen* können. Die Höhe schenkt eine gute Aussicht, andererseits erhöht sie auch die Gefahr.

Es ist so ähnlich, wie wenn man auf der Aussichtsplattform des *Empire State Building* steht. Wenn wir hinausschauen, können wir meilenweit in alle Richtungen sehen und bekommen einen faszinierenden Eindruck von der erstaunlichen Größe der Stadt. Wir bewundern die Schönheit der Skyline, die wir unten auf der Erde nicht sehen könnten. Es ist ein atemberaubender Anblick.

Beugen wir uns jedoch vor und schauen nach unten, ändert sich das. Plötzlich spüren wir das beunruhigende leichte Schaukeln, das alle Wolkenkratzer haben. Unser Verstand rechnet aus, wie weit wir über der Erde sind. Wir bemerken den abgesicherten Zaun rund um die Plattform, der uns daran erinnert, dass dies eine todsichere Gelegenheit wäre, unserem Leben ein Ende zu setzen, falls uns der Sinn danach stünde. Uns fallen diese ganzen Geschichten ein, in denen Leute Münzen vom *Empire State Building* werfen, die auf dem Weg nach unten so viel Geschwindigkeit zulegen, dass sie jemanden töten können.

Vergessen ist der Panoramablick. Wir haben genug gesehen. Wir weichen zitternd zurück in die Sicherheit der Halle und sind dankbar für den Druck, der sich auf die Ohren legt, während der Aufzug die sechsundachtzig Stockwerke hinabsaust. Nichts hat sich verändert, nur unser Blickwinkel. Und auf den kommt es letztendlich an.

Die meisten Mütter haben bei der Erziehung eine Perspektive, die genauso beängstigend ist wie die Höhe des *Empire State*

Building. Es fällt uns schwer, die Aussicht unseres Weges als Eltern und den besonderen Reiz, ein menschliches Leben mitzugestalten, zu genießen, weil wir uns von den Gefahren so leicht in den Bann ziehen lassen. Weil es so viele Gefahren *gibt.*

Für eine Mutter gibt es keine Sicherheiten! Also schauen Sie bloß nicht nach unten! Aber wir *müssen* nach unten schauen. Wenn wir die Gefahren berücksichtigen, die es mit sich bringt, in unserer heutigen Zeit Kinder zu haben, und es dennoch wagen, ist das *wirklich mutig.* Die Art von Mut, die trägt, auch wenn es problematisch wird, weil sie damit rechnet, dass es schwierig *werden* wird. Die Art von Mut, die nicht auf falsche Sicherheiten oder bequemes Leugnen setzt, sondern auf wahre Stärke.

Wenn es Ihnen Angst macht, nach unten zu schauen, gratuliere ich Ihnen. Sie sind deshalb kein Feigling, sondern so klug, die Wahrheit zu sehen. Versuchen Sie, diese Spannung anzunehmen, und deuten Sie diese Sorge als Anzeichen für eine verantwortungsbewusste Erziehung. Ich sage es noch einmal: Wenn Sie sich um die Qualität Ihrer Erziehung sorgen, bedeutet das, dass Sie Ihre Aufgabe ernst nehmen. Sie sind keine schlechte, sondern eine gute Mutter.

Meiner Ansicht nach und nach Meinung der Fachleute, die ich dazu befragt habe, ist nur diejenige Mutter eine schlechte Mutter, die sich um gar nichts kümmert.

Natürlich ist es viel schwerer, unsere Aufgabe als Mutter ernst zu nehmen. Es erfordert viel mehr Mühe, viel mehr emotionale Qualen, viel mehr Opfer, viel mehr von allem. Ihre Angst ist in Wirklichkeit etwas Positives, denn sie zeigt, dass Sie sich der Tragweite Ihrer Aufgabe bewusst sind. Es kommt nun darauf an, *wohin Sie Ihren Blick richten.*

Der Blick nach unten: Wir erkennen an, dass lebenswichtige Lektionen auf uns und unsere Kinder zukommen. Wir dürfen uns zwar nicht davon tyrannisieren lassen, dass wir jeden entscheidenden Augenblick nutzen müssen, aber wir sollten die Augen offen halten.

Der Blick nach oben: Wir erkennen an, dass Gott durch und bei allen unseren Entscheidungen wirkt. Bei den guten genauso wie bei den schlechten Entscheidungen. Der Blick nach oben bedeutet: Wir wissen, dass wir den besten Erziehungspartner an unserer Seite haben. Es erleichtert uns, zu wissen, dass er uns in unserer Unvollkommenheit unterstützen wird, und dass er bereit ist, uns in seinen perfekten Plan einzubeziehen, wenn wir uns von ihm helfen lassen.

Der *Blick in die Ferne*: Wir reißen unseren Blick vom Hier und Jetzt los und fassen das langfristige Ziel ins Auge. Wir richten unseren Blick auf das Endergebnis und bekommen dadurch Kraft für die Herausforderungen und Gefahren unseres unmittelbaren Lebens. Der Blick in die Ferne bedeutet: Wir sehen, warum kurzfristige Frustrationen einen langfristigen Gewinn bringen können. Er bedeutet: Wir lassen zu, dass der Horizont uns das Gleichgewicht, die Richtung und die Geduld schenkt, die wir brauchen, um den heutigen Tag zu bestehen.

Unsere Blickrichtung entscheidet mit darüber, wohin unser Weg führt. Wir sollten darauf achten, dass wir dorthin schauen, wo wir Hilfe erwarten können.

Wir haben Angst, dass wir falsche Entscheidungen treffen

Das größere Problem im Hintergrund

Jede Mutter kennt Augenblicke, in denen eine Stimme tief in uns sagt: »Das ist jetzt wichtig. Dieser Moment ist entscheidend. Pass gut auf.« Solche Augenblicke gibt es selten im Babyalter, aber wenn die Kinder älter werden, häufen sie sich. Wenn uns bewusst ist, was alles auf dem Spiel steht, stellen wir den Staubsauger ab oder legen die Zeitung beiseite und konzentrieren uns voll und ganz auf diesen Moment. Die kostbarsten Augenblicke habe ich als Mutter oft dann erlebt, wenn ich etwas »Wichtiges«, das ich gerade machte, unterbrach und mich auf einen *wirklich* wichtigen Augenblick mit meinem Kind einließ.

Ich will dazu ein Beispiel erzählen: Mein Sohn wollte unbedingt ein nagelneues Spielzeug mit in die Schule nehmen, um es seinen Freunden zu zeigen. Das Spielzeug ging dabei verloren. Ein ganz normaler Vorfall für einen siebenjährigen Jungen. In Wirklichkeit kein größeres moralisches Problem. Sollte man meinen.

Christopher war verständlicherweise völlig aufgewühlt. Ein neues Spielzeug zu verlieren gehört zu den großen Tragödien im Leben eines Siebenjährigen. Bald fand ich jedoch heraus, dass wir beide aus diesem Vorfall viel mehr lernen mussten.

Als Erstes bemerkte ich ein Detail, das einige Fragen bei mir auslöste. So kam ich erst darauf, wie die ganze Sache wohl abgelaufen sein musste. Das Spielzeug bestand aus mehreren Teilen, und ich stellte fest, dass nur eines davon in seinem Rucksack war, als er von der Schule nach Hause kam. Ich hatte nicht extra danach gesucht, sondern es fiel mir in die Hände. Verstehen Sie den Unterschied?

Als wir über die Sache sprachen, verrieten mir mehrere Hinweise, dass Christopher das Spielzeug absichtlich in seinen Rucksack gesteckt hatte, *damit ich es nicht sehen konnte,* aus Angst, ich würde ihm verbieten, das Spielzeug mit zur Schule zu nehmen. Genau an dieser Stelle musste ich *nach unten schauen.* Das wirkliche Problem war nicht, dass er das Spielzeug verloren hatte, sondern dass er versucht hatte, es heimlich aus dem Haus zu schaffen und mit zur Schule zu nehmen. Wenn er gefragt hätte, hätte ich es ihm erlaubt, weil ich weiß, welche Freude ein neues Spielzeug macht. Aber ich hätte darauf bestanden, dass er zuerst seinen Namen auf das Spielzeug schreibt. Da er das nicht getan hatte, blieb es tagelang verschollen.

Ich blickte tiefer und erkannte, dass es bei dieser Sache in Wirklichkeit um Trotz und Unehrlichkeit ging. Ich blickte außerdem tief genug, um zu sehen, dass dies der Auftakt für ein größeres Problem war. Sicher, es war eine kleine Sache, aber es war gleichzeitig der Anlass für Christophers erste Lektion in Sachen Moral.

Wir bestraften den armen kleinen Christopher ziemlich streng. Als ich seine Unterlippe sah, die vor Traurigkeit zitterte, litt ich mit ihm, und eine leise Stimme in mir sagte: »Sei nicht so streng zu ihm. Es war doch nur ein Spielzeug. Bist du sicher, dass deine Reaktion nicht übertrieben ist?«

Dr. E. Maurlea Babb erklärt, dass man Weisheit daran erkenne, wenn man ein solches inneres Zwiegespräch zulassen kann und weiß, welcher Stimme man Gehör schenken sollte. Ich sehe das auch so. Aber ich würde noch etwas hinzufügen: Man weiß, auf welche Stimme man hören soll, wenn man bereit ist, *nach unten zu schauen.* Zu erkennen, womit Christopher Probleme bekommen hätte, wenn wir ihn nicht streng bestraft hätten. Spielsachen zu verlieren ist eine Sache; Unehrlichkeit aber eine ganz andere.

Ja, ich hatte Angst, dass wir ihn übermäßig hart bestraft hatten. Ich fürchtete, wir hätten uns auf dem schmalen Grat zwischen Nachsicht und Strenge vielleicht falsch entschieden. Ich fragte mich, ob und wann wir den nächsten Hinweis für unehrliches Verhalten finden würden – oder wie viele frühere Fälle wir nicht bemerkt hatten. Aber gleichzeitig hatte ich das Gefühl, dass wir als Eltern eine vernünftige Entscheidung getroffen hatten. Hauptsächlich, weil wir uns entschieden hatten, überhaupt einzugreifen.

Hat es Angst gemacht und war es schwer? Ja. Der Mut, nach unten zu schauen, löst die Angst nicht in Luft auf. Der Mut, nach unten zu schauen, gibt auch nicht vor, absolut sicher die richtige Entscheidung zu treffen. Der Mut, nach unten zu schauen, besteht darin, sich diesen Risiken zu stellen.

Etwas hinter Mamas Rücken zu machen ist ein einfaches Beispiel. Je älter die Kinder werden, umso seltener sind die schweren Entscheidungen, die wir als Eltern treffen müssen, schwarz oder weiß. Statt zwischen zwei Möglichkeiten muss ich dann zwischen zehn Möglichkeiten mit zwanzig verschiedenen Folgen wählen. Ganz zu schweigen davon, dass ich erst herausfinden muss, wie viel von jeder Entscheidung bei mir liegt. Meine Sorgen um Amandas schlechte Entscheidungen kann nicht darüber hinwegtäuschen, dass es zunehmend *ihre* schlechten Entscheidungen sind und nicht meine. Ich muss mir jedoch in Erinnerung rufen, dass es in vielen Fällen die schlechteste Entscheidung ist, *gar keine Entscheidung zu treffen.*

So viele Dinge stürmen auf uns ein. Wie sollen wir unsere Angst, uns richtig zu entscheiden, besiegen? Bei der Erziehung geht es auch darum, *nach oben zu schauen.* Es geht darum, Gott zu vertrauen, dass er uns hilft, solche schweren Entscheidungen zu treffen, und dass er sich bei den Konsequenzen unserer Entscheidungen als souveräner Gott erweist. Wie leicht vergessen wir, dass Gott groß genug ist, aus jeder Entscheidung von uns etwas Gutes zu machen. Natürlich enttäuschen wir oft seine Absichten, indem wir nicht die beste Entscheidung treffen oder indem wir nicht um seine Weisheit und Führung bitten, aber wir können Gott nie davon abhalten, zu handeln.

Gott ist unser Vater, und wir sind nicht unbedingt vorbildliche Kinder. Er weiß, wie riskant Kindererziehung ist. Glauben Sie, Gott könne nicht verstehen, wie qualvoll es ist, Kinder zu bestrafen oder unsere Erziehungsmaßnahmen in Frage zu stellen? Erinnern Sie sich an Adam und Eva? Erinnern Sie sich daran, wie Israel vierzig Jahre lang durch die Wüste wanderte und jammerte? Oder denken Sie an König David – den ausgewählten guten Jungen, der später große Fehler machte.

Gott ist der vollkommene Vater und dadurch auch der beste Erziehungspartner für Eltern. Unser Gott versteht nicht nur, was wir durchmachen, er will es mit uns durchstehen. Er ist bereit – sehr gern sogar –, uns mit seiner Macht bei der Erziehung unserer Kinder beizustehen. Der Gott, der etwas so Faszinierendes und Unerwartetes tat, wie das Rote Meer zu teilen, ist unser Erziehungspartner, wenn wir mit einer ernsten Krankheit, Gefahr oder Geldnot zu kämpfen haben. Der Gott, der Daniel aus dem Feuerofen rettete, als ein König ihn wegen mangelnder Unterwürfigkeit verbrennen lassen wollte, kann Ihr Kind auch vor dem Schläger in der Klasse beschützen.

Dazu ist keine Katastrophe von dramatischem Ausmaß nötig; unser himmlischer Vater interessiert sich für jeden Aspekt unserer Beziehung zu unseren Kindern. Ich habe schon für Verabredungen zum Spielen, Geburtstagsgeschenke, Sauberkeitstraining, gemeine Lehrer, Matheschulaufgaben, verlorene Stofftiere, Parkplätze, Ferienlager und den Inhalt von Happy-Meal-Tüten gebetet. Je mehr ich Gott in meine Erziehung einbeziehe, umso mehr spüre ich seine Nähe bei den anstehenden Entscheidungen. Wer könnte nicht mehr göttliche Führung auf dem steinigen Weg der Kindererziehung gebrauchen?

Sie haben vielleicht Angst und starren in den Abgrund einer erzieherischen Herausforderung, von der Sie nicht wissen, ob Sie sie bewältigen können. Sie stehen vielleicht vor zehn Möglichkeiten, ohne eine klare Lösung zu sehen. Sie sind vielleicht einfach am Ende Ihrer Kräfte und Ihrer Weisheit.

Halten Sie inne und schauen Sie nach oben. Bitten Sie Gott um Kraft. Erinnern Sie sich an Gottes Macht und Weisheit und daran, dass er unmittelbar an Ihrer Seite steht und Ihnen in diesem Augenblick helfen möchte. Rufen Sie sich ein paar Erfolge in Erinnerung. Erinnern Sie sich an die Eigenschaften Ihres mächtigen, liebenden Herrn. Nehmen Sie sich ein Blatt Papier und zählen Sie zehn Dinge auf, die Sie als Mutter gut machen – und hören Sie nicht bei Punkt sechs auf. Machen Sie sich bewusst: Es ist kein Zufall, dass Sie sich mit diesem speziellen Kind in dieser speziellen Situation befinden.

Nehmen Sie dann Ihren Mut zusammen, damit Sie nach unten schauen und erkennen können, worum es in Wirklichkeit geht. Haben Sie den Mut, einen entscheidenden Augenblick auch als solchen zu behandeln.

Und vergessen Sie die Gnade nicht.

Gott ist kein herzloser Tyrann, und bei der Kindererziehung geht es nicht um alles oder nichts. Wenn Sie einen wichtigen Moment verpassen, dann haben Sie *eine* Gelegenheit verpasst – nicht *die einzige*. Wie es so schön heißt: »Unser Gott gibt gern eine zweite Chance.« Und eine dritte Chance. Und eine vierte und eine fünfte, so viele, wie wir brauchen. Schauen Sie nach unten und erkennen Sie, dass Sie eine Gelegenheit verpasst haben, aber vergessen Sie nicht, nach oben zu schauen und zu erkennen, dass Gott Ihnen bald eine neue Gelegenheit schenken wird. Es gibt nichts, mit dem Gott nicht fertig werden könnte. Er weiß genau, was nun zu tun ist. Er wird in seiner vollkommenen Weisheit Ihre Fehler wieder gutmachen. Und Sie werden durch diese Erfahrung reifen.

 ### Sich der Angst stellen

Gibt es momentan ein Problem bei Ihren Kindern, bei dem viel mehr dahintersteckt, als es auf den ersten Blick aussieht? Ein Verhalten, das in Wirklichkeit ein Zeichen für ein viel größeres Problem ist? Sind Sie zufrieden damit, wie Sie mit dieser Situation umgehen? Was könnten Sie besser machen?

◼ *Sich gegen die Angst wappnen*

Schauen Sie bei einer beängstigenden Situation in beide Richtungen:

1. *Schauen Sie nach unten.* Worum geht es wirklich? Was ist das größere Problem, das ich angehen muss?
2. *Schauen Sie nach oben.* Wie kann Gott mir helfen? Vertraue ich, dass Gott souverän wirkt, egal, welche Entscheidung ich treffe?

Genauso, wie wir nach links und rechts schauen, bevor wir über die Straße gehen, handeln wir umsichtiger und mit weniger Angst, wenn wir nach oben und nach unten schauen.

● Vertrauensvers

Gott ist mein Helfer, ich bin voll Vertrauen und habe keine Angst! Den Herrn will ich rühmen mit meinem Lied, denn er hat mich gerettet.

Jesaja 12,2 (GN)

Angst macht uns kurzsichtig

Warum Eltern die Einzigen sind, bei denen »Ich hasse dich!« ein Kompliment ist

Es spielt eine wichtige Rolle, worauf wir unseren Blick richten. Mein Drahtseillehrer erklärte mir, dass ich meinen Blick am besten auf etwas richte, das »außen« liegt – dorthin, wo ich hin möchte. Einfach ausgedrückt, der Blick, der mich auf die andere Seite bringt, ist der Blick *auf* die andere Seite. Ich musste meine Augen auf die Stelle richten, an der das Drahtseil die gegenüberliegende Plattform erreicht.

Bei Eltern gilt das gleiche Prinzip. Unser Blick auf das Endziel, auf die langfristigen Ergebnisse einer Situation, bringt uns dorthin, wohin wir wollen. Ich möchte anhand eines praktischen Beispiels zeigen, dass es uns hilft, eine Herausforderung zu bestehen, wenn wir *nach außen schauen.*

Falls Sie die schmerzliche Erfahrung noch nicht gemacht haben, dass Ihr Kind Ihnen »Ich hasse dich!« ins Gesicht brüllt, lassen Sie sich gesagt sein, dass dies ein wichtiger Entwicklungsschritt Ihres Kindes ist. Egal, wie weit verbreitet, egal, wie unvermeidlich es ist, es ist trotzdem furchtbar. Das Wissen, dass es sicher kommen wird, kann trotzdem nicht den Schlag in die Magengegend abmildern, mit dem uns diese Worte treffen. Es tut weh, solche Worte zu hören. Und wenn Sie einen Anstoß brauchen, Ihre Erziehung anzuzweifeln, dann ist dieser Satz bestens dazu geeignet.

Ich versuchte, mir nichts anmerken zu lassen, als Mandy diesen Satz hinter ihrer verschlossenen Zimmertür schrie. Ich glaube, sie war im Kindergartenalter. Ich versuchte, ruhig und sachlich zu bleiben. Aber es klappte nicht. Schließlich schaffte ich es, dieses Gefühl so weit zu ignorieren, dass ich mich nicht vor ihr zurückzog und begriff, dass ihr Wutausbruch im Grunde genommen ein Hilfeschrei war. Trotzdem folgte eine lange, tränenreiche halbe Stunde, in der wir beide uns einfach nur elend fühlten.

Das ist deshalb ein wichtiger Meilenstein in der Entwicklung Ihres Kindes, weil es nur »Ich hasse dich!« schreit, wenn es weiß, dass Sie sich dadurch nicht vertreiben lassen. Erst wenn Ihr Kind erkennt, dass Ihre Beziehung Bestand hat, egal, was es im Augenblick vielleicht empfindet, erst wenn Ihr Kind die tiefe Angst überwindet, dass Sie es verlassen könnten, kann es lernen, dass Sie zwei verschiedene Menschen sind und deshalb auch unterschiedliche Bedürfnisse und Wünsche haben.

Ich behaupte nicht, dass es lustig oder leicht war oder dass eine der Erkenntnisse, die ich gerade aufgeschrieben habe, mich während jener schrecklichen halben Stunde getröstet hätte. Aber langfristig betrachtet konnte ich tief durchatmen, einen Blick auf den größeren Zusammenhang werfen und begreifen, dass es für Mandy wichtige Schritte in ihrer Entwicklung waren, ein Gefühl in Worte zu fassen, sich sicher genug zu fühlen, um loszubrüllen und zu lernen, anderer Meinung zu sein als ich.

Wir müssen als Mütter den größeren Zusammenhang im Blick haben. Unser Leben ist randvoll mit Sprüchen wie »Ich hasse dich!«. Kindern zu helfen, erwachsen zu werden, ist Schwerstarbeit. Wir federn viele Schläge ab, stecken viele Schläge ein und lassen bei unseren Kindern die Zügel nach und nach lockerer. Ganz zu schweigen von der Logistik, die nötig ist, um einen Haushalt zusammenzuhalten. Wenn wir unseren Blick nur auf den täglichen mühsamen Kampf richten, der die Kindererziehung manchmal sein kann, verlieren wir innerhalb einer einzigen Woche jede Motivation.

In einer Woche? Manchmal reicht dafür schon ein Nachmittag. Dann müssen wir unseren Blick auf das langfristige Ziel heften, wunderbare, verantwortungsbewusste Mitglieder unserer Gesellschaft zu erziehen, um genug Kraft für den heutigen Tag zu finden.

Es ist schwer, mit einem Fuß immer schon in der Zukunft zu stehen. Wir sind von Natur aus Geschöpfe, die hier und jetzt leben. Deshalb ist es vielleicht so schwer, zu begreifen, dass uns in ferner Zukunft eine großartige Belohnung erwartet. Wir leben im Zeitalter der Mikrowelle – der schnellen Lösungen. Wir wollen jetzt dünn werden, jetzt klug werden, jetzt reich werden, jetzt glücklich werden. Wir lassen uns viel leichter von der Behauptung »In dreißig Tagen können Sie dreißig Pfund abnehmen« verführen, statt auf den Rat zu hören: »Tun Sie dies, und Sie werden in zwei Jahren einen gesunden Körper haben.« Aber wie jeder weiß, der schon Diäten ausprobiert hat, ist der Zweijahresplan wahrscheinlich nicht nur erfolgreicher, sondern auch von Dauer.

Wir wollen *jetzt* glückliche, gesunde Kinder. Wir wollen nicht mit elf Gefühlsausbrüchen an einem Nachmittag kämpfen, und es ist uns verhasst, mit einem kranken Kind im Haus eingesperrt zu sein. Es ist viel leichter, ein Fehlverhalten durchgehen zu lassen, weil wir heute Nachmittag noch einkaufen fahren müssen, als das Problem anzusprechen, eine Strafe zu verhängen und uns dann für den Rest des Tages mit einem übel gelaunten Teenager im Haus einzusperren.

Wenn wir unseren Blick auf die Gefahr des heutigen Tages konzentrieren – Streitigkeiten, schlaflose Nächte, Algebra, Windeln, Tanzkurspanik, Zeugnisse – dauert es nicht lang, bis die Angst uns übermannt. Aber wenn wir unseren Blick nach vorne richten, zum Horizont, zu dem wir unterwegs sind, dann zieht uns das Ziel allein schon vorwärts.

Natürlich geschieht das nur langsam. Haben Sie schon jemals jemanden gesehen, der auf einem Hochseil einen Sprint hingelegt hat?

Sich der Angst stellen

Bei welchem täglichen Kampf haben Sie im Augenblick das Gefühl, er übersteige Ihre Kräfte? Können Sie den langfristigen Wert dieses Bemühens sehen? Warum oder warum nicht? Wie kann die Antwort Ihnen helfen, Ihre Angst und Ihre Frustration zu besiegen?

Sich gegen die Angst wappnen

Schauen Sie zum Horizont. Richten Sie Ihren Blick auf die langfristige Wirkung Ihrer augenblicklichen Angst oder Ihres aktuellen Problems. Wie wird die heutige Auseinandersetzung Ihnen und Ihrem Kind in einem Jahr zugute kommen? In drei Jahren? In zehn Jahren? Machen Sie sich die Hilfe von erfahrenen Eltern und anderen Ratgebern zunutze und lassen Sie sich von ihnen die Perspektive schenken, die Ihnen hilft, sich in die richtige Richtung zu bewegen.

Vertrauensvers

Ich meine nicht, dass ich schon vollkommen bin und das Ziel erreicht habe. Ich laufe aber auf das Ziel zu, um es zu ergreifen, nachdem Jesus Christus von mir Besitz ergriffen hat. Ich bilde mir nicht ein, Brüder und Schwestern, dass ich es schon geschafft habe. Aber die Entscheidung ist gefallen! Ich lasse alles hinter mir und sehe nur noch, was vor mir liegt. Ich halte geradewegs auf das Ziel zu, um den Siegespreis zu gewinnen. Dieser Preis ist das ewige Leben, zu dem Gott mich durch Jesus Christus berufen hat.

Philipper 3,12-14 (GN)

Angst verzerrt unsere Sicht

Die Welt unter dem Einfluss von Hormonen

An guten Tagen treffen die meisten Mütter gute Entscheidungen. Aber leider gibt es nicht nur gute Tage.

An schlechten Tagen sieht die Welt ganz anders aus. Es gibt Tage – *viel* zu viele –, an denen mich das Leben so überrollt, dass ich kein größeres moralisches Problem bei meinen Kindern sehen will. Ich will nur den nächsten Bus nehmen und fortfahren.

Was passiert dann? Ich treffe jede Menge unvernünftige Entscheidungen. Ich reagiere übertrieben. Ich lasse Dinge durchgehen, die ich nicht durchgehen lassen dürfte. Egal, was. Dann ist es wichtig, sich bewusst zu machen, dass die Perspektive täuschen kann und unsere Sichtweise relativ ist.

Dass sich unsere Sichtweise bessert, scheint nicht allzu oft zu passieren. Nein, das Leben scheint es geradezu darauf abgesehen zu haben, unsere Sichtweise zu verschlechtern. Unsere Sicht ist verzerrt.

Und was verstellt unseren Blick? Wollen wir über Hormone reden? Wenn Sie mich am falschen Tag im Monat erwischen, kann ich Sie überzeugen, dass der Weltuntergang bevorsteht. Jede Kleinigkeit ist ein Unheilsbote. Die flapsige Bemerkung, die ich letzte Woche noch überhört hätte, frisst jetzt ein Loch in meine Eingeweide. Egal, um welches Problem es sich handelt, ich werde Möglichkeiten finden, es riesengroß aufzublähen. Das soll nicht heißen, dass es dieses Problem nicht gäbe – es gibt dieses Problem. Aber mein *Blick* auf das Problem ist von Hormonen gesteuert.

Natürlich hätte ich es gern anders. Jeder in meiner Familie hätte es gern anders. Aber in diesem Fall nützen Wünsche nichts. Hormonschwankungen gehören für die Hälfte unserer Spezies ein-

fach zum Leben dazu. Abzustreiten, dass diese Hormonschwankungen meine Sicht der Dinge beeinflussen, so zu tun, als
sähe ich alles genauso klar wie ein paar Tage vorher, als mein Öst-
rogenspiegel mir nicht alles Mögliche und Unmögliche vor-
gaukelte, wäre einfach dumm.

Aber leider verzerren nicht nur Hormone meine Sicht. Bei mir,
und ich schätze bei fast jeder Mutter, kann Schlafmangel ein nicht
zu unterschätzender Gegner sein. Genauso wie bei verrückt
spielenden Hormonen kann es mir bei Schlafmangel passieren,
dass ich ein kleines Problem zu einer lebensbedrohlichen Krise
aufbausche. Erinnern Sie sich an die Untersuchungsergebnisse
meines Sohnes kurz nach seiner Geburt, die mich so weit brachten,
dass ich mir ein Leben mit einem geistig behinderten Kind aus-
malte? Nicht nur die Krisenstimmung bei uns zu Hause war daran
schuld. Es lag auch daran, dass ich über zwei Wochen lang keine
fünf Stunden am Stück geschlafen hatte. Krisen rauben uns oft den
Schlaf, und am Ende ist man in einer bösen nervlichen Verfassung.

Wenn unser Leben erschwert ist – sei es durch Hormone, Schlafmangel oder was auch immer –, müssen wir uns bewusst machen,
dass wir unserer Einschätzung nicht immer trauen können. Wenn
etwas schlimm aussieht, nehmen Sie sich etwas Zeit und prüfen Sie,
ob Sie wirklich ein klares Bild von der Sache haben. Können Sie die
verschiedenen Seiten sehen? Können Sie die Vorteile und Nachteile
der jeweiligen Möglichkeiten, die Sie zur Auswahl haben, erkennen?
Sehen Sie überhaupt alle Möglichkeiten? Vielleicht liegen Sie mit
Ihrer Einschätzung vollkommen richtig. Vielleicht aber auch nicht,
und es wäre klug, diese Frage als Erstes zu klären.

Es gehört zu den schwierigsten Dingen bei der Erziehung, zu erkennen, dass man seinen klaren Kopf verloren hat. Situationen
spielen oft zusammen und überrollen uns. Wenn wir nicht klar
genug sehen, um mit etwas richtig umzugehen, wie in aller Welt
sollen wir dann merken, dass wir nicht mehr klar denken können?
Sollten wir uns hinsetzen und darauf warten, dass uns unsere

Kinder eine Verschnaufpause gönnen, damit wir uns beruhigen und wieder einen klaren Kopf bekommen? Das wäre sicher schön, aber ich schätze, ich werde ungefähr achtzehn Jahre lang keine Verschnaufpause bekommen. Wie sollen wir Eltern also merken, dass wir nicht mehr klar sehen können? Ich habe die endgültige Antwort auf dieses Problem noch nicht gefunden, aber ich habe zwei Strategien entwickelt, die ich Ihnen weitergeben möchte.

Erstens, wenn Sie zu den Frauen gehören, deren Hormone einen großen Einfluss auf ihr Verhalten haben, dann sollten Sie das akzeptieren. Und – das ist sehr wichtig – rechnen Sie nicht damit, dass Ihre empfindlich eingestellte Selbstbeherrschung Ihnen weiterhilft. Am richtigen Tag im Monat besitze ich kein Gramm Selbstbeherrschung. Ich kann von Glück sagen, wenn ich höflich bin und in ganzen Sätzen spreche. Ich kann mich nicht auf mich verlassen; ich brauche etwas Konkreteres.

Mir hilft in solchen Situationen ein Kalender. Ich habe einen dieser kleinen Kalender, die man jedes Jahr als Werbegeschenk bekommt, innen in meinen Badezimmerschrank geklebt. Daneben habe ich einen Bleistift deponiert. In diesem Kalender halte ich fest, wenn meine Zykluskurve fällt und wann wahrscheinlich das nächste Mal sein wird. Ich werde um den Eisprung herum genauso unberechenbar wie vor meiner Menstruation. Also streiche ich auch an, an welchem Tag ich ungefähr meinen Eisprung habe. Warum? Wenn ich nur noch schwarz sehe und ich sicher bin, dass die Kinder es nie zum Abitur schaffen und dass mein Haus nie im Leben sauber sein wird, kann ich einen Blick in diesen Kalender werfen. Dieser Kalender lügt nie. Die reinen Fakten darin verraten mir, dass wenigstens ein Teil dessen, was passiert, sehr viel mit den Abläufen meines Körpers zu tun hat.

Will ich damit sagen, dass dieser kleine Kalender alles besser macht? Ganz und gar nicht. An einigen Tagen heißt das nur, dass ich überschnappe und dabei *genau weiß,* was ich tue (was mich aber immer noch nicht davon abhält, aber ich arbeite daran). So habe ich eine Chance, mich zurückzuhalten, bevor ich eine wichtige Entscheidung nur aufgrund meiner Gefühlslage in dieser Woche treffe, weil ich weiß, dass die Wahrscheinlichkeit sehr groß ist, dass ich die Welt nächste Woche mit ganz anderen Augen betrachte. Wenn ich wirklich konsequent wäre, müsste ich mit einem roten Stift über diese Tage schreiben: »TRIFF JETZT KEINE WICHTIGEN ENTSCHEIDUNGEN!« Vielleicht sollte ich mir den Kalender meines Mannes schnappen und bei ihm hineinschreiben: »LASS ALLIE NICHTS ÜBERSTÜRZTES TUN!« Noch treffender wäre vielleicht: »DER VULKAN ALLIE WIRD EXPLODIEREN. BRINGT ALLES IN SICHERHEIT!«

Ich weiß selbst, dass das alles ziemlich bescheuert klingt, aber es ist hilfreich und fair, meine Familie vorzuwarnen. Nicht dass das mein Verhalten entschuldigen würde, aber dadurch wissen alle, dass es mir schwer fällt, im Moment einen klaren Blick zu behalten. An manchen Tagen müsste eine Luftalarmsirene in meiner Küche hängen. Wir haben stattdessen ein witziges kleines Schild, auf dem steht: »Mamas Stimmungsbarometer«. Darauf befindet sich ein Holzherz, das man zwischen fünf kleinen Klammern hin- und herschieben kann: »Super«, »Gut«, »Mittelmäßig«, »Schlecht« und »Vorsicht«. Irgendwie macht die alberne Handlung, dieses Holzherz zu verschieben, es leichter, damit umzugehen. Und ja, ich muss zugeben, dass meine Kinder schon manchmal das Herz auf »Vorsicht« geschoben haben, ohne dass ich meine schlechte Laune überhaupt bemerkt hatte. Es ist nicht leicht, demütig zu sein, wenn man gerade andere Probleme hat, als an seinen geistlichen Gaben zu arbeiten.

Das Gleiche kann passieren, wenn ich nicht genug Schlaf bekommen habe, wenn jemand aus der Familie krank ist oder wenn ich selbst krank bin. An solchen Tagen ziehen mich meine Ängste als Mutter nach unten. Ich bin dann überzeugt, dass ich meinen Kindern viele Probleme mit auf den Weg gebe statt schöne Kindheitserinnerungen. Dieser kleine Kalender und dieses alberne

Stimmungsbarometer erinnern mich daran, dass auch diese Tage vorübergehen.

An diesem Punkt muss ich jedoch unbedingt ansprechen, wann solche Hilfsmittel *nicht* ausreichen. Bei fast jedem kommt im Leben eine Zeit, in der es angemessen und klug ist, professionelle Hilfe zu suchen. Stress und Depressionen sind ernste Probleme und sollten nicht auf die leichte Schulter genommen werden. Es ist ein Unterschied, ob man gerade einen schlechten Tag hat oder an Depressionen leidet.

In unserer Gesellschaft, in der vor allem die Starken und Unabhängigen zählen, ist es nicht immer leicht, unsere Schwäche und Empfindlichkeit zuzugeben. Millionen von Frauen leiden unnötig unter Depressionen, Angstattacken und Panikanfällen, weil sie einfach ihre Krankheit nicht richtig einordnen können. Es ist tragisch, dass die Symptome dieser Krankheiten die Betroffenen oft daran hindern, Hilfe zu suchen. Es ist schwer, zu einem Arzt zu gehen, wenn die Angst so groß ist, dass man sich nicht einmal aus dem Haus traut.

Hier kann ein *Blick nach unten* hilfreich sein. Wenn Sie Ihren Kindern eine gesunde, gute Mutter sein wollen, müssen Sie erkennen, wie anstrengend Kindererziehung ist und wie leicht man sich davon nach unten ziehen lässt. Die Schwierigkeit und Wichtigkeit unserer Aufgabe zu erkennen heißt auch, ihren Preis und ihre Anforderungen zu erfassen.

Mir hilft dabei ein Vergleich aus dem Sport. Niemand läuft ohne Training einen Marathon. Das Scheitern wäre vorprogrammiert. Nein, bevor man sich auf ein solch riesiges Unternehmen einlässt, vergewissert man sich, dass man die richtige Unterstützung, den nötigen Mut, die richtige Ernährung und ausreichend Kondition hat. Genauso würde kein Athlet an einem olympischen Wettbewerb teilnehmen, ohne vorher seine Verletzungen versorgen zu lassen – entweder sorgt er dafür, dass sie ausheilen, oder er besorgt sich eine zusätzliche Stütze, um das geschwächte Glied zu schonen. Damit zeigt man den nötigen Respekt vor der anstehenden Aufgabe.

Muttersein ist »die Mutter aller Marathonläufe«. Unsere Aufgaben beanspruchen unsere Gefühle genau so, wie der Körper eines Athleten gefordert wird. Also müssen Sie mit genauso viel Ehrfurcht an Ihre Aufgabe herangehen wie ein Marathonläufer. Falls Sie das Gefühl haben, dass bei Ihnen oder Ihren Kindern etwas ziemlich falsch gelaufen ist, sollten Sie sich von der Angst nicht lähmen lassen, aber Sie sollten sie auch nicht leugnen. Haben Sie Mut und geben Sie zu, dass es ein Problem geben könnte. Schauen Sie von Ihrem Hochseil nach unten und gestehen Sie ein, wie viel es Sie kosten kann, wenn Sie die Sache nicht ausräumen. Lassen Sie sich von Ihrer Angst nicht zum Aussitzen verführen. Ihre Probleme werden nicht verschwinden, nur weil Sie so tun, als sähen Sie sie nicht. Wenn Ihr Problem zum natürlichen Auf und Ab des menschlichen Lebens gehört, kann ein Psychologe Ihnen bestimmt weiterhelfen. Wenn es etwas ist, das behandelt werden muss, kann dieser Arzt Ihnen helfen, die Hilfe zu bekommen, die Sie oder Ihre Kinder brauchen.

Dr. Paulette Toburen rät in folgenden Fällen, einen Psychologen aufzusuchen:

• Wenn Ihre Angst andere Bereiche Ihres Lebens beeinträchtigt, wie zum Beispiel Schlaf, Appetit, Sexualität, Konzentrationsfähigkeit, den Wunsch, mit Freunden zusammenzusein, usw.
• Wenn Sie anfangen, Angst vor der Angst zu haben, d.h., wenn Sie nicht nur die Panik selbst erfahren, sondern in ständiger Angst vor der nächsten Panikattacke leben.
• Wenn Sie über eine längere Zeitspanne das Gefühl haben, keine Kontrolle mehr zu haben.
• Wenn Sie das Gefühl haben, es wird nie vorübergehen, oder wenn Sie sich hoffnungslos fühlen.

Wenn der Gedanke, einen Psychologen aufzusuchen, Ihnen einfach zu viel ist, sollten Sie etwas tun, das Ihnen leichter fällt. Sprechen

Sie zum Beispiel mit Ihrem Hausarzt, einer guten Freundin oder Ihrem Pastor. Ich garantiere Ihnen, man wird Ihnen keine Vorwürfe machen, wenn Sie zugeben, wie Sie sich fühlen. Ganz im Gegenteil, man wird Sie bewundern. Es gehört Mut und Stärke dazu, offen anzusprechen, dass man vielleicht ein Problem hat. Aber Sie können es nicht in Ordnung bringen, wenn Sie die Augen davor verschließen.

◆ *Sich der Angst stellen*

Woran kann es liegen, dass Ihr Wahrnehmungsvermögen im Moment etwas getrübt ist? Verzerrt zum Beispiel Ihr Hormonhaushalt oder mangelnder Schlaf Ihren Blick auf ein bestimmtes Problem? Wie würde sich Ihre Reaktion ändern, wenn Sie diesen Umstand einbeziehen? Wäre es hilfreich, ein paar Tage zu warten oder mit jemandem darüber zu sprechen?

Sich gegen die Angst wappnen

Erkennen Sie Ihre persönlichen Handikaps. Hängen Sie sich einen Kalender in den Schrank und markieren Sie darin Ihre Hormonschwankungen. Führen Sie Buch über Ihr Essen oder Ihren Schlaf, wenn Sie meinen, diese Faktoren könnten für Ihre Wahrnehmungsstörungen verantwortlich sein. Falls Sie die angespannte finanzielle Situation in diesem Monat nervös macht, betrachten Sie das Familienbudget des ganzen Jahres. Sie werden feststellen, dass die Situation auf Dauer gesehen nicht so tragisch ist. Nutzen Sie alle Fakten, die Sie finden können, um Ihre verzerrte Sicht wieder gerade zu rücken. Lassen Sie sich von Ihrer Angst nicht zur Passivität verleiten, wenn es Hinweise darauf gibt, dass Sie vielleicht professionelle Hilfe brauchen. Die Anforderungen Ihrer Aufgabe als Mutter sind zu groß, um nicht die Hilfe in Anspruch zu nehmen, die Sie brauchen.

Streck deine Hände empor und bete zu Gott [...] Dann kannst du jedem wieder offen ins Gesicht sehen, unerschütterlich und furchtlos stehst du im Leben deinen Mann! Bald schon wird all dein Leid vergessen sein wie Wasser, das versickert ist [...] Dann hast du endlich wieder Hoffnung und kannst zuversichtlich sein. Abends siehst du noch einmal nach dem Rechten und legst dich dann in Frieden schlafen.

Hiob 11,13.15-16.18 (Hfa)

»*H*ey, von hier oben kann ich mein Kind sehen, wie es wirklich ist!«

Wohin schauen Sie? Worauf haben Sie Ihren Blick als Mutter gerichtet? Auf etwas, das Ihrem Gleichgewicht und Ihrer Konzentration dient, oder eher etwas, das Sie ablenkt? Das *Empire State Building* wurde nicht kleiner, nicht größer und auch nicht gefährlicher, solange ich dort oben war – nur meine Blickrichtung änderte sich. Die Augen sind nicht umsonst das Fenster der Seele.

Manchmal ertappe ich mich dabei, wie ich aus lauter falschen Gründen *hinaus*schaue. Ich schaue nicht auf mein Ziel oder auf den Horizont, sondern ich schaue auf alle anderen. Auf die Mütter, die den Eindruck erwecken, sie hätten alles viel besser im Griff. Die Mütter mit sauberen Häusern, deren Kinder sich in der Öffentlichkeit gut benehmen. Die Mütter, die die T-Shirts ihrer Kinder bügeln und einen Geburtstagskuchen backen, statt einen im Supermarkt zu kaufen. So kann ich nicht sein. Das steckt einfach nicht in mir. Ich vergesse, dass ich andere Gaben habe, und mache mir stattdessen

Sorgen, dass ich in wichtigen Bereichen meinen Kindern etwas schuldig bleibe. Dann schleicht sich die Angst ein. Vergleichen führt ganz schnell zu Angst und Sorgen.

Hormone und Schlafmangel trüben unseren Blick, aber Unsicherheit kann unsere Perspektive genauso verzerren. Wie leicht denken wir: »Wenn ich eine gute Mutter wäre, würde ich ...« Näher an der Wahrheit wäre der Satz: »Wenn ich *jene* Mutter wäre, würde ich ...« Denn dann würde mir auffallen, dass ich eben nicht *jene* Mutter bin, sondern *diese* Mutter. Dann könnte ich mich so sehen, wie Gott mich sieht – als genau die Richtige für *diese* Aufgabe.

Das Vergleichen verzerrt auch unseren Blick auf unsere Kinder. Wenn ich ständig vergleiche, fange ich an mich zu fragen, warum meine Tochter nicht eine bestimmte Stärke hat, die ein anderes Mädchen besitzt, oder warum mein Sohn anscheinend das nicht schafft, was ein anderer Junge mit Leichtigkeit macht. Wenn ich zulasse, dass meine Erwartungen oder Wünsche für meine Kinder meinen Blick zu stark trüben, nehme ich sie nicht wirklich wahr. Wenn ich aber meinen Blick auf sie richte, wirklich sie anschaue, sie als die einzigartigen Kunstwerke sehe, die sie sind, verwandelt sich meine Sorge in Staunen. Ich sehe sie als die Menschen, die sie sind, nicht ihre Leistungen.

Wer sehnt sich nicht danach, als der Mensch gesehen zu werden, der er ist, und nicht nach seinen Leistungen beurteilt zu werden? Die vollkommene Liebe sieht in uns, wer wir sind, und alles, was wir sein können. Eine solche Liebe gibt uns unweigerlich Mut. Deshalb lesen wir in der Bibel: »Wahre Liebe vertreibt die Angst« (1Joh 4,18; GN).

Ich habe es schon einmal gesagt: Wenn es auf die Liebe ankommt – und darauf kommt es an –, dann haben Mütter alles, was sie für ihre Aufgabe brauchen.

Kapitel 10

Das Ziel

»Es macht mich nervös, was ich alles nicht auf die Reihe bekomme.
Ich werde etwas Wichtiges verpassen; das weiß ich genau.«

»Ich habe Angst, dass mein Kind genauso wird wie ich.«

»Ich habe Angst, dass andere Leute mich als Versager sehen,
wenn meine Kinder nicht absolut perfekt sind.«

»Ich fürchte mich davor, was passiert,
wenn meine Kinder herausfinden, dass sie klüger sind als ich.«

Wozu all diese Wagnisse?

Warum schreibe ich ein Buch über Angst? Warum soll man versuchen, die Angst zu bekämpfen? Warum soll man sich die ganze Mühe machen, Angst durch Mut zu bekämpfen? Warum gerade ich? Warum? Weil ich – und Sie – Mut brauche. Mut, ein Buch zu schreiben, Mut, Mutter zu sein, Mut, für andere da zu sein, Mut, etwas anzugehen. Mut, uns mit allem, was wir sind – mit allen Gaben und Schwächen –, in diese Aufgabe als Mutter, in diese Lebensaufgabe, einzubringen. Mut zu lieben, Risiken einzugehen, sich weiterzuentwickeln. Den Mut zu glauben, dass Gott uns und unsere Welt verändern kann. Den Mut, Gottes wunderbares Angebot anzunehmen, dass er die Welt verändert – mit jedem einzelnen Kind.

Ich wollte vor dieser Aufgabe davonlaufen. Dieses Buch zu schreiben fiel mir äußerst schwer und war mit vielen Gefühlsausbrüchen verbunden. Manchmal wollte ich einfach nur davonlaufen. Sie können sich bestimmt vorstellen, wie mir zumute war, weil jede Frau manchmal vor den Aufgaben als Mutter einfach davonlaufen möchte.

Wie habe ich also dieses Buch geschrieben? Eine Wahrheit, ein Gedanke gab mir die Kraft, allen Ängsten und Zweifeln zu trotzen und den Mut aufzubringen, mich der Aufgabe zu stellen: Ich bin dazu berufen. Mit allen meinen Gaben und mit allen meinen Schwächen.

Sie sind auch berufen. Sie haben eine wertvolle, zweifelsfreie Berufung. Der allmächtige Gott, der Schöpfer des Himmels und der Erde, der Gott der sichtbaren und der unsichtbaren Welt, hat *Sie* als Mutter Ihrer Kinder ausgesucht. Nicht aufgrund Ihrer Fähigkeiten oder anderer Qualitäten. Ich glaube sogar, dass Gott uns *wegen* unserer Schwächen zu manchen Aufgaben beruft. Ihre

Schwächen – die Schwächen, die wir alle haben – stellen die Richtigkeit dieser Berufung nicht in Frage. Die Schwächen – die Zweifel, die Ängste, die Fehler, die Sorgen – sind vielmehr Teil dieses unbezweifelbaren Rufs.

Den Mut, den wir uns wünschen, bekommen wir nicht geschenkt. Glauben ist ein Geschenk, aber Mut ist hart erkämpft, eine Waffe, die durch aufwühlende Anstrengung geschärft wurde. Ein Schwert, das durch Glauben gehärtet wurde und kraftvoll gegen einen nicht zu unterschätzenden Feind geschwungen wird.

Unsere Ängste sind real. Eine mächtige Finsternis, eine allgegenwärtige Bedrohung. Aber man darf die Angst nicht gewinnen lassen. Die Freude wartet nur darauf, Oberhand zu bekommen. Die Welt wird erfüllt mit Freude – und nicht länger von Angst zersetzt –, wenn unsere Herzen lernen, sie mit neuen Augen zu sehen.

Ich wünsche Ihnen, dass Sie durch dieses Buch zumindest eines begreifen: Mut ist eine *Entscheidung*, eine Trotzhandlung, ein Kampf gegen die Angst. Ein Kampf, in dem zwei starke Gegner aufeinander treffen, in dem Sie die Angst mit genauso viel Mut besiegen können.

Ich wünschte, Sie hätten bei mir in der kleinen Sporthalle in Evanston, Illinois, sein können, als mein Fuß die Zielplattform auf der anderen Seite des Drahtseils berührte. Ich schöpfte meine Möglichkeiten und das Training voll aus und schaffte das Unglaubliche: Ich ging über ein Drahtseil. Ich, mit meinen vierzig Jahren und meiner unsportlichen Mamafigur, ging über ein Drahtseil!

Als ich auf der anderen Seite einen Freudenschrei ausstieß, drehte ich mich erstaunt um und musste mir diese unfassbare Strecke über der Tiefe anschauen, die ich gerade zurückgelegt hatte. Plötzlich begriff ich. Ich war dankbar für alle Stürze. Mir wurde deutlich, wie nützlich alle Fehler waren, erkannte, dass es mir gar nicht so sehr um das *Hinüberkommen* ging, sondern vielmehr um den Spaß und die Faszination während des Lernens.

Ich begriff, warum Philippe Petit sein Drahtseil nicht zwischen den Twin Towers hängen ließ. Ihm war klar, was ich gerade entdeckt hatte: Der Weg, das Gehen ist wichtig, nicht das Ziel.

Mit diesem Bewusstsein im Hinterkopf sehe ich jetzt meinen Weg als Mutter mit ganz anderen Augen. Genauso wie ich gelernt habe, dass Mut für sich selbst genommen schon ein herrliches Gefühl ist, begreife ich, dass Muttersein ein Geschenk ist. Natürlich will ich meinen Kindern etwas beibringen. Aber jetzt erkenne ich, dass Gott *mir* auf diesem Weg genauso viel zeigen will. Der Weg über dieses Drahtseil ist für mich persönlich genauso wichtig wie für sie.

Falls Sie gehofft hatten, dieses Buch würde Ihnen zeigen, wie Sie Ängste loswerden, sind Sie jetzt vielleicht enttäuscht. Ich habe keine Möglichkeit gefunden, Ängste endgültig abzuschütteln. Ich habe jedoch gelernt, dass es beim Mut nicht darum geht, die Angst zu vertreiben. Mut ist eine Kraft, die wir der Angst entgegensetzen.

Der Mut, den Sie suchen, steckt bereits in Ihnen. Die starke Liebe, die Sie zu Ihren Kindern haben, ist der Zündstoff, der Ihren Mut zu einem lodernden Feuer entfachen kann. Gott hat Sie auserwählt, er hat Sie geschaffen, er hat Ihnen Ihre Kinder geschenkt. Bei dieser Wahl hat er keinen Fehler gemacht.

Gott hat keinen Fehler gemacht, als er Sie ausgewählt hat.

Gott, Ihr Schöpfer und der Schöpfer Ihrer Kinder, wünscht, dass *Sie* diese Kinder aufziehen. Er kennt die Schwächen Ihrer Kinder und weiß, womit sie zu kämpfen haben. Und er weiß, was aus ihnen werden wird, im positiven und im negativen Sinn, und deshalb hat er Sie ausgewählt. Er ist Ihr Partner, Ihr Trainer. Er beschützt Sie, er führt Sie und gibt Ihnen alles, was Sie brauchen, damit Sie es auf die andere Seite schaffen. Ich kann mir richtig vorstellen, wie er mit ausgestreckten Armen auf der Zielplattform steht und sich darauf freut, dass Sie es schaffen. Nehmen Sie seine Einladung an.

Sicher werden Ihnen durch das dünne Seil und die Anspannung die Füße wehtun. Es kostet viel Kraft, Ihr Leben im Gleichgewicht zu halten, die schwere Balancierstange zu tragen. Es gibt Probleme, Verzerrungen, Stürze, Stolpern. Schweres Training, anstrengende geistige Herausforderungen und Schritte im Glauben sind nötig, um hinüberzukommen. Harte Sachen. Glauben Sie bloß nicht, Gott wüsste das nicht.

Aber es lohnt sich. Eine menschliche Seele durch das Leben zu begleiten ist schwer. Doch keine Mutter würde sagen, dass sich die Mühe nicht lohnt. Je mehr Sie Ihre Ängste besiegen, um so mehr entwickeln Sie sich weiter. Wenn Sie etwas riskieren, gewinnen Sie neue Einsichten, neue Stärken. Jeder kleine Sieg des Mutes erzeugt neue Stärke. Jedes Mal, wenn Sie eine Angst frontal in Angriff nehmen, kommen Sie der erstaunlichen Frau, zu der Gott Sie berufen hat, einen Schritt näher. Jedes Mal, wenn Sie der Angst die Oberhand verwehren, kommen Sie dem Himmel ein Stück näher.

Gehen Sie nicht gegen die Angst an, um eine bessere Mutter zu sein. Nehmen Sie die Barmherzigkeit und Führung, die Gott Ihnen schenken will, nicht nur um Ihrer Kinder willen an, sondern um Ihrer selbst willen. Je mehr Sie die Frau werden, zu der Gott Sie berufen hat, umso mehr werden Sie die Mutter, die Gott für Ihre Kinder haben möchte. Die Mutter, die Ihre Kinder verdienen. Die Mutter, die Sie fürchten nicht sein zu können.

Alles, was Sie brauchen, um diese Frau zu sein, liegt in Gottes Hand, und er wartet nur darauf, es Ihnen zu geben.

Kommen Sie herauf.

Fassen Sie sich ein Herz.

Gehen Sie über das Drahtseil.

Der ganze Himmel wird Ihnen applaudieren.

Ingrid Seeck

Das bin ich mir wert

»Ich arbeite den ganzen Tag, bin nur für meine Familie da und, wenn dann noch Zeit sein sollte, für ein paar Freundinnen in Not. Und wo bleibe ich? Wer kümmert sich eigentlich darum, dass es mir gut geht?«

Wenn es, zu solchen Gedanken kommt, ist vielleicht vorher etwas schiefgelaufen. Kommen Ihnen diese Gedanken und dieses Gefühl bekannt vor? Sie engagieren sich für andere, aber an sich selbst denken Sie wenig – zu wenig? Und statt Freude über das Erreichte empfinden Sie Frustration.

144 Seiten,
Paperback
Best.-Nr. 224.834

Nötig ist dieser »Frauen-Frust« nicht. Gehen Sie gut mit sich selbst um, mit Ihrem Körper, Ihrer Zeit, Ihren Nerven! Überdenken Sie noch einmal Ihre Beziehungen und Ihren Glauben! Ingrid Seeck gibt frische und ermunternde Hilfen, wie Sie als Christin ein engagiertes Leben führen können, bei dem Sie selbst nicht zu kurz kommen.

scm R.Brockhaus

Sandy P. Aldrich

Das Mutter-
Mutmach-Buch

Machen Sie sich Sorgen, ob Ihre
Kinder den richtigen Weg einschla-
gen? Haben Sie manchmal das
Gefühl, dass Ihnen als Mutter alles
über den Kopf wächst? Und sind Sie
es Leid, ständig mit einem schlechten Gewissen herumzulaufen, weil
Ihr Haushalt mal wieder zu kurz
kommt?

Sandra P. Aldrich kennt Freud und
Leid des Mutterseins aus eigener
Erfahrung. Sie weiß, wie schwierig
es ist, Kinder mit liebender und zugleich fester Hand zu erziehen. Aber
sie hat auch die Erfahrung gemacht,
dass es möglich ist – und dass es
allen Beteiligten Spaß machen kann!

208 Seiten,
Paperback
Best.-Nr. 224.831

Dieses Buch verrät Ihnen, wie Sie das notwendige Gleichgewicht zwischen Entschlossenheit und Gelassenheit finden und
Ihre Energie in die wirklich wichtigen Dinge investieren.

Lassen Sie sich inspirieren von den witzigen Geschichten, den
klugen Ratschlägen und der geistlichen Nahrung für schöne und
schwere Tage des Mutterseins.

scm R.Brockhaus

Christel Eggers (Hrsg.)

Das Mutmachbuch
für Frauen

192 Seiten, 9 x 15 cm,
gebunden in Kunstleder
Best.-Nr. 224.898

Dieses Mutmachbuch für die Handtasche kann
überall mit dabeisein. In ihm sind Texte versam-
melt, die inspirieren und begleiten wollen:

Zusagen aus der Bibel, irische Segenswünsche,
spannende Kurzgeschichten und heitere Anek-
doten.

Für die Parkbank, das Wartezimmer, den Zug –
oder für den entspannten Moment auf dem Sofa
bei einer guten Tasse Tee – und um die Gedanken
neu auf Gott auszurichten. Durch den eleganten
und strapazierfähigen Einband ist es zudem fast
unverwüstlich.

scm R.Brockhaus